Beck'scheReihe

BsR 1120

Haben wir das Glück nur erfunden, oder existiert es wirklich, irgendwo, immerhin erreichbar für uns? Dieser Essay folgt den Spuren des Glücks in der Geschichte des Denkens und des Glaubens durch mehr als 2000 Jahre. Es gab Epochen, da entschieden Theologen oder Philosophen darüber, was Glück sei, es gab andere, da wollten es die Herrscher wissen, und heute fühlen sich Ideologen, Sektierer, Heilslehrer aufgerufen, auf unser unausrottbares Verlangen, glücklich zu sein, mit Rezepten und Definitionen zu antworten.

Die Autorin findet bei ihrer Spurensuche in Vergangenheit und Gegenwart keine Sicherheiten. Sie plädiert für Leichtigkeit und Distanz im Umgang mit dem Glück, für eine vergnügliche Balance im Sowohl-als-Auch, für die Haltung des Seiltänzers, des Fußgängers der Luft – und das, obwohl oder weil sie um das Mißlingen, das über unsere Glückssuche verhängt ist, sehr wohl weiß.

Ricarda Winterswyl, geb. 1934, Dr. phil., war zuletzt Studiendirektorin am Willi-Graf-Gymnasium in München und ist jetzt freie Publizistin.

RICARDA WINTERSWYL

Das Glück

Eine Spurensuche

VERLAG C.H.BECK

Für meine Mutter
25. 12. 1900 – 11. 7. 1989

Die Deutsche Bibliothek – CIP-Einheitsaufnahme

Winterswyl, Ricarda:
Das Glück : eine Spurensuche / Ricarda Winterswyl. –
Orig.-Ausg. – München : Beck, 1995
  (Beck'sche Reihe ; 1120)
  ISBN 3 406 39220 2
NE: GT

Originalausgabe
ISBN 3 406 39220 2

Umschlagentwurf: Uwe Göbel, München
Umschlagabbildung: Walter Leistikow, Kraniche
© C. H. Beck'sche Verlagsbuchhandlung (Oscar Beck), München 1995
Satz und Druck: Presse-Druck- und Verlags-GmbH, Augsburg
Gedruckt auf säurefreiem,
aus chlorfrei gebleichtem Zellstoff hergestelltem Papier
Printed in Germany

Inhalt

Einleitung: Fragen nach dem Glück

Was läßt sich über das Glück noch Neues sagen? Bei Augustinus lesen wir, daß bereits der gelehrte römische Schriftsteller Marcus Terentius Varro ausgerechnet habe, daß zu seiner Zeit 288 verschiedene Lehrmeinungen über das Glück existierten; das war vor rund 2000 Jahren. Das Glück ist in den meisten Epochen der philosophischen Literatur das Thema schlechthin. In der französischen Aufklärung des 18. Jahrhunderts sind ihm über 50 selbständige Schriften gewidmet. Die unzähligen Aussagen, Aussprüche, Aphorismen und Sentenzen über das Glück reichen von kleinen Platitüden zu großen Konfessionen, von hochmütigen Ausgrenzungen zu moralischen Belehrungen.

Die meisten philosophischen Systematiker, ebenso wie ihre Widersacher, die geistreichen Systemauflöser, machen das Glück zu Ausgangspunkt und Grundlage ihrer Ausführungen über den Sinn des Lebens; nur wenige erklären es zur Fata Morgana, zum Nichtexistierenden, wie der professionelle Pessimist Schopenhauer, oder versuchen es zu liquidieren, indem sie taschenspielerisch etwas anderes, die Tugend vorwiegend, oder das Gemeinwohl, an seine Stelle setzen. Die einen stabilisieren mit ihrer Interpretation des Glücks die gesellschaftlichen Wertsysteme und bestehenden Verhältnisse, in denen ihnen der Mensch und sein unbedeutendes privates Glück am besten aufgehoben erscheinen, die anderen suchen subversiv und revolutionär das Bestehende zu zerschlagen, um den Menschen und sein Glück daraus zu befreien; wieder andere treten mit der Last des menschlichen Glücksverlangens die Flucht nach vorne an: in die Zukunft, in die Utopie und weiter noch, in die Transzendenz, zu Gott.

Aus den Lehrmeinungen über das Glück lassen sich trefflich Keulen schnitzen: „Wie, du bist nicht glücklich? Dir fehlt es an der richtigen Einstellung, an Tugend, Vaterlandsliebe und Gemeinsinn!" Oder: „Was, du bist glücklich? Armer eindimensionaler Konsumdepp! Dir fehlt es wirklich an richtigem Bewußtsein. Denk doch nur an den Stau morgens auf dem Weg zur Arbeit. Die Welt ist voller Zwänge, und du merkst es nicht einmal!" So die Avantgarde des richtigen Bewußtseins in den 70er Jahren. „Glück ist kein zeitgemäßes Ziel", schrieb damals der Schriftsteller Jean Améry.

Von Heraklit wird der Ausspruch überliefert, daß man, wenn Glück in den Ergötzungen des Leibes bestünde, Ochsen glücklich nennen müßte, wenn sie Erbsen zum Fressen finden. Sind sie es nicht? Ist Glück nur auf höherem intellektuellen Niveau Glück zu nennen? Oder ist das Gegenglück der Geist? Die hochnäsige Unterscheidung zwischen Philosophenglück und Ochsenglück ist vielleicht zunfttypisch. Von Voltaire, dem klugen Denker der Aufklärung, stammt das Bonmot: „In der Welt gibt es nur zwei Sorten von Glück: das der Dummköpfe und das der Philosophen."

Es gibt eine öffentliche Meinung des Glücks mit starkem Anpassungsdruck. In Zeiten, in denen der Staat eine Art Herrgott war, beispielsweise im Römischen Reich der Kaiserzeit oder im Preußischen Staat des 19. Jahrhunderts, war es anrüchig, für privates Glück zu sein. Epikureer wurden gerufmordet und verdammt. Auch Meyers Lexikon Ost definierte das Glück als „gehobene innere Zufriedenheit über gute Taten und fortschrittliche Leistungen". Man wußte, wie man offiziell das Glück zu verstehen hatte.

Anfragen bei jederfrau und jedermann, was sie vom Glück halten und wie ihre eigene Glücksutopie im grauen Alltag aussieht, bringen daher oft wenig Erhellendes. Mit diesem Thema gehen die Leute eher schamhaft um. Es könnte ja sein, daß ihr Glück als spießig, banal und niveaulos verachtet wird oder als unmoralisch und exzentrisch. Man hat ein intimes Verhältnis mit dem Glück, aber man geht damit nicht an die Öffentlichkeit.

Kürzlich erschien ein Buch: Tausend Glücksmomente. Sie reichen vom Apfelkuchenbacken bis zum warmen Bad am Abend. Eine gleichmäßig harmlose Seligkeit. Warum nicht? Wer

Glück höher ansetzt, muß seine Unbescheidenheit vielleicht durch Unglück büßen. Im übrigen, meinte Schopenhauer, „ist das Leben nicht eigentlich da, um genossen, sondern um überwunden, abgetan zu werden".

Fragen wir also vorerst nach einer einigermaßen überzeugenden Definition des Glücks. Für Voltaire besteht ‚bonheur' aus einer ‚suite des plaisirs'; ‚plaisir' ist definiert als ‚sentiment agréable'. Freud nennt das Glück „ein nur episodisches Phänomen, das der plötzlichen Befriedigung hoch aufgestauter Bedürfnisse entspringt". Ist Glück also die Summe dessen, was bei einem menschlichen Wesen angenehme Gefühle auslöst? Oder bescheidener, die Abwesenheit von Unglück, eine Art Un-Unglück sozusagen? Ist es eine Lebensweise, eine Einstellung zum Leben zwischen Apathie, Zufriedenheit und Emphase? Oder die Fülle des Lebens, oder gar die ewige Seligkeit?

Vielleicht ist Glück nicht viel mehr als ein Wort; „ein entwürdigtes, durch gemeinen Gebrauch abgeschliffenes Wort", wie Jacob Burckhardt in den „Weltgeschichtlichen Betrachtungen" meinte. (Im 19. Jahrhundert sprach man oft recht abschätzig vom Glück.) Das heißt aber nicht, daß es Glück nicht gäbe. Jedem Wort ist Wirklichkeit zugeordnet, aber was, wo und wie es ist, geht daraus nicht hervor. Bereits im 12. Jahrhundert begann sich im Abendland die nominalistische Richtung der Scholastik durchzusetzen mit der Einsicht, daß Universalbegriffe wie Freiheit, Gerechtigkeit und auch Glück eben Namen sind und keine Realitäten, obwohl das, was sie bezeichnen, in einzelnen menschlichen Intentionen, Situationen und Befindlichkeiten tatsächlich in Erscheinung tritt. Wegen dieser Demontage des Allgemeinen standen die Nominalisten ständig unter Häresieverdacht. Trotzdem: das ganze Glück, das Glück an sich, das absolute Glück ist demnach eine Idee, eine Sehnsucht, ein Traum; als Forderung barer Unsinn.

Aber Platon und die Neuplatoniker und alle, die seine Gedankengänge zur Grundlage ihrer Ansichten machten, glaubten in Wort, Idee und Forderung dessen, was dem Menschen in Wirklichkeit fehlt, den Beweis zu haben für eine komplementäre, außermenschliche und außerweltliche, vollkommene Wirklichkeit, die sie Gott, das Göttliche, das Absolute, das höchste Gut nannten. Dort oder das, sagten sie, ist das höchste Glück; es gibt es, weil es denkbar ist, und dort kann der Sterbliche es finden. Dieser Sprung in die Transzendenz, die Flucht zu Gott, ist für den radikalen Glückssucher die wahrhaft rettende Lösung, sie steht jedem, auch dem Unglücklichsten zur Verfügung.

Aber das Glück auf dieser Welt? In diesem Leben und vor diesem Tod? Ganz einfach: Es ist im Kopf – und viel weniger abhängig von irgendwelchen äußeren Umständen als man glaubt. Es ist, wie Seneca sagte: „In den Himmel springen, das kann man auch aus dem dunkelsten Winkel." Das Glück ist im Kopf, das trifft in zweifacher Weise zu: Zum einen, das haben biochemische Forschungen der letzten Jahre ergeben, beruht das Glücksgefühl auf einem chemischen Prozeß im Gehirn. Bestimmte Moleküle, unter tausend anderen die Endorphine, werden durch bestimmte Reize ausgeschüttet und von Rezeptoren aufgenommen. Sie lösen das Glücksgefühl aus. Ihre Halbwertszeit ist fünf Minuten, darum ist das Glück ein so flüchtiges Phänomen.

Zum anderen konstruiert der Mensch seine Wirklichkeit weitgehend selbst im Kopf, das heißt, Glück ist nicht nur seine Erfindung, sondern auch seine Entscheidung. Das glückliche Gelingen durch Umstände, auf die wir nicht einwirken können, nennen wir Glück, ebenso das Glücksgefühl, die Beglückung, die es auslöst. Das ist die objektive Seite des Glücks. Aber um Glück zu empfinden, muß der Beglückte dazu bereit sein, er muß bereit gewesen sein, dem Glück geduldig die Hand hinzuhalten, damit es sich wie ein scheuer Vogel darauf niederlassen kann, er muß bereit sein, was ihm begegnet als Glück zu interpretieren. Das ist die subjektive Seite. Das Beispiel dafür ist Hans im Glück des Grimmschen Märchens. Er interpretiert seine horrenden Verluste konsequent positiv und bleibt glücklich.

Paul Watzlawik geht als radikaler Konstruktivist davon aus, daß Glück eben nur im Kopf ist. In seinem Buch „Anleitung zum Unglücklichsein" verspottet er die Miesmacher, die – so scheint es – leidenschaftlich an ihrem Unglück arbeiten. Vielleicht tun sie das, weil sie eben ein überdimensionales, vollkommenes, unendliches Glück wollen – oder gar keines. Das ist ihr Unglück.

Wie wird man glücklich, wovon hängt das Glück ab? Darauf hat es in der Geschichte der Menschheit noch keine abschließende und befriedigende Antwort gegeben. Moderne Glücksforscher, Biochemiker und Psychotherapeuten ihres Zeichens, verstehen sich als Empiriker. Mit den Mitteln der Demoskopie und der Informatik sieben sie aus Zehntausenden von Aussagen unterschiedlichster Zeitgenossen heraus, welche Umstände, Zustände und Reize das Glücksgefühl, den „Flow" im Gehirn auslösen. Genau wie die Philosophen, die Theoretiker des Glücks, finden sie im Uferlosen mancherlei notwendige Bedingungen für das Glück, aber keine zureichende.

Liegt das Glück darin, einen Lebenssinn zu finden, oder ist es selbst der Lebenssinn? Hängt das Glück von dem ab, was ein Mensch hat, oder von dem, was er leichten Herzens entbehren kann? Von dem, was er erwirbt, oder wovon er sich befreit? Ist es Glück, wenn er sich findet, oder eher, wenn er sich verliebt, verliert, vergißt? Ist es die Identität mit sich selbst oder mit den Umständen? Erreicht oder bewahrt man es durch Leidenschaft oder durch Ökonomie? Ist es die Freiheit, zu tun, was man will, oder die Einsicht, das Richtige zu wollen? Ist es Glück, wenn unsere Wünsche in Erfüllung gehen oder wenn wir gnädig davor bewahrt bleiben? Liegt das Glück im Weg oder im Ziel? Findet man es eher im Abstand oder in der Nähe zur Welt? Sind es eher die Ereignisse und Umstände, von denen unser Glück abhängt, oder eher die Art, wie man diese nimmt?

Keine dieser Fragen ist eindeutig zu beantworten. Unsere Denkkategorien von Ursache und Folge, vom Ich gegenüber der Welt, von der Unvereinbarkeit von Gegensätzlichem greifen nicht, schon gar nicht bei diesem Thema. Erkenntnisse, das wissen wir seit Sokrates, bringen keine Gewißheit, sondern im Gegenteil, Erschütterungen des Wissens. Ein Buch über das Glück kann also nur ein Buch der offenen Fragen sein.

Wir können im folgenden nur nachspüren, welche Fragen gestellt und welche Muster von Antworten gegeben wurden in der langen Geschichte menschlichen Nachdenkens über das Glück. Dieses erscheint dabei wie eine dieser nutzlosen Glaskugeln. Man kann nicht mehr darüber sagen, als daß es sich um eine solche handelt und daß sie vorhanden ist. Aber wenn sie jemand in die Hand nimmt, sie dreht und mit ihr spielt, so spiegelt sich in ihr die spezifische Konstruktion einer zeitlichen und räumlichen Wirklichkeit, und vor allem spiegelt sich darin der Spieler.

Es waren immer die Philosophen, die diese schöne Kugel in den Händen drehten und aus Liebe zur Weisheit mit ihr spielten. Sie dachten und schrieben über das Glück, über sein Wesen und über die Wege, es zu erlangen und zu bewahren, und sie dachten und schrieben vor allem über das, was Philosophen vor ihnen darüber gedacht und geschrieben hatten. Man könnte aber auch umgekehrt behaupten, daß jeder, der über das Glück nachdenkt und nachliest, ein Freund der Weisheit, ein Philosoph ist.

Der englische Graf und Philosoph Shaftesbury, der sehr viel vom Menschen und seinen Fähigkeiten hielt, schrieb 1709 in seinem Buch ‚The Moralists‘: „… ist, was wir alle im allgemeinen tun, etwas anderes als philosophieren? Wenn die Philosophie, wie wir sie auffassen, das Studium der Glückseligkeit ist, muß dann nicht jeder, auf die eine oder andere Art, geschickt oder ungeschickt philosophieren?" Philosophie muß kein System sein, kein „Gang durch die Eiswüste der Abstraktion" (Adorno), im Gegenteil. Von diesem Shaftesbury stammt auch der sympathische Satz: „The most ingenious way of becoming foolish is by a system." (1770 verwendete der junge Goethe den Satz für einen Stammbucheintrag.) Und doch unterscheidet sich der philosophische Umgang mit dem Glücksproblem von den ‚Tausend Glücksmomenten‘ für ganz Bescheidene dadurch, daß er das Glück des Menschen, wie seinen Glauben, seine Liebe, seine Hoffnung und sein Scheitern in Zusammenhänge stellt, die seiner Würde und seiner Transzendenz gerecht werden.

14

Selbstverständlich waren all die weisen oder nur gelehrten Schreiber über das Glück, die im folgenden noch vorgestellt und zitiert werden sollen, der Meinung, daß sie Wesentliches darüber zu sagen hätten, was immer sie unter Glück verstanden. Sie waren überzeugt und sich darüber einig, daß zwar alle Menschen glücklich werden wollen, daß aber die meisten nicht fähig sind oder sich nicht die Mühe machen, selbst das Glück zu finden. So schrieb zum Beispiel Spinoza 1677 in seiner „Ethik", in der sehr viel vom rechten Zugang zum Glück die Rede ist: „Wie wäre es möglich, daß das Glück von allen vernachlässigt wird, wenn es offen vor uns läge und ohne Mühe gefunden werden könnte."

Die Philosophen empfehlen sich vor allem als Lotsen auf dem Weg zum Glück, sie wollen die Mühe auf sich nehmen; und sie qualifizieren sich für dieses Thema durch ihre Vielseitigkeit: weltabgewandte Gelehrte, die gerne Politiker gewesen wären, wie Platon; berühmte, in der Gesellschaft glänzende Professoren, wie Augustinus, die Heilige werden wollten; mächtige Staatsmänner, die am liebsten als Literaten gelebt hätten, wie Seneca; Heilige, die Theologen, und Theologen, die Aufklärer waren; Psychologen der Lust, die als Asketen lebten, wie Epikur und Freud; einflußreiche Politiker, die als Literaten oder Gelehrte auftraten und umgekehrt; und Naturwissenschaftler, die Philosophen sind, aber das nicht wahrhaben wollen.

Eine erste Frage gilt ihren Gemeinsamkeiten. Die meisten von ihnen verbanden das Glück mit dem Einzelmenschen, seiner Individualität und seiner Freiheit. Sein Glück gehört zu ihm wie sein Leben, sein Tod, seine Liebe und seine Trauer. Nur einige setzten an die Stelle des privaten Glücks das Wohlergehen eines Kollektivs, der Familie, des Staates, oder erlagen der Versuchung des Traums vom besten Staat und vom neuen Menschen, der in diesem Staat dann glücklich ist. Für diese Utopie verordneten einige paradoxerweise „totalen Glücksverzicht" (Jean Améry), zumindest vorerst und für die revolutionäre Elite. Den anderen „lasse man ihr armes kleines Glück". Bei Karl Marx kommt übrigens das Wort ‚Glück' nicht vor.

Auch scheint den Freunden der Weisheit überwiegend die ,vita contemplativa', die weltabgewandte Stille und Innerlichkeit, die beste Voraussetzung für das Nachdenken über das Glück gewesen zu sein. Im Studierzimmer, zumindest am Schreibtisch sitzend, das traute Familienleben im Rücken und den allgemeinen Zustand der Welt vor Augen, schien ihnen die Ruhe beim Nachdenken, ja das Nachdenken und Erkennen selbst als Glück.

Der große Mathematiker, Mystiker und Philosoph Blaise Pascal formulierte diese Theorie der Glücksbewahrung in seiner Schrift „Größe und Elend des Menschen" so: „Wenn ich mich mitunter daran gemacht habe, die vielfältige Geschäftigkeit der Menschen zu betrachten, die Gefahren und Mühsale, denen sie sich aussetzten, bei Hofe, im Kriege, woraus so viel Händel erwachsen, so viel Leidenschaften, so viele verwegene und oft schlimme Unternehmungen usw., habe ich entdeckt, daß alles Unglück der Menschen von einem Einzigen herkommt: daß sie es nämlich nicht verstehen, in Ruhe in einem Zimmer zu bleiben."

Der Rückzug in die eigenen vier Wände ist freilich Flucht und kann das Glück auch dort nur schwerlich sichern. Der Flüchtige kann seine Entscheidung kaum als vorbildlich interpretieren. Die Verantwortung für den Erhalt der Welt – wenn schon ihre Verbesserung nur schwer gelingt – hat der Aussteiger verleugnet. Und wie will er in der Abkapselung und Distanz ein humanes Glück bewahren?

Die Kluft zwischen individuellem Glück und sozialer Verantwortung, zwischen egoistischem Glückswillen und humanistischer Beglückungspflicht ist schwer zu überbrücken. Denker wie Aristoteles, Kant oder auch Hegel sahen das Glück des Menschen eher in seiner Arbeit und seiner Familie, in seinen Tätigkeiten und sozialen Bindungen oder in seinen historischen Leistungen; sie neigten dazu, sein Glück mit Vernunft und Tugend zu verbinden oder geradezu gleichzusetzen, um so das Unvereinbare etwas zusammenzurücken.

Kehren wir zum Bild der spiegelnden Kugel ,Glück' zurück. Es liegt nahe zu vermuten, daß ein jeweiliger Zusammenhang zwischen der Persönlichkeit, den Lebensumständen des Philosophen und seiner Philosophie zu finden ist. In der französischen Aufklärung des 18. Jahrhunderts stellte man die Relativität des Glücksgefühls und seiner Grundlagen heraus, und Diderot, der Mitverfasser der berühmten ‚Enzyklopädie‘, schreibt, die zahlreichen Traktate zum Thema Glück seien stets nur die Geschichte des Glücks derer, die sie verfaßt haben.

Man kann des weiteren fragen, ob es eine Zeitabhängigkeit oder einen Fortschritt des Glücks und seines Verständnisses gibt; anders gefragt: haben sich der Mensch und sein Glück im Laufe der Geschichte verändert oder nur seine Anschauungen und Perspektiven oder gar nur seine Sprache darüber? Die Sprache der Philosophie und Theologie zur Sprache der Psychologie und Soziologie, oder zur Sprache der Biochemie? Schopenhauer vergleicht die Vorgänge des Lebens mit den „Bildern im Kaleidoskop, in welchem wir bei jeder Drehung etwas anderes sehen, eigentlich aber immer dasselbe vor Augen haben". Dasselbe gilt vielleicht für die Auffassungen vom Leben und die Auffassungen vom Glück.

Da ist zum Beispiel die Feststellung, die fast allen Traktaten über das Glück, von Aristoteles bis Seneca, von Augustinus bis Thomas von Aquin, von den Aufklärern bis zu den revolutionären Professoren der 70er Jahre zugrunde liegt: Jeder Mensch will glücklich sein. Dieser Wille ist etwas, das zu seiner Natur, seinem Menschsein gehört. Nur der preußische Professor und Staatsphilosoph Hegel spottete: Der Mensch will nicht glücklich sein, nur der Engländer. Seine Häme galt dem Prinzip: „Das größte Glück der größten Zahl", das in der englischen Aufklärung als machbar galt.

In der Aufklärung fand man diesen Willen zum Glück so selbstverständlich, gut und dem Menschen gemäß, daß das Streben nach Glück, ‚pursuit of happiness‘, als Menschen- und Bürgerrecht in die Amerikanische Verfassung von 1789 geschrieben wurde. Damit ist wohlgemerkt nicht das Recht des Menschen auf Glück gemeint. Ob das Streben zu Glück führt, bleibt dahingestellt. Kein vernünftiger Aufklärer wird das garantieren wollen. Aber das Streben des Einzelnen nach seinem

Glück ist demnach gut und rechtens; niemand soll von ihm verlangen, seinen Nächsten oder irgendein Gemeinwesen, gar eine Institution mehr zu lieben als sich selbst. Es gab ja in dieser Neuen Welt genug an Glück: Freiheit, Einsamkeit, Weite und unbegrenzte Möglichkeiten, sein Leben zu gestalten, wie man wollte. Nein, an das Glück der Indianer oder der Negersklaven dachte dabei niemand!

Damit sind wir bei den ewigen Ärgernissen des Glücks.

Zum einen: Wenn alle ein Recht haben, ihr Glück zu verfolgen, gibt es Interessenkonflikte, Verteilungskämpfe, gibt es Gewinner und Verlierer des Glücks. Das Tauziehen ums Glück ist ein Nullsummenspiel. Alle, die meinten, wenigstens das, was der Mensch dem Menschen an Glück entzieht, an Unglück zufügt, ließe sich mit Vernunft und gutem Willen vermeiden, Gerechtigkeit, wenn schon nicht Glück, ließe sich ein für allemal herstellen, wurden aus aufgeklärten Philosophen enttäuschte Politiker, Propheten oder Diktatoren – denn die Veränderbarkeit des Menschen ist vermutlich eine Sache geologischer Zeiträume.

Denn, zum anderen, ist das Glück schon mit der ,conditio humana' kaum zu vereinbaren. Sigmund Freud meint zwar, daß das Streben der Menschen nach dem Glück Zweck und Absicht ihres Lebens sei, stellt aber fest, daß dieses Programm „im Hader" sei „mit der ganzen Welt, mit dem Makrokosmos ebenso wie mit dem Mikrokosmos". Alle Einrichtungen des Alls widerstehen ihm; man möchte sagen, die Absicht, daß der Mensch „glücklich" sei, ist im Plan der „Schöpfung" nicht enthalten. Alles also steht dem Glück entgegen, unausweichlich: Alter, Krankheit, Schmerz und Tod, die Ungleichheit der Begabungen und Verhältnisse, die Begrenztheit und Unzulänglichkeit eines jeden.

Das dritte Ärgernis neben der Grenze der Natur und der Grenze der Machbarkeit ist die unbestreitbare Tatsache, daß Glück mit Moral nichts zu tun hat. Der Erfolgsmenschen-Satz: „Jeder ist in dem Maße glücklich, als er Vernunft und Tugend besitzt", ist falsch.

Die Vernunft reduziert den Glücksanspruch auf das Niveau

einer ausgeglichenen Handelsbilanz, sie fragt nach den Kosten für alles, was glücklich macht, und die sind immer zu hoch. Daß ein Glücklicher eher tugendhaft sein kann als ein Unglücklicher, mag stimmen. Aber durch Tugend wird man leider nicht glücklich. Ob wir uns über diese Ungerechtigkeit bei Gott beschweren wollen wie Hiob oder bei der Gesellschaft oder beim Sternenhimmel ändert nichts.

Nahe verwandt mit der Empfehlung, tugendhaft und damit glücklich zu sein, ist das stoische Rezept der Übereinstimmung und Apathie. Apathie, das ist die seelische Hornhaut, das ‚wunschlose Unglück‘, das heißt, Schmerz möglichst nicht empfinden und auf Glück und Eigenart einfach verzichten. Die Übereinstimmung mit der Gesellschaft, mit der Natur, dem Kosmos bedeutet das Aufheben aller Konflikte und Unterscheidungen, die so bedeutungslos werden, wie der Unterschied zwischen Leben und Tod. Aber gibt es ein Glück ohne Leben?

Das Glück steht also gegen alles: gegen die menschliche Natur, gegen die Forderungen der Tugend, Verantwortung und Vernunft, gegen die Ansprüche der anderen. Wir wollen nun im folgenden sehen, wie und ob es in der Geschichte des Denkens gelungen ist, das Glück, nur ein kleines Mehr an Glück, zwischen Jenseits und Utopie, das heißt in dieser Zeit und in dieser Welt herbeizuphilosophieren. Auf dieser Spurensuche in Sachen Glück dient uns die Philosophiegeschichte als kleiner musealer Lehrpfad, als eine exemplarische Ausstellung besonderer oder typischer Positionen in rund zweieinhalbtausend Jahren.

Auf diesem Spaziergang zwischen den Ideologien der Tugend und der Pflicht und den Utopien der Machbarkeit des Glücks in der Mitte hindurch macht der moderne Nach-Denker eine unglaubliche Entdeckung: Es führt kaum ein Weg an Gott vorbei – mag das nun mehr oder weniger an der religiösen Grundkonstruktion des Menschen, an zeitbedingten Rücksichten oder an der jeweils verfügbaren Sprache für das Unfaßliche liegen.

Dieser Gott, den der Gläubige und der Ungläubige, der

Kleingläubige und der Abergläubische täglich unzählige Male im Geheimen anflehen um Rettung aus kleinstem oder größtem Ungemach, um das kleine oder große Glück, wer er auch sei, jedenfalls denken wir uns ihn mit Ohren. Nur den wenigsten gelingt es, ihn beim Gedanken an das Glück ganz zu verbannen.

Es gibt Denker, die empfehlen, den Gedanken an Gott oder die Götter beiseite zu lassen, wenn man sich auf das mögliche Glück konzentriert, so Epikur, oder Koheleth, der sich König Salomon nannte, und der Prophet Jesaias; beide rieten, den hohen Herrn nicht andauernd zu belästigen. Manche beschimpfen Gott als das eigentliche Hindernis für das Glück, wie Nietzsche, der ihn darum kurzerhand für tot erklärte. Andere bemühten sich, ihn zu verachten, ihn, den Menschenverächter und Schöpfer der Absurdität, und damit ihre absurde Glücklosigkeit zu bejahen, so Camus. Oder sie nennen die messianische Hoffnung auf den kommenden Erlöser der Menschheit zum Glück das ,Prinzip Hoffnung', den Erlösungswillen und Erlösungsweg der gottverlassenen Menschheit selbst. Sogar Kant, der ehrlichste und kritischste Denker, benutzt ihn als Deus ex machina, als theologisches Postulat, um den Glückswürdigen schließlich doch auch glücklich zu machen.

Wer an einen persönlichen Gott glaubt, kann mit ihm um sein Glück rechten und hoffnungslos unterliegen, wie Hiob, er kann sich theologisch-spitzfindige Rechtfertigungsgründe ausdenken für die geradezu niederträchtige göttliche Glückspolitik. Der Fromme kann sich ihm hingeben, ganz überantworten, ihm alles überlassen, die Vereinigung mit ihm das höchste Glück nennen, wie die Mystiker, und in der Ungeduld, ans Ende zu kommen, nach der Erlösung streben, nach Erlösung von der Sünde, vom Leid, vom Ich und von der Welt. Das Göttliche ist dem ,homo religiosus' das ,wahre Glück', das letzte Ziel, in dem das unruhige Herz Ruhe findet, wie es Augustinus mit bewegenden Worten beschrieb, es ist das ,summum bonum'; wer möchte da noch etwas Billigeres haben?

Der Philosophengott ist wie das Philosophenglück zwar kühl, abstrakt und fern und von vornehmer Unpersönlichkeit, aber er ist da. Er verschmilzt mit den Gesetzen des Kosmos, mit der Natur. Diesen ‚Deus sive natura' zu erkennen, die intellektuelle Liebe zu Gott, nannte Spinoza das höchste Glück.

Für den Un- und Halbgläubigen bleibt trotz allem intellektuellem Vergnügen beim Weg durch die philosophische Glücksgeschichte am Ende doch die Frage offen, wie das Glück jetzt, in diesem Leben, zwischen diesen anderen, die die Hölle sind, und unter der Last dieses jeweiligen unsäglichen Ichs für die Menschheit zu mehren und für den Einzelnen zu genießen sei.

Es gibt Antworten, die durch Einfachheit zum Ärgernis werden, zum Beispiel diese: Durch liebevolles Bemühen jedes Einzelnen um das Glück der anderen, durch großzügigen Verzicht auf Recht und Rache ist zweifellos das Glück zu mehren, ist die eiserne Regel des Nullsummenspiels zu durchbrechen.

Eine andere Antwort geht auf Aristoteles zurück, sie wurde vielfach wiederholt und in unserer Zeit sowohl von den Theoretikern wie den Empirikern des Glücks bestätigt: Glück entsteht durch Tätigkeit und Gelingen. Glück ist die aktive Freude dessen, der tun kann, was er gerne tut, was er gut kann, und der dies so vollkommen wie möglich tut. In der Sprache der Biochemiker: Konzentrierte, angestrengte körperliche oder geistige Tätigkeit bis an den Rand der physischen Erschöpfung löst den chemischen Prozeß zum Glücksgefühl im Gehirn aus.

Auch großer Leidensdruck und existentielle Bedrohung in Extremsituationen können diesen Prozeß auslösen. Schwerstkranke an der Schwelle des Todes lernen diese Erfahrung kennen. In der Sprache der Religionen heißt das: Es gibt die Möglichkeit der Überwindung des Leidens, es gibt Wege zur Erlösung und zum vollkommenen Glück.

Aber nicht jeder hat die Kraft und den Mut, seine Grenzen zu berühren, nicht jeder kann in Freiheit etwas tun, und nicht jeder hat durch ein gütiges Geschick oder günstiges Milieu gelernt, etwas gut zu können und sich anzustrengen. Aristoteles hat ein Gemeinwesen vorausgesetzt, in dem Freiheit herrscht, Vernunft und Weisheit sowie Gerechtigkeit unter Gleichen. Und schon sind wir wieder versucht, die Einsicht in die begrenzten Möglichkeiten menschlichen Handelns beiseite schiebend, nach einer Institution zu rufen, die uns von der eigenen, individuellen Verantwortung für Glücklosigkeit und Scheitern erlöst.

„Philosophieren heißt sterben lernen", hat Montaigne gesagt. Philosophieren heißt auch scheitern lernen. Das Bewußtsein, daß Scheitern für den Menschen unausweichlich ist, kann dem Glück vielleicht erst Raum schaffen, Freiraum nämlich und Gelassenheit, Raum, in dem sich das Glück einrichten kann, irgendwo in der schwebenden Leichtigkeit des Seins über dem Abgrund, irgendwo zwischen Melancholie und Humor.

Noch eine Bemerkung zur Literatur:

Es gibt unzählige Bücher und Aufsätze über das Glück. Manche haben das Glück im Titel, aber sie handeln von etwas anderem, von der Liebe, zum Beispiel, von guten Erinnerungen, einer erträumten Kindheit, von Tapferkeit gegenüber dem Schicksal oder von den Annehmlichkeiten des Lebens auf dem Lande... All das ist legitim, denn alles, was mit dem Menschen und seiner Sicht der Welt zu tun hat, hat auch irgend etwas mit dem Glück zu tun. Aber niemand kann in alle diese Bücher über ein Glück hineingeschaut haben, und er hätte auch wenig Nutzen davon.

Andere Werke verbinden die Spuren des Glücks genauer mit bestimmten Aspekten des Denkens oder der Wahrnehmung der Welt. Sie antworten auf bestimmte Fragen, die man an das Glück gestellt hat. Soweit sie mir Spuren und Verbindungen beim Nachdenken über das Glück aufgezeigt haben, sind sie genannt; allerdings kann ich die meisten nicht für meine Deutungen oder Vermutungen verantwortlich machen.

Die „Spuren" selbst, von denen die Rede ist, sind ähnlich den Vogelspuren im Schnee: Sie sind ziemlich gleichartig und unzusammenhängend, weil der Vogel Glück ein unsteter Flüchtling ist. Diese Spuren sind konserviert wie Gipsabdrücke im Museum. Es sind die klassischen und bekannten Aussagen über das Glück, die die Menschheit seit Jahrtausenden fest formuliert im Kopfe hat. Man findet sie in älteren oder neueren Ausgaben der Klassiker und der großen Philosophen, aber auch in jeder Philosophiegeschichte und jedem Philosophischen Lexikon. Sie sagen alles und beweisen nichts.

„Ich rechne die Heiterkeit zu den Beweisen meiner Philosophie", schrieb Friedrich Nietzsche 1888 an August Strindberg.

Spielball der Götter

„Das historische Philosophieren ist von jetzt ab nötig und mit ihm die Tugend der Bescheidung."
(Nietzsche in: Menschliches, Allzumenschliches)

Suchen wir nach einem Anfang. Anfang der Gottheit, Anfang des Menschen, seines Bewußtseins, Anfang seines Glücks – seines Denkens und Sprechens vom Glück. Wir suchen ihn zunächst in Europa, bei den Griechen, im Nahen und Verwandten, dort, wo wir meinen, die Anfänge und den Fortgang zu verstehen – noch zu verstehen, wir, die wir gerade dabei sind, zweitausend Jahre Christentum zu vergessen, mehr noch, über dreitausend Jahre Suchen nach Sinn.

Das Vergessen der Antworten ist andererseits der Motor für immer neues Fragen: Fragen nach Glück und Sinn, nach Erkenntnis und Würde, nach der Möglichkeit, zu leben als Mensch.

Anfänge sind überall und immer; die meisten sind uns fremd und unbekannt. In allen Anfängen ist im Kern enthalten, was immer zu denken und zu erfinden möglich ist, alles Denkbare, gedacht über Welt und Sein, über Erlösung und Glück, über Erkenntnis und Schein. In Sachen Glück gibt es wenig Neues unter der Sonne! Alle Stimmen meinen auf verschiedene Weise Glück – und sprechen vom Leid.

Der Erkenntnis, die der Anfang birgt, läuft die Menschheit, laufen wir, immer wieder davon, in der selbsttrügerischen Hoffnung auf einen anderen Anfang, einen erträglicheren, auf einen anderen Spiegel, in den wir schauen.

Haben die Götter die Menschen ins Leben gerufen oder die Menschen die Götter? Und könnten die einen auf die anderen, auf ihre Geschöpfe stolz sein? Die Götter der Griechen waren die menschenähnlich gedachten und zugleich ins Übermenschliche gesteigerten Bilder für die Mächte des Schicksals und des Lebens, die dem Menschen als das andere, das nicht Handhabbare, das Übermächtige, entgegentraten. Die Griechen dachten nicht wie die Juden oder Christen: Gott ist, und er ist so. Gewaltiges, Großartiges, Endgültiges nannten sie göttlich. Die umfassende Unbestimmtheit der Götter machte es möglich, in ihrem Namen Unfaßbares zu formulieren – aus der Position der Unterlegenheit freilich, aus respektvoller oder ironischer Distanz. Somit gab die griechische Mythologie noch bis in unser Jahrhundert die Worte vor für das literarische Sprechen vom Göttlichen.

In den griechischen Epochen des Epos, der Lyrik und der Tragödie wurde das europäische Denken umfassend und mustergültig formuliert, wie das Glück des Menschen in den Händen von Übermächtigem liegt. Der Mensch ist, wie Pindar dichtete, „ein Spielball der Götter". Spielball also, nicht Punchingball, das wäre fatal! Ein Ball, leicht und unbeständig in der Hand der Götter, geworfen, fliegend, aufgefangen oder gefallen. Die Götter sind frei; sie spielen nach Regeln, die wir niemals ganz durchschauen. Doch auch das Spielzeug, der leichtgewichtige Gegenspieler hat eine Chance, denn es geht um ein Spiel, und dazu müssen sie ihm von ihrer Freiheit geben. Bei der Begegnung des Menschen mit seinen Göttern ist das Ende offen. Auch sie lassen mit sich spielen, wann und solange sie wollen.

Auch Jakobs Gott ließ mit sich spielen, forderte auf zu Kampf und Spiel. In Pniel erlaubte er Jakob, seinen Segen zu erzwingen – im Morgengrauen nach nächtlichem Ringen; er schenkte ihm den Sieg und ließ ihn hinkend und gezeichnet vom Kampfplatz ziehen.

Ist das nun Glück oder Unglück, Spielball zu sein? Spielen und mit sich spielen lassen, mit kleiner Freiheit und beschränkter Haftung, so ist das Spiel und so ist das Leben. Hoffnungslos am Ende wohl, aber, gottlob, nicht immer ernst. Wir spielen doch immer! Wir spielen um Sieg, Ehre und Gewinn, wir spielen unsere Rollen und spielen uns was vor; wir spielen mit unserer Zeit, mit unseren Lieben, mit unserem Leben. Wir spielen, um zu vergessen. Nur im Bewußtsein des Spiels und im Glauben an die eigene Freiheit darin, nur im unaufhörlichen Wechsel von Aufbau und Bruch jeder Situation, haben wir für Augenblicke teil am Glück der Götter.

Spielball zu sein und es sein zu wollen – das ist vielleicht das Glück des Flugs, des „Flows", wie man das hellste, höchste und leichteste der Glücksgefühle nennt. Ohne Absicht und ohne Gegenwehr hinzunehmen, was unter Wolken und Sonne, zwischen Erde und Wind der flüchtige Augenblick und der gnädige Zufall bescheren – das ist das Glück der „Fußgänger der Luft" (Ionesco), die zauberhafte Leichtigkeit des Seins. Denn diese spielerische Ungerichtetheit und Unbeständigkeit des Daseins, seine freie Vergeblichkeit, sie machen letztlich seine Qual erträglich und machen es offen für das Glück.

Die Götter dachte man sich glücklich; „makarios" war das Wort für ihre Seligkeit; es bezeichnete ihre wesentlichen Eigenschaften: überlegene Stärke, Unsterblichkeit sowie Nichtbetroffensein von den Konsequenzen des eigenen Tuns. Aber Sicherheit, Gerechtigkeit und Güte konnte man bei ihnen nicht finden. Ihr Wesen war dunkel wie das menschliche und voller Gewalttätigkeit; und auch sie waren umfangen von einem undurchschaubaren Schicksal.

Als der Mensch zu Anfang Angesicht in Angesicht dem Dasein gegenüberstand, sah er die Mächte des Lebens und sich selbst in unerbittlicher und unvermittelter Realität. Da war kein Heil, da war kein Glück. Man dachte noch nicht daran, es zu erfinden!

Alle Ursprünge finden wir in der Dichtung. Homer war der Dichter schlechthin – für die Griechen, für das Abendland. Man verehrte ihn als den ersten und eigentlichen Gestalter des griechischen Menschentums und seiner Gottesvorstellung. Die griechische Tragödie, ebenso die Geschichtsschreibung Herodots sind von seiner grandiosen Illusionslosigkeit geprägt. Platon, vierhundert Jahre später, verurteilte den Dichter des zynischen Umgangs der Götter mit den Menschen. Götter ohne

Moral, Helden ohne Verstand – so sollte und durfte man Göttliches doch nicht sehen! Aber in den vornehmen griechischen Familien verlangte man von den Söhnen, daß sie Homer auswendig konnten, als Grundlage aller Bildung. Sie sollten die bestürzende Wahrheit über das Dasein kennen und aus schön geformten Versen lernen, ihr Unglück wissend, aber heiter und tapfer anzunehmen, den Göttern mit Würde entgegenzutreten.

Im 8. Jahrhundert vor Christus entstand das Epos „Ilias". Es handelt sich nicht um die Geschichte des Trojanischen Krieges, sondern nur um eine Episode dieser zehnjährigen Belagerung: der Zorn des Achill und sein Fall. Vor dem Hintergrund der Schilderung von Kämpfen und Waffengetöse geht es um das tragische Schicksal eines Einzelnen gegenüber den Göttern.

Was war das für eine Zeit! Unsicherheit vor den Gewalten der Natur, Gewißheit von Krankheit und Tod, das Unglück ins Unermeßliche gesteigert durch unendliche Kämpfe, brutale Stammeskriege. Es wurde sinnlos gemordet und elend gestorben – genau wie heute, am Ende unseres späten Jahrtausends an den meisten Plätzen der Welt. Vor der absurden Realität und der Willkür des Schicksals entlarvt sich das Glück als Selbstbetrug. Dem zu widerstehen ist Würde.

Der Wille des Zeus

„Den Zorn singe, Göttin des Peliaden
Achilleus, dem verderbenden, der den
Achaiern zahllose Schmerzen brachte, der die
kraftvollen Seelen vieler Helden zum Hades
sandte, sie selbst aber zur Beute machte für
die Hunde, zum Mahl für die Vögel –
so vollendete sich der Wille des Zeus."
(Anfangsverse der Ilias – die ersten
aufgezeichneten Verse Europas)

Achill, der Held, ist schön, stark, reich, fast göttergleich – ein Bild des Glücks. Aber er steht im Schatten des Todes und des von den Göttern kommenden Verhängnisses. Ein allzu früher Tod in der Schlacht ist ihm geweissagt. Er weiß es. Und dieser Tod ist bei Homer keine Brücke in ein anderes, vollendeteres Leben, sondern in ein trostloses Schattendasein, in wesenloses Verdämmern. Als Odysseus später den Schatten des Achill aus der Tiefe des Hades heraufbeschwört und ihn vom Ziegenblut trinken läßt, erfährt er von der Trostlosigkeit des Totseins: „Lieber der Knecht eines armen Mannes auf der Erde sein, als ein König im Totenreich." In diesen Hades hat der Held die Seelen so vieler Menschen gesandt, grausam wütend und mordend – und er hätte keinen anderen Grund dafür nennen können als den, daß Zeus das eben so wollte.

Achill hat nur die Wahl zwischen einem langen, mühelosen Leben ohne Ehre und einem kurzen voller Ehre. Ehre ist sein Glück. Trotz der Weissagung kämpft er in der Schlacht.

Dieser Achill, der Sohn des Königs Peleus und der unsterblichen Thetis, einer Meeresnymphe, war also der schönste und stärkste der Helden vor Troja. Im 10. Kriegsjahr aber, als der Heerführer Agamemnon eine Sklavin Achills in sein Zelt nahm, fühlte der sich in seiner Ehre gekränkt und raste vor Zorn. Er kennt keinen anderen Wert außer seiner Ehre, so fühlt er sich um den Sinn seines Lebens und um sein Schicksal betrogen. „Ehre hätte mir Zeus geschuldet, da mein Leben so kurz ist, nun hat er sie mir genommen…"

Achill zog sich vom Kampf zurück; mit vielen Entschuldigungen und Geschenken versuchen Agamemnon und die anderen Helden, ihn umzustimmen. Er bleibt hartnäckig. So gewinnen die feindlichen Trojer bald die Überhand. Da läßt er seinen Freund Patroklus in seiner, Achills, Rüstung in den Kampf eingreifen. Der Freund wird von Hektor getötet. So maßlos Achills Zorn war, so maßlos ist nun seine Reue und Trauer um den erschlagenen Freund. Thetis, seine Mutter, bringt ihm eine neue, von Gott Hephaistos persönlich geschmiedete Rüstung, damit stürzt er in den Kampf, lodernd vor Verlangen, seinen Freund zu rächen und Hektor zu töten. Dies obwohl er weiß, es ist ihm geweissagt, gleich nach Hektors Tod ist sein eigenes Leben zu Ende. Rache ist sein Glück.

Dem sterbenden Hektor verweigert er die für die Griechen so unermeßlich bedeutsame ehrenvolle Bestattung. Er kettet den Leichnam an den Streitwagen und schleift ihn vor dem Angesicht der greisen Eltern, vor den Augen der ganzen Stadt um die Mauern. Grauenvolle Leichenschändung als Rache für den gefallenen Freund!

Platon fand diese Geschichte unerträglich: „...das alles wollen wir leugnen, daß es der Wahrheit gemäß erzählt sei, und wollen die Unsrigen nicht glauben lassen, daß Achilleus, der Sohn einer Göttin und des höchst verständigen Peleus, des dritten von Zeus her, und der Zögling des weisen Cheiron, so ganz verworren gewesen, daß er zwei einander entgegengesetzte Krankheiten in sich nährte, nämlich Niedertracht und Habsucht und zugleich Übermut gegen Götter und Menschen."

Das Grauen und die Furchtbarkeit des Daseins, die metaphysische Abgründigkeit der Welt, besteht der Dichter, besteht der Held, in der Würde des Wissens und des Wortes.

Eine Szene, die diese Fülle von Leid im Wissen um Menschen und Götter beleuchtet: Es ist tiefe Nacht. Draußen liegt die geschändete Leiche des Hektor. Achill ist allein im Zelt. Da tritt Priamos, troischer König und Vater des Hektor, herein. Der alte Mann ist gekommen, um den Mörder seines Sohnes um die entstellte Leiche zu bitten. Er mahnt Achill, des eigenen Vaters zu gedenken. Da weint Achill um den Vater, den er nicht mehr sehen wird, wie Priamus um den toten Sohn. „Und das Stöhnen der Männer dröhnt durch das Haus." Dann spricht Achill das Gesetz aus, unter dem sie beide stehen: „So haben es die Götter den wehrlosen Menschen bestimmt – im Leide zu leben. Sie aber sind leidlos." So tröstet der Mörder den Vater des Erschlagenen. Goethes Parzenlied und Hölderlins Schicksalslied nehmen aus dieser Stelle der Ilias ihre Kraft.

Die Einsicht in die Gemeinsamkeit menschlichen Leides beschwichtigt den Schmerz des Einzelnen; Feindschaft und Haß verblassen in der gemeinsamen Hilflosigkeit vor den übermenschlichen Gewalten. Mein Schicksal ist leiderfüllt wie deines, sagt Achill, bald muß ich sterben, und mein Vater bleibt verlassen zurück wie du. Die Götter haben es gewollt, es ist sinnlos zu klagen.

Achill steht nicht als Kläger oder Klagender den Göttern gegenüber, sondern als Held, der sein Schicksal bewußt erfüllt.

Das ist das ungeheuerlich Moderne, oder besser Zeitlose, an der „Ilias", der ersten niedergeschriebenen Dichtung Europas vor fast 3000 Jahren: Es gab noch nichts, was der Mensch zwischen sich und die Mächte des Schicksals stellen konnte und wollte, keinen Sinn, kein Gesetz, keinen Bund, keinen Mittler oder Erlöser, keine Hoffnung, keine Illusion, nichts was er ihnen entgegenstellte, außer sein Bewußtsein und seine Würde. Aus diesem unbeschönigten Realismus des hoffnungslos Wissenden, aus der Religion der Erkenntnis, nicht des Trostes, wuchsen Philosophie und Kunst.

Wie sieht in dieser Welt der düsteren Gewalt und unentrinnbaren Trauer das Glück aus, wo doch nicht einmal das Leben gesichert ist? Ist es der Rausch des Tötens in Todesgefahr, ein chemisches Fest des Gehirns? Oder sind es die flüchtigen Augenblicke des Friedens, des Genusses von Luft und Licht, Leben und Liebe, des Aufatmens in der Verschonung?

Vielleicht läßt sich das Glück nur von seinem Gegenteil her definieren. Es war und ist grauenhaft, ohnmächtig zu sein, arm, ehrlos, elend, schwach, dem Tod preisgegeben. Das älteste griechische Wort für „Glück" heißt denn auch „olgos" und bedeutet Macht, Reichtum, Ehre, Kraft und Leben. Dieses konkrete Glück ist gut und stark. Man sollte es gegenüber dem hochmütigen Philosophenglück und dem immer geheuchelten Seelenglück verteidigen. Beide enden trotz gegenteiliger Beteuerungen mit Sicherheit vor dem Unglück, vor Armut, Schmerz und Ohnmacht. Und jedes Lebensglück endet vor dem Tod. „Niemals werde ich etwas glücklich preisen von den sterblichen Dingen", klagt noch das Chorlied in „Ödipus". Aber 3000 Jahre Kultur seit der „Ilias" spiegeln das Bemühen, die Stellung des Menschen in der Welt erträglicher zu interpretieren, ihm zur Stärkung seines Lebenswillens und seiner Moral wenigstens etwas Glück zu erfinden.

Wir müssen uns Sisyphos glücklich vorstellen

Homer nennt Sisyphos den Weisesten und Klügsten unter den Sterblichen. Er war einer, der sich von den Göttern lange nicht unterkriegen ließ. Sisyphos war der Gründer und König von Korinth und so schlau und erfolgreich, wie andere gerne sein wollten, dabei ebenso bedenkenlos unmoralisch, wie Menschen und Götter eben sind. So überführte er den Meisterdieb Antolyhas des Diebstahls seiner Rinder und verführte zugleich und zur Strafe dessen hübsche Tochter Antikleia noch vor ihrer Hochzeit mit Laertes, so daß Odysseus in Wirklichkeit der Sohn des Sisyphos gewesen sein soll.

Was ihn aber ins Unglück stürzte, war ein etwas leichtfertiger und zu selbstbewußter Umgang mit den Göttern. Er verriet nämlich dem Flußgott Äsopos, daß Zeus es war, der dessen Tochter Aegina ent- und verführt hatte. Das brachte der Stadt Korinth eine lebensnotwendige Quelle ein und dem Sisyphos die strafende Entrüstung der Götter. Verrat göttlicher Geheimnisse und Unmoral lautete die Anklage. Ab in den Hades mit ihm! Er wurde verurteilt, unablässig und in Ewigkeit dort einen Felsblock einen Berg hinaufzuwälzen, von dessen Gipfel der Stein jedesmal von selbst wieder hinunterrollte. Eine unnütze und völlig aussichtslose Arbeit.

Aber Sisyphos, der gerissenste aller Sterblichen, leistete vor seiner Verhaftung noch lange erfolgreichen Widerstand. Thanatos, den Zwillingsbruder des Schlafes und Schergen des Hades, der ihn holen kommt, legt er in Fesseln und sperrt so dem Totenreich den Zustrom, bis Hades seinen Boten durch Ares, den Kriegsgott, befreien läßt. Als Sisyphos dann doch sterben muß, verbietet er seiner Frau die üblichen Totenopfer. Im Totenreich bringt er es fertig, das dort regierende Götterehepaar, Pluton-Hades und Persephone zu beschwatzen, daß er unbedingt noch einmal zurück müsse, um sein pietätloses Weib zurechtzuweisen. Er erhält tatsächlich Urlaub und kommt natürlich jahrelang nicht wieder. Schließlich erscheint Hermes, der Götterbote, packt ihn energisch beim Kragen und führt ihn endgültig ins Totenreich.

Er, der das Leben und die Erde, die Sonne und das Meer, Liee und Freundschaft, die eigene Kraft und Klugheit so sehr geliebt hat, der ewige Steinewälzer, wurde zum Symbol des glücklos-vergeblichen Bemühens, das Los aller Sterblichen von sich abzuwälzen.

Camus' berühmter Essay „Der Mythos von Sisyphos" endet mit dem provokanten Satz: „Wir müssen uns Sisyphos glücklich vorstellen." Wir müssen eben; es bleibt uns nichts anderes übrig. Wir sind auf etwas angelegt, von dem wir nicht abgehen können – und wohin wir nicht gelangen können. Wir alle sind Sisyphos.

Nein, Homer sah das noch nicht so. Der Mythos ist kein Gleichnis. Er zeigt beispielhaft, wie die Götter mit den Menschen umgehen. Sisyphos kann nicht mehr glücklich sein; er wälzt den Fels in der dämmerigen, kalten Schattenwelt. Der Tod hat ihn besiegt, nicht erlöst. Er kann gar nicht, wie Camus ihn denkt, gelassen hinter dem herabrollenden Felsen herschlendern, sich an Sonne und Gras freuen und sagen: Das ist so, und so ist es gut. Es gibt keine Sonne dort. Der Sisyphos Camus' wälzt den Stein durch diese Welt: wir alle!

Und wer kann schon wirklich so gelassen mit seinem Scheitern, mit so viel Vergeblichkeit umgehen? Was würde solche Gelassenheit letztlich auch nützen? Der Riß durch die Schöpfung, die jegliches Sein zum sinnlosen Leiden verurteilt, wäre nicht geheilt, nur ignoriert. Aber doch: Sisyphos wäre – so meint Camus – zur Bewußtheit erwacht. Frei von Furcht und Hoffnung und vor allem frei von Reue könnte er sein Schicksal verachten, die niederschmetternde Wahrheit über die Welt akzeptieren und den Stein wälzen. Das wäre Glück. „Der Kampf gegen Gipfel vermag ein Menschenherz auszufüllen." (Camus)

Sisyphos und sein Fels bleiben das Skandalon der menschlichen Existenz; das Wahrzeichen unserer Vergeblichkeiten. Gleichzeitig sehen alle Denker, Weisheitslehrer, Philosophen ihre Aufgabe darin, ihn zu befreien, zumindest ihn über seine Lage aufzuklären und zu trösten.

Der Philosophentrost, das Philosophenglück, das Glück des

Trösters, ist zunächst aus dessen anderer Perspektive, aus dessen günstigeren oder glücklicheren Lage zu erklären, wenn es freilich auch Sache und Verdienst des Weisen ist, seine Position und Perspektive sorgfältig auszuwählen. Der Weise spricht zumeist aus dem Studierzimmer, mit dem Rücken zur Welt, aus einem idyllischen Garten, einer schön gebauten Säulenhalle, aus einer Akademie von Gleichgesinnten oder aus der selbstgewählten und gepflegten Einsamkeit. Sein Fels macht ihm nur erträgliche Schwierigkeiten im Moment. Er lebt gesichert in einem funktionierenden Gemeinwesen. Von dort aus macht er Aussagen über das Glück.

Wir alle, Besserwisser, Gernetröster, Ratschläger, Wohlmeiner, rufen dem leidenden, unglücklichen, erfolglosen Steinewälzer die altbekannten Parolen zu: Es wird dir schon gelingen! Wo ein Wille ist, ist auch ein Weg! Du mußt nur deine Technik verbessern, deine Methode ändern! Jeder ist seines Glückes Schmied! Deine Kinder werden es einmal besser haben, dank Wissenschaft und Technik und einer fortschrittlichen Politik. Dafür kämpfst und arbeitest auch du! Es ist schön zu arbeiten, auch wenn du dein Ziel nicht ganz erreichst. Der Weg ist das Ziel. Genaugenommen, lieber Sisyphos, ist es ein wenig unanständig, daß du nicht glücklich bist! Hab Sonne im Herzen! Ob du glücklich bist oder nicht, ist eine Frage deiner inneren Einstellung.

Natürlich macht all das Geschwätz den unseligen Zwangsarbeiter noch unglücklicher; nun muß er seine mißliche Lage und trübe Stimmung als eigenes Versagen interpretieren, nicht mehr als übermächtiges Schicksal und Ratschluß der Götter. Er wird fortan, zwischen Niedergeschlagenheit und Hoffnung schmerzhaft ausgespannt, immer strebend sich bemühen. Und vom Olymp tönt ihm darob das Hohngelächter der Götter. Würde er doch hinaufschauen, lachen und in Camus'scher Manier sagen: Das ist so, und so ist es gut!

Glanz und Schein der Utopien

„Womit haben unsere Utopien ihre
Verkörperung verdient? Womit unsere
Körper die Verräterin Utopie?"
(Adolf Muschg, Dankrede anläßlich der
Verleihung des Georg-Büchner-Preises 1994)

Sie haben ja recht, die Gernetröster. Illusionen sind das, was uns am Leben hält: die kleinen privaten Illusionen von möglicher Herrschaft über Haus und Garten, Büro und Familie, von achtbarer Selbstbeherrschung zumindest, von erfolgreichem Wollen und weitgehendem Gelingen, von Geborgenheit in der Familie, bei Freunden oder gar bei sich selbst...

Und wie könnten wir Politik machen für die Zukunft und Wahlreden halten, ohne die großen Utopien von Wissenschaft und Fortschritt, von Gleichheit und Freiheit, von Gerechtigkeit und Sicherheit, von der Möglichkeit einer geglückten Lebensführung, vom erreichbaren Glück?

Das Glück ist im Kopf. Es liegt an der Einstellung und Hoffnungsfähigkeit, auch an der Fähigkeit zu Selbsttäuschung und Vergessen, ob ein Mensch sein Leben als glücklich oder geglückt interpretieren kann. Dies gilt für die relativ glücklichen, leidfreien Stunden des Lebens und der Geschichte, nicht für die Zeiten des bewußt erfahrenen Scheiterns und der Sinnlosigkeit, nicht für die Tage des Schmerzes, des Mangels, der Demütigung, des Leidens und des Sterbens. Das sind die Stunden der Wahrheit. Als Glück empfinden wir den ungestörten Aufbau, das scheinbar sichere Bestehen einer privaten Illusion, einer öffentlichen Utopie; die Störung unserer Bestrebungen, das Zerbrechen unserer Hoffnungen, die Enttäuschung in der meist unfreiwilligen Erkenntnis irrtümlicher Voraussetzungen, als Unglück. Was ist das wahre Glück?

Es gibt Glückslehren, die Utopien aufbauen, indem sie versprechen, die richtige Herrschaft, die bessere Wissenschaft, das wirkliche Recht könnten Unglück beseitigen und den neuen, glücklichen, den vom Falschen befreiten Menschen schaffen. Und es gibt Glückslehren, die Utopien einreißen, indem sie sagen: Befreie dich von der Wahnidee, daß es dergleichen gibt! Sie sehen das Glück im Freiwerden, im Loslassen, im Aufgeben. Und gibt es ein größeres Glück als das der Befreiung? Sie sind allem Scheitern voraus, dort, wo Heiterkeit und Trauer sich im Unendlichen treffen.

Die Utopisten hingegen wälzen den Stein für Gerechtigkeit, Zukunft und Fortschritt. Sie fordern das Weitermachen auch zu hohem Preis. Dort, wo sie das Glück erwarten, stehen Scheitern, Einsicht und Melancholie. Aber sie halten immer wieder die Welt in Gang, der Kampf gegen Gipfel füllt ihr Herz aus; und gibt es eine andere Würde als die des Suchens und Kämpfens?

Die einen empfehlen, den Fels – wenn es denn sein muß – zu rollen, so gut es geht und wie es die jeweiligen Götter befehlen; die anderen raten, ihn im Bewußtsein der menschlichen Unzulänglichkeit ohne Zorn und Scham loszulassen. Möge er fallen, wohin ihn die Schwerkraft ohnehin letztlich zieht.

Beides sind Paradigmen der Weltsicht, Haltungen, die notwendig und richtig sein mögen, von Fall zu Fall, wenn die Menschheit überleben soll. Beides sind Stimmungen im Einzelleben, ebenso wie Strömungen und Wellen an der Oberfläche einer Zeit. Jedes Paradigma trägt zugleich sein Gegenteil in sich und seine Gefahr.

Die Utopisten fliehen vor der Erkenntnis des unvermeidlichen Scheiterns, vor Melancholie und Resignation in starre Fundamentalismen oder gewalttätige Totalisierung. Die Utopie ihrer Verächter ist der Glaube an die Möglichkeit des Ausstiegs, an die Realität der Verneinung, an die Möglichkeit des Verzichts auf die unvermeidliche Torheit der Hoffnung. Denn Sinnentwurf und Utopie sind genetisch verankerte Funktionen menschlicher Vernunft, Funktionen von Menschlichkeit und Würde. Nur der Hoffnung und der Utopie gelingt es, menschliches Glücksverlangen zu artikulieren und zu binden. Wirft man sie über Bord, so mit ihnen den Glauben an die Einzigartigkeit und Andersartigkeit des Menschen gegenüber der Natur, an die Möglichkeit spezifisch menschlicher Geschichte. Es bleiben Regression und Primitivität oder Lähmung und im schlimmsten Falle zynische Geringschätzung menschlichen Lebens und seiner Geschichte.

Freilich gibt es noch ein Drittes: die herrlichen und flüchtigen Momente der Ironie, des heiteren und bewußten Standhaltens gegenüber einer Situation, die nicht zu lösen ist und offen bleiben darf, Einsichten in die beglückende Wahrheit, daß es viele Wahrheiten gibt, daß keine Entscheidung endgültig ist und sein soll. Ironie ist die Balance im Zwischendrin; sie ist die Haltung des Spielers, der wissend und willig mit sich spielen läßt.

Dieses Gerede von Menschenliebe und Gerechtigkeit ...

Besonders in chaotischen Zeiten – und wann wären Zeiten das nicht – wächst die Sehnsucht nach einfachen Antworten. Es entstehen neue Heilslehren, Glückslehren, sie rufen zu Engagement und Aufbau, zur Reform des guten Alten oder zum Einriß und Neuaufbau von Grund auf. Andere raten, angesichts des immer sichtbaren Zerfalls, der Geschichte und der Kultur, die nur Unglück und Verlust gebracht hätten, den Rücken zu kehren, aufs Eingreifen zu verzichten, auszusteigen, der Natur ihren Lauf zu lassen, am besten mit ihr eins zu werden.

In der zweiten Hälfte des 6. vorchristlichen Jahrhunderts befand sich in China eine hohe Zivilisation in der Krise; das Ende der Chou-Dynastie krankte an Verfall in vielen Lebensbereichen. Kung-tse oder Konfuzius, er bekleidete um 502, etwa 50jährig, das Amt eines Polizei-Vorstehers, begründete eine politische Morallehre, die das Land retten sollte. Was ihm vorschwebte, war die Vollendung der moralischen Rechtschaffenheit in der Gesellschaft durch Rückbesinnung auf die tradierte Weisheit der Vorfahren, der als heilig verehrten Herrscher vergangener Jahrhunderte, durch Bewußtmachen der ethischen

Bedeutung menschlicher Beziehungen, besonders in der Familie, und der Tugenden der Güte und der Menschenfreundlichkeit.

Für diese schöne alte-neue, hierarchisch geordnete Welt suchte er einen „Philosophenkönig", einen Herrscher mit der Fülle menschlicher Tugenden. Ein qualifizierter und ernsthafter Bewerber war leider nicht zu finden.

Zur gleichen Zeit, etwa 40–50 Jahre vor Konfuzius geboren, lebte Laotse. Er war Archivar des Königs von Chou gewesen. Seine Ansichten standen denen des Konfuzius diametral entgegen: Nichts müsse getan, erneuert oder verändert werden. Die eigentliche Krankheit sei vielmehr das Tun, das Eingreifen. Das ganze Elend der Zeit beruhe auf der Herausbildung von Kultur und Staat und auf dem gutgemeinten, aber verderblichen Wirken jener heiligen Herrscher, von denen Konfuzius schwärmt. Die Heilung liege im Nicht-Tun!

Ein aus dem 18. Jahrhundert stammender japanischer Kommentar zu den Laotse zugeschriebenen Schriften charakterisiert die beiden größten chinesischen Denker folgendermaßen: Konfuzius habe das Volk angesehen wie Kinder, die aus Unvorsichtigkeit dem Feuer oder Wasser zu nahe kommen und die man unter allen Umständen retten müsse. Obwohl er erkannte, wie schwer die Rettung sei, habe er sie als seine unerbittliche Pflicht aufgefaßt. So habe er jedes erdenkliche Mittel versucht, die überlieferten Lehren, in denen er das Heilmittel sah, zur Anwendung zu bringen. Er sei die beste Zeit seines Lebens rastlos umhergewandert, um einen Fürsten zu finden, der geneigt gewesen wäre, diese Lehren anzuwenden. Da schließlich alles vergeblich gewesen sei, weil die Umstände ihm in keiner Weise zu Hilfe kamen, habe er resigniert. Aber er habe es weiterhin als seine Verpflichtung angesehen, in den Gesprächen im Kreise seiner Jünger eine Überlieferung zu schaffen, die wenigstens den Grundriß der alten, guten Gesellschaftsordnung für die Nachwelt aufbewahrte, damit die Welt wieder in Ordnung gebracht werden könnte, wenn sich die Verhältnisse gebessert hätten.

Laotse hingegen habe erkannt, daß die Krankheit, an der die

Zeit litt, mit irgendwelchen Medizinen nicht zu heilen sei. Weder starke Laster noch starke Tugenden seien vorhanden gewesen. Die Fehler waren keine Fehler, und die Verdienste waren keine Verdienste. Tiefgreifende innere Unwahrhaftigkeit habe die Verhältnisse durchfressen, so daß nach außen hin Menschenliebe und Gerechtigkeit verkündet wurden, während im Inneren Gier und Habsucht alles vergifteten. Bei solchen Zuständen mußten jedes Eingreifen und Ordnen die Unordnung nur mehren. Das sei der politisch-moralische Sinn des Vermächtnisses gewesen, das er in den 5000 Worten des Taoteking hinterlassen habe.

Dieser Kommentator (Dazai Shuntai) war zunächst ein eifriger Verfechter des Konfuzianismus, wechselte aber im hohen Alter zu den Anschauungen Laotses über. Er starb 1747.

Um die Mitte des 18. Jahrhunderts ging auch über Europa eine Welle der Geschichts- und Kulturmüdigkeit, wie sie aus Laotse spricht; Rousseau hat ihr mit seinem „Zurück zur Natur" Ausdruck und Formel verliehen.

Aber dieses unvermeidliche Berühren des Politischen und damit Verkünden einer Gegenutopie stehen nur am Rande von Laotses Denken. Sein Thema ist der Weg, der Sinn, das Leben, und alles zusammen ist das Glück.

Konfuzius soll bei seiner ersten Reise an den Kaiserhof, wo Laotse sein Amt als Archivar ausübte, mit diesem zusammengetroffen sein. Dieses Treffen der beiden chinesischen Geistesheroen und Stifter der Jahrtausende beherrschenden Weltanschauungen wird in der chinesischen Literatur immer wieder erwähnt. Über das Gespräch, das sie führten, gibt es viele, weitgehend übereinstimmende Berichte. Auf einem Grabrelief des 2. vorchristlichen Jahrhunderts ist zu sehen, wie der jüngere Kung (= Konfuzius) dem viel älteren Laotse als Ehrengabe einen Falken überreicht. Auf den jungen Konfuzius, der so ernsthaft und überzeugt ausgezogen war, die Welt zu retten, hat der seltsam heitere alte Herr einen überwältigenden Eindruck gemacht. Er hat sich zwar von ihm nicht von seiner Linie abbringen lassen, sich aber später seinen Jüngern gegenüber immer wieder voll Hochachtung über ihn geäußert, über „den unfaßbar tiefen Weisen", den er mit einem Drachen vergleicht, der sich zu den Wolken erhebt. Der Drache ist den Chinesen das Symbol des Glücks.

Auf dem Weg ins Reich der Ungeschiedenheit ...

Laotse muß bei dieser Begegnung mit viel Charme und Humor gesprochen haben, daß Kung ihn so annehmen und anerkennen konnte, denn was der alte Herr sagte zu seinen Plänen, die alten Traditionen wiederzubeleben und Gerechtigkeit und Menschenliebe in der Gesellschaft wieder auferstehen zu lassen, ist für jeden rechtschaffenen Utopisten eine Provokation:

„Wie Stechfliegen einen die ganze Nacht wach halten, so plagt mich dieses Gerede von Menschenliebe und Gerechtigkeit. Strebe danach, die Welt zu ihrer ursprünglichen Einfalt zurückzubringen!"

„Für die vollkommenen Männer der Urzeit war Menschenliebe nur ein Durchgangsplatz und Gerechtigkeit nur eine Nachtherberge auf dem Weg ins Reich der Ungeschiedenheit, wo sie sich von den Gefilden des Gleichmuts nährten und in den Gärten der Pflichtlosigkeit wohnten."

Damit verweist Laotse auf die tiefe Ambivalenz der Begriffe „Gerechtigkeit" und „Menschenliebe", auf die darin verborgene Anmaßung und Gewalttätigkeit. Die Anmaßung zu wissen, was gut und böse ist, zu urteilen, zu unterscheiden, auszugrenzen, die Gewalttätigkeit zu überreden, zu belehren, zur Ordnung zu rufen, zu fordern, zu zwingen. Im Taoteking heißt es: „Gute behandle ich gut, Nichtgute behandle ich auch gut: die Tugend ist gut. Getreue behandle ich treu, Nichttreue behandle ich auch treu: Die Tugend ist treu."

Was von den Menschen Menschenliebe und Gerechtigkeit genannt wird, ist das, was die anderen tun sollen. Geforderte Güte steht nach Meinung Laotses im Widerstreit mit der natürlichen Güte des Menschenherzens und verstört seine Unmittelbarkeit. „Darum verbringen die so predigen, ihre Tage damit, über die Bosheit der Welt zu klagen." – „Der Vollendete hat wie Himmel und Erde keine Menschenliebe." Der Vollendete ist deswegen nicht lieblos, aber er steht den Wesen nicht gegenüber, sondern umfaßt sie. Eben weil er keine Menschenliebe hat, greift der Vollendete nicht in das Leben der Wesen ein, er erlegt ihnen nichts auf, sondern er „verhilft allen Wesen zur Freiheit". Laotse verneint alles, was von den Menschen Erkennen und Tun genannt wird, und wovon sie sich das Glück erhoffen. „Der Vollendete tut das Nichttun." Er verneint vor allem das oktroyierte Glück der Wohlmeiner und Zwangsbeglücker. Und was ist das Glück der Freiheit, zu dem der Vollendete, der Weise, verhilft? „Es gibt nur eine Freiheit: mit dem Tod ins reine zu kommen."(Nicht Laotse, sondern Camus)

„Tao" ist der Weg und zugleich der Sinn des Weges, der Nichtsein und Sein, Tod und Leben, Glück und Glücklosigkeit einschließt, es ist der Weg, den man nicht verfehlen kann, er hat Sinn und Zweck in sich, er ist nicht Wegweisung, sondern Bahn. Tao meint nichts anderes als das Menschenleben selbst, es beginnt und endet in der Einheit des ungeschiedenen Seins. „Was kümmert mich der Schiffbruch, wenn Gott der Ozean ist." Dieser Satz des Heiligen Don Bosco ist dem Laotse verwandt. Laotse schließt den Tod ein, denn er gehört zum Leben. Gleichgültigkeit gegenüber dem Tod, Geringschätzung von Wissen und Tun, von Plan, Erfolg oder Versagen – daraus entsteht die Heiterkeit, das Glück des Weisen.

Wer Utopien baut, kann dies nicht gelten lassen. Er braucht ein ordentliches Gerüst, das sein glückliches Nirgendland stützt und schützt. Konfuzius machte die menschlich-moralischen Normen am geduldigen Himmel fest, ja, er band den Unerreichbaren in diese Normen ein, behauptete, der Himmel sei an menschliche Moral gebunden und greife in diesem Sinne in den Geschichtsverlauf ein. Das zynische Spiel der Götter, das neidische ungerechte Schicksal, die Verblendung, das Versagen und vor allem den Tod mußte er, wie jeder Utopist, ausklammern. „Wenn man noch nicht den Menschen gerecht zu werden vermag, wie soll man dann den Geistern gerecht werden", soll er einmal gesagt haben, und: „Solange man das Leben noch nicht versteht, wie soll man da den Tod kennen?"

Konfuzius starb 479, 72jährig, hochgeachtet, aber unglücklich, müde und resigniert. Seine Jünger überlieferten seine Lehre; im 3. Jahrhundert v. Chr. wurden seine „Gespräche" als Buch aufgezeichnet. Ungefähr zur selben Zeit wollte ein gewisser Yang Chu beweisen, daß besondere Rechtschaffenheit auch nicht zum Glück führe. In diesem Zusammenhang schrieb er über Konfuzius: „...unter Not und Kummer kam er zu Tode. Er war der Umhergetriebenste und Gehetzteste der Menschen..."

Unzufriedenheit mit den politischen Verhältnissen soll den greisen Laotse veranlaßt haben, China in Richtung Westen zu verlassen. Auf die Bitte eines Grenzwächters habe er diesem das Taoteking diktiert. Ein großer Teil des Buches stammt vermutlich aus dem 4. Jahrhundert. Die Gestalt Laotses verliert sich im Legendenhaften. Es wurde darüber spekuliert, ob er nach Indien gekommen und dort mit Buddha zusammengetroffen sei. „Niemand weiß, wo er geendet hat", sagt ein chinesischer Geschichtsschreiber des 2. Jahrhunderts von ihm, und: „Sein Streben war, sich selbst zu verbergen und ohne Namen zu bleiben."

Der Weise, der Vollendete, Laotse selbst, geht nicht ins Nirwana ein, und er geht auch nicht zu den Menschen; er geht in die Verborgenheit, in die „Einsamkeit des Meeres".

„Seine Ausgänge verschließt er, versperrt seine Pforten, er bricht seine Schärfe, streut aus seine Fülle, macht milde sein Glänzen, wird eins mit dem Staube. Das heißt tiefes Einswerden." (Taoteking)

Laotse konnte leben und sterben, so wie er es lehrte, ohne Illusion, ohne Absicht und Bedingung. Er hätte sich selbst zweifellos als glücklich bezeichnet.

Warum bringen Sie sich nicht um?

„Ich verfluche den Tod!"
(Elias Canetti, 1993)

In den Momenten der Utopie- und Illusionslosigkeit, wenn die Welt im Zustand ihres reinen Daseins vor uns liegt, sind uns Leben und Tod gleich lieb und nahe – und, statt Glück zu erfinden, spielen wir zur Abwechslung mit dieser Wahl.

Es gab und gibt, zu gewissen Zeiten und da und dort, immer Orte, wo es sich ganz behaglich leben läßt, zumindest für einige, so auch am Ende unseres Jahrtausends, vorerst noch, in der westlichen Wohlstandswelt. In diesen Paradiesen, von denen andere träumen, tummelt sich keineswegs das Bewußtsein von purem Glück – eher Sprachspiele der Verneinung, Melancholie und Überdruß. Langeweile kann tödlich sein. Das gleichgültige, das ungeschiedene Leben ist monoton, die Zeit gestaut. Warum leben? Das war die Frage, im 3. Jahrhundert v. Chr. in der blühenden und hochzivilisierten Weltstadt Alexandria in Ägypten, unter der Regierung des aufgeklärten und toleranten Herrschers Ptolemäus I., ein Ort, an dem sich zumindest für die elegante, reiche, gebildete griechische Oberschicht dem Glück wenig Äußerliches in den Weg stellte. Man widmete sich dem individuellen Vergnügen, der Wissenschaft und Kunst, den jeweiligen Geschäften, dem Zeitvertreib. Die Religion dieser Privilegierten war die Philosophie.

In dieser schönen Stadt soll damals der Philosoph Hegesias gelehrt haben. Er stand der Philosophenschule der „Hedonisten" vor, einer Richtung, die ausschließlich das Glück als Ziel und Motiv des menschlichen Handelns ansah. Die Hedonisten nannten dies allerdings konkret und bescheiden Vergnügen, Genuß oder Lust, kurz, angenehme Empfindung und nichts weiter. Tugend nannten sie die Genußfähigkeit, die nur der Einsichtige und Weise habe. Denn mit Bescheidenheit, Maß und Distanz, immer im Bewußtsein der notwendigen Selbstbeherrschung und Unabhängigkeit, kann man den glücklichen Augenblick, wenn auch nicht mehr als diesen, ergreifen.

Eine ausgezeichnete Lehre für angenehme Umstände! Dieser Hegesias aber, Chefphilosoph der Hedonisten, lehrte einen so entschiedenen und rabenschwarzen Pessimismus, daß er den Beinamen „Peisithanathos", der „zum Tode Überredende", erhielt. Er pflegte die Leute auf der Straße anzusprechen und rundheraus zu fragen, warum, bei allen Göttern, an die sie längst nicht mehr glaubten, sie nicht Selbstmord begingen. Es gebe doch wahrhaftig keinen vernünftigen Grund, am Leben zu bleiben. Die Griechen nahmen Vernunftgründe und philosophische Argumente sehr ernst. Tatsächlich nahmen unter dem Einfluß des Hegesias die Selbstmorde in Alexandria so überhand, daß ihm Ptolemäus I. solche subversiven Reden verbot.

In seinem verlorengegangenen Buch „Der sich Aushungernde" hat er einem sich freiwillig zu Tode Hungernden seine Lebensansichten und Lebensgrundsätze in den Mund gelegt: Glück sei unmöglich, weil die Seele mit dem hinfälligen, anfälligen, zu Krankheit und Tod bestimmten Körper leide und weil vor den Wechselfällen des Schicksals niemand sicher sei. Die Bilanz sei einfach negativ. Zweifellos bestehe das Gute in der Lust, das Böse und das Übel in der Unlust, wie die Hedonisten lehrten. Es frage sich nur, wo, bitte sehr, in einem Leben voller Mühseligkeiten die Lust zu finden sei. Man müsse froh sein, wenn man sich wenigstens zeitweise frei von Schmerzen halten könne. Lust und Unlust hingen im Grunde auch nicht von den Dingen ab, nicht von Reichtum oder Armut, sondern von der Art, wie wir sie auffassen, also von unseren Stimmungen.

Ob Theorie oder Chemie – das Glück ist im Kopf. Das scheint Hegesias gewußt zu haben. Aber auf diesen Kopf ist kein Verlaß. Reduziert er die Summe seiner Erfahrungen auf Leid und Tod als Lust- und Sinnvernichtung, ist der Freitod eine einsichtige logische Konsequenz. Seine Zeitgenossen, so scheint es, nahmen das Spiel der Philosophie, den Schmerz des unerfüllten Sinnverlangens, so ernst wie des leidenden jungen Werthers Nachahmer die unerfüllte Liebe.

Alles Leben ist leidvoll

Die Geschichte von den todessüchtigen Yuppies in Alexandria und von dem eifrigen Selbstmord-Anpreiser Hegesias zeigt: Auch wenn schon mal günstige Umstände und grundsätzlich vernünftige Lebensführung zusammenkommen, wenn Äußeres dem Glück nicht entgegensteht, so gibt es im Menschen immer noch etwas, das ihn hindert, das Leben als sinnvoll und lebenswert anzusehen. Zur Begründung dieser Unfähigkeit sich zu freuen verweist er auf die Unsicherheit des Lebens und die Unausweichlichkeit des Todes und dessen, was schlimmer ist als dieser: Alter, Krankheit und Leid.

„Alles Leben ist leidvoll", das war die Erkenntnis Siddharthas, des jungen Königssohnes, den sie später „Buddha", den Erwachten, nannten. Diese Erkenntnis beruhte nicht auf einer Erfahrung des jungen, schönen und reichen Prinzen, sondern auf seiner wachen und teilnehmenden Wahrnehmung der Welt.

Als Siddhartha 29 Jahre alt war, gab er das weltliche Leben auf: seine Eltern, seinen Sohn, seine Frauen, seine Zukunft als Herrscher – und zog „aus der Heimat in die Heimatlosigkeit". Damit stand er ganz in der überlieferten indisch-brahmanischen Tradition, Leid, Tod und Verlust zu überwinden, indem man auf sie zu und durch sie hindurch geht, in das unbeschreibliche Glück einer radikalen Befreiung. Denn, wenn schon Befreiung von etwas Glück sein kann, wie erst die Befreiung von allem!

Siddhartha wurde ein wandernder Asket, wie so viele. Aber er wuchs darüber hinaus. Die Erleuchtung unter dem Feigenbaum gab ihm die erlösende Erkenntnis. Es war nicht die Offenbarung eines transzendenten Heils, nicht die mystische Einheit mit etwas Göttlichem, die Unsterblichkeit oder Leidfreiheit verhieße, sondern der totale, nicht rückgängig zu machende und konsequente Tod, der Ausstieg aus der Ruhelosigkeit des sich ständig erneuernden Weltdaseins, das schrittweise, bewußte Hineingehen ins Nicht-Sein, ins Nirwana; das ist die endgültige Erlösung.

Buddhas Lehre ist keine Utopie für eine bessere und keine Religion für eine jenseitige Welt, sie ist radikale Aufklärung über diese Welt, eine Lehre, die das Wesen des Menschen erfaßt und rät, es konsequent abzulegen. So ist die Welt, sagt Buddha: Es gibt keinen ewigen Weltschöpfer oder Weltlenker, nur einen anfangs- und endlosen Weltprozeß. Weder die Einzelseele, wenn es sie gäbe, kann ewig sein, noch die Materie. Es gibt nur die Vielfalt von unpersönlichen Daseinsfaktoren, Abhängigkeiten von interagierenden, entstehenden und vergehenden Kräften, die durch ihr Zusammenspiel die Individuen und die von ihnen erlebte Welt zustande bringen.

Ein Mensch hat also keine unzerstörbare Persönlichkeit, sondern ist nur ein Bündel von vergänglichen Daseinskräften. Wenn ein Wesen stirbt, zerfällt die momentane Verbindung zwischen den Daseinsfaktoren, und alles könnte gut und zu Ende sein, wenn der Mensch so wäre, daß er das Nichtsein im Innersten wirklich wollte – und wenn Buddha auf das moralische Element in seiner Kosmologie, auf die brahmanische Lehre von der Wiederverkörperung hätte verzichten können: Gute oder böse Willensregungen können nach dieser Auffassung nicht spurlos verschwinden; sie werden zur Grundlage einer neuen Existenz, die mit unerbittlicher Konsequenz mit der alten verbunden ist.

Im Tierpark von Benares predigte Buddha erstmals 530 v. Chr. zu fünf Jüngern, die sich ihm angeschlossen hatten:

„Wahrlich, ihr Mönche, das ist die edle Wahrheit vom Leiden: Geburt ist leidvoll, Alter ist leidvoll, Krankheit ist leidvoll, der Tod ist leidvoll, mit Unlieben vereint, von Lieben getrennt sein ist leidvoll, nicht erlangen, was man begehrt, ist leidvoll, kurz die fünf Gruppen von Daseinsfaktoren, die das Hängen an der Welt verursachen, sind leidvoll.

Dies fürwahr, ihr Mönche, ist die edle Wahrheit vom Entstehen des Leidens: Es ist der Durst, welcher zur Wiedergeburt führt, der vereint mit Freude und Begehren sich hier und dort mit diesem ergötzt, der Durst nach den Begierden, der Durst nach dem Werden, der Durst nach dem Entwerden.

Fürwahr, ihr Mönche, dies ist die edle Wahrheit von dem

Vergehen des Leidens: jenes Vergehen durch das restlose Aufgeben der Leidenschaft; die Entsagung, das Verlassen, das Freiwerden, das sich Abwenden von dem Durst."

Durst nach Werden

Die trostlose Kausalkette sieht so aus: Alter, Krankheit und Tod haben ihre Ursache in der Geburt. Voraussetzung für die Geburt, das Entstehen einer neuen Existenz, ist ein Werdenwollen, das aus einem früheren Dasein übergreift, ist Folge des intensiven Lebenshangs. Dieser entsteht aus dem „Durst" der Begierde. Diese wiederum wird durch angenehme Empfindungen geweckt, die man erstrebt, oder unangenehme, die man flieht. Empfindungen wiederum entstehen durch die Berührung mit der Außenwelt; zu dieser kommt es durch das entstehende Bewußtsein in einem neugeborenen Kind aufgrund der wesensgestaltenden Triebkräfte eines früheren Daseins.

Und warum entstehen diese Triebkräfte, die den Weltprozeß in Gang halten und den Menschen zu einem leidvollen, glücklosen und endlosen Dasein verdammen? Weil er die Falle, in der er sitzt, das Tretrad, in dem er läuft, nicht durchschaut, weil ihm die richtige Einsicht fehlt, die Einsicht nämlich, daß alles Dasein vergänglich, substanzlos und leidvoll ist. Die Erlösung aus dem Weltleiden kann aber nicht durch kurzentschlossenen Suizid geschehen, auch nicht durch eine kollektive Ideologie, sondern muß von jedem einzelnen für sich allein durch eigene geduldige Anstrengung erarbeitet werden.

Dieser einzelne, ein Teil im Strom zeitweilig zusammengeschlossener Daseinskräfte, muß sich selbst soweit läutern, daß die Kardinalübel Haß, Gier und Verblendung schwinden, daß seine Leidenschaften erlöschen, daß er keiner Erscheinung mehr anhaften will und so die völlige Meeresstille des Gemütes gefunden ist. So kann er in das Nirwana, in das glückliche Nicht-Sein, bewußt und klar eingehen. Der Weg dazu ist Besinnung, Beherrschung und Meditation. Es ist ein „mittlerer Pfad", der zwischen unguten Extremen wie übermäßigem Genuß und strenger Askese hindurchführt. Diesen Weg zu gehen ist Glück. Buddha lächelt.

Buddhas, des Erwachten, Lehre geht von einer Einsicht aus, der Einsicht in die Grundstruktur dieser gebrechlichen Welt. Seine Lehre ist im Wesen Kosmologie – und als solche Ende oder Anfang einer Utopie, Anfang oder Ende einer Religion. Denn auch aus der kühlsten Kosmologie werden die Menschen sich Ideologie und Mystik saugen, etwas Glück, solange das Nirwana noch nicht wünschenswert erscheint.

Buddhas Weltbild unterscheidet sich von der brahmanischen Tradition, ebenso von den ersten kosmologischen Spekulationen der Vorsokratiker. Während alle die Wirklichkeit auf ein ewig Seiendes zurückführen, dem eine oder mehrere Substanzen zugrunde liegen, gibt es für Buddha in einer Welt unaufhaltsamen Wandels nichts Beharrendes. Die letzten Elemente der Wirklichkeit, die Daseinsfaktoren, sind keine stoffliche, nicht einmal ein geistige Einheit, sondern psychische Kräfte wie sinnliche Wahrnehmung und mentale Daten, die in unser Bewußtsein treten.

Wiegt so eine Welt leichter? Drückt sie weniger auf die Brust? Jedenfalls machte die psychologische in der kosmologischen Spekulation die reine Lehre des Erwachten in der europäischen Moderne anziehend und aktuell.

Diese Lehre hat im Laufe der Jahrhunderte Vermischungen, Wandlungen, Verkehrungen erfahren, wie alle Lehren. Es gibt viele Formen des Buddhismus, so wie es viele Formen des Christentums gibt. Buddhas Reformation, der Reform des Brahmaismus, folgten Gegenreformationen, Spaltungen, Anpassungen und Vermischungen mit anderen Traditionen. Die kristallklare, kühle Erleuchtung hilft nicht den Menschen, die glauben, leben zu müssen. Sie brauchen Götter und Geister, die sie beschwören, verehren und anrufen können, anflehen um das billige, kleine, vielleicht doch habbare Glück. Sie brauchen Weihrauch, beruhigendes Murmeln, etwas Mystik und Trost. Der Buddhismus ist weitherzig und gleichgültig genug, dies zu gewähren.

In den westlichen Unterhaltungsgesellschaften hat zur Zeit besonders der tibetische Buddhismus, das heißt seine farbenprächtigen Rituale und Düfte, die lamaistischen Praktiken, die sich leicht in Esoterik ummünzen lassen, als modischer Konsum-Buddhismus Interesse und Verbreitung gefunden. Er ist freilich den Impulsen und Anschauungen der buddhistischen Lehre diametral entgegengesetzt, eher eine Maskerade des Ich-Kults westlich- saturierter Zeitgenossen. Die mit dem Buddhismus spielenden Erlebnissucher wollen durchaus nicht, daß das Rad des Ichs stillsteht, im Gegenteil. Das erfundene Glück, das sie aus ihrem erfundenen Buddhismus saugen, ist gerade die Fortdauer und Unverlierbarkeit des Ich im Kreislauf der Wiedergeburten. In esoterischen Seancen versucht man sich erfolgreich an frühere Existenzen zu erinnern, passende zukünftige zu imaginieren. Endlich läßt sich Interessantes und Einmaliges am lieben Ich entdecken, Antwort finden auf die manische Frage: „Wer bin ich?"

Das irdische Vergnügen an der Kosmologie

Man unterscheidet die Phasen der griechischen Philosophie nicht nur nach der Zeit vor und nach Sokrates, sondern ordnet sie auch thematisch einer vorrangigen Beschäftigung mit dem Kosmos, der Natur, oder mit dem Menschen zu. Zum Menschen gehört die Lehre vom Glück und seiner Machbarkeit, seiner Lehr- und Lernbarkeit, als die einzige nicht-religiöse Begründung der Moral. Die wissenschaftliche oder spekulative Beschreibung des Kosmos allerdings, die sagt: so ist die Welt – kann nur von ihrer Unerkennbarkeit und ihrer Fremdheit, von ihrer Antwortlosigkeit und ihrem Schweigen reden. Sie läßt die schmerzliche Grenze zwischen Mensch und Welt erkennen und die Nicht-Machbarkeit des Glücks. Kosmologie ist ihrem Wesen nach antiutopisch und vom politisch-moralischen Standpunkt aus gesehen subversiv.

Im 6. vorchristlichen Jahrhundert haben die bewußte und distanzierte Wahrnehmung der Welt, die Auseinandersetzung mit ihrer Vergänglichkeit und die Interpretation ihrer Unzugänglichkeit und Unzulänglichkeit einen nicht wieder erreichten Höhepunkt erlangt. Und es sieht so aus, als hätten die Glückslehren des Loslassens von Anfang an das Übergewicht gehabt. Die frühen griechischen Naturphilosophen wirkten so als Welterklärer und Utopieverhinderer zugleich. Das große Interesse, das sie bei ihren Zeitgenossen fanden, war kennzeichnend für eine Zeit schwächer werdender religiöser Bilder und Bindungen und der erst langsam erstarkenden bürgerlichen Utopie des Stadtstaates.

Den zwei schmerzlichen Erfahrungen des Sysiphos-Jedermann, der Unausweichlichkeit von Alter und Tod und der Inkongruenz zwischen ihm und der Welt, der Tatsache eben, daß alles anders ist, als er wünscht und meint, begegneten die frühen

Philosophen mit zwei tröstlichen Erkenntnissen. Erstens sind die Götter, auf die du hoffst und die du fürchtest, nichts anderes als Projektionen der zweifelnden und zweifelhaften Menschen in ewige Kraft, Sicherheit und Glück. Und zweitens ist die Welt, an der du leidest, nicht so, wie du meinst. Hinter der Vielheit der angenehmen und unangenehmen Erscheinungen steckt ein einziges, ein Abstraktes, Leeres… Bedenke es und bemühe dich um Gleichmut.

Denn, ob das Seiende als materiell und geistig-göttlich zugleich, als Einheit oder Vielheit angesehen wurde, als etwas eigentlich Unbewegliches oder als etwas in ständiger Bewegung Begriffenes – jedenfalls wurde die Welt als etwas erklärt, das anders ist, als es sich den menschlichen Sinnen darstellt. Daraus läßt sich in mehrfacher Hinsicht Glück, Trost oder zumindest Befriedigung ziehen. Erstens ist es ungeheuer spannend, interessant und vergnüglich, nach Erkenntnissen zu streben, Theorien aufzustellen, die Theorien anderer zu widerlegen und im Unbeweisbaren zu spekulieren. Diese vornehme und lebensferne Tätigkeit vermittelt höchste Befriedigung, eben das Philosophenglück. Die Spekulationen dieser frühen Naturphilosophen waren erfrischend, atemberaubend und sensationell; besonders die Atomlehre von Leukipp und Demokrit, die moderne Anschauungen vorwegnimmt.

Wenn nun diese Welt und alles, was wir an ihr wahrnehmen, sagen wir, nur aus der planlosen Mischung und Bewegung gleichartiger, winziger Teilchen in einem unermeßlich weiten, leeren Raum besteht, so folgt zweitens daraus, daß Glück und Unglück eigentlich nichts Wirkliches, Ernstzunehmendes sind. Wer die Welt richtig sieht, steht über beidem, er erkennt ihre Nichtigkeit, und wenn er diese erkennt, ist er zumindest nicht mehr unglücklich.

In diesem Punkt trifft sich die Lehre der Philosophen mit der Botschaft des Brahmaismus, von dem Buddha ausgig: Erlösung durch die wahre Erkenntnis der atomistischen Welt, Erlösung durch die Erkenntnis, daß die Seele einzige Wirklichkeit im falschen Schein der Welt ist, Erlösung vom komplizierten und leidvollen Sein.

Aber die meisten von uns tröstet die Kenntnis der atomistischen Struktur eines herabfallenden Ziegelsteines nicht über das Unglück hinweg, von ihm getroffen zu werden. Die Betrachtung der Nichtigkeit der Welt und des Wesens aller Dinge mag glücklich machen – in Akademien und Klöstern mit starken Mauern gegen die Unannehmlichkeiten der Welt. Die äußeren Bedingungen des Glücks sind nur in seltenen Fällen eine zu vernachlässigende Größe. Daß wir die Welt im Kopf konstruieren und mit ihr unser Glück und Unglück, ist zweifellos eine weitgehend richtige Erkenntnis, und doch hilft sie zum Glück nicht weiter.

Die Weltformel der gläubigen Vernunft

Das irdische Vergnügen an der Kosmologie liegt nicht zuletzt in der Möglichkeit zur ungehinderten Konstruktion von im spezifisch menschlichen Denken angelegten Träumen, Wünschen und Utopien, die, durch Wirklichkeiten nicht widerlegbar, in die schwarze Leere des Weltraumes projiziert werden können, dorthin, wo sich exakte Wissenschaft und Esoterik, Mathematik und Gnosis ungeniert vereinen. Es ist die Sehnsucht nach Ganzheit, Einfachheit und Ordnung, die, ins All geschickt, von dort als Botschaft des Trostes ins Koordinatennetz der menschlichen Weltwahrnehmung zurückfällt.

Der Glaube, daß die Welt in eine Hierarchie immer grundsätzlicherer Wahrheiten gegliedert sei, deren letzter, einer Art universaler und allumfassender Weltformel, die gläubige Vernunft glücklich habhaft werden könnte, treibt den philosophischen Forscher und suchenden Philosophen, die postulierte prästabile Harmonie im Kosmos zu entdecken, und mit ihr die glückliche Gewißheit, daß letztlich alles gut sei.

Albert Einstein hat in den letzten 35 Jahren seines Lebens, bis zu seinem Tod im Jahre 1955, nach dieser Weltformel gesucht, einer „einheitlichen Feldtheorie", die alle bekannten Kraftfelder zu einer einzigen geometrischen Struktur des Raumes zusammenfassen und mit allen Bewegungsgleichungen verbinden sollte; sie würde alle Erscheinungen im Universum erklären. Es ging ihm um ein abstraktes, philosophisches Problem – der praktische Wert der Lösung war gleich Null.

Über seine vergeblichen Bemühungen schrieb er an einen Freund: „Kleines gelingt, aber das eigentliche Problem bleibt unerreichbar, wenn es auch manchmal in greifbare Nähe gerückt scheint. Es ist hart, aber doch beglückend, hart, weil das Ziel zu groß ist für meine Kräfte, beglückend, weil es immunisiert gegen die Zwischenfälle des persönlichen Daseins."

Proportion, Geometrie und Gestalt sind Funktionen menschlicher Wahrnehmung; auch wenn wir diese mit Fernrohr und Mikroskop bewaffnen, finden wir das, was wir suchen: die Utopie der Nähe, die Ironie der Ferne.

Dem kalten Lächeln des Weltalls, den eigenwilligen Sprüngen der portionierten Energie-Materie und nichtssagenden Zahlenkolonnen standzuhalten, war und ist für das glück- und sinnsuchende Wesen Mensch, für den Gegenüberstehenden, nach Antwort Fragenden, fast unerträglich. Er muß einfach Vernunft dort finden, Berechenbarkeit, ewig gültige, verläßliche Gesetze, das Göttliche in der Natur, die Natur des Göttlichen.

Stirb und Werde

Pythagoras hat im 6. vorchristlichen Jahrhundert Himmel und Erde und alle Dinge dazwischen als Abbilder von Zahlen und Zahlenverhältnissen und im ganzen als Elemente einer großen Harmonie gesehen. Sein philosophisches Versprechen: die mathematisch strukturierte Welt offenbart eine verstehbare Ordnung und Rationalität – ergänzte er mit einer theologischen Verheißung von der unsterblichen Seele und ihrer endlosen Wiedergeburt. Diese Seele, was immer er damit meinte, ist Teil dieses Kosmos und des göttlichen Lebens, ist identisch mit diesem, mit der kosmischen Gottheit. Der Mensch verwirklicht diese Verheißung durch die philosophische Reflexion. Diese hätte Pythagoras sicherlich als höchstes Glück bezeichnet.

Äußerungen darüber oder über seine Gemütsverfassung sind nicht überliefert. Pythagoras gründete in Unteritalien einen Bund für sittlich-religiöse Lebensform. Man lebte asketisch und aß vegetarisch. Es war ein exklusiver Orden, dessen Ansichten und Praktiken unter seinen Nachfolgern immer esoterischer wurden.

Pythagoras war ein Zeitgenosse Laotses, wie der um eine Generation jüngere Heraklit ein Zeitgenosse Buddhas.

Pythagoras und Heraklit waren auch Politiker, die irgendwann versucht hatten, die damals so berauschend neue Utopie der Polis zu verwirklichen, die Idee von Recht und Gerechtigkeit, von demokratischer Verantwortung und friedlichem sozialen Miteinander vernünftiger Wesen. In den noch hektisch kurzen Phasen der unruhigen Geschichte der frühen Stadtstaaten mußten sie jeweils aufgrund ihres politischen Engagements ihre Heimatstadt verlassen. Ihre Lehren spiegeln sowohl Abkehr und Ausstieg aus der neuen heroischen Zielgerichtetheit als auch resignierte Gewißheit der endlosen Wiederkehr des Gleichen.

Wie bedenklich und wie unentbehrlich eine Utopie ist, wird vor allem an ihrem Anfang und an ihrem Ende klar. Es ist nicht einfach, sie leichten Herzens zu zerbrechen, dabei aber niemals aufzuhören, sie zu erneuern.

Weg hinab und Weg hinauf

Heraklit von Ephesos war Erbe der Königswürde, auf die er zugunsten seines jüngeren Bruders verzichtet haben soll. Er lebte allerdings in einer Zeit, als dieses Amt bereits seine Bedeutung verloren hatte, denn in den Poleis wechselten die Staatsformen der Diktatur und der Demokratie damals in schneller Folge. In der Auseinandersetzung mit dieser Zeiterscheinung vertrat er eine sehr aristokratische Ethik und die einleuchtende, aber damals gar nicht gern gehörte Meinung, das Staatswesen solle nur von den Fähigsten geleitet werden. Er war überhaupt ein polemischer und mürrischer Mahner und

Kritiker, der sogar Homer und Pythagoras als Schwätzer bezeichnete. Seine Lehren formulierte er in so kurzen und prägnanten Sprüchen, daß er den Beinamen „der Dunkle" bekam. Von der Auffassungsgabe der Menschen im allgemeinen und seiner Zeitgenossen im besonderen hielt er ohnehin nicht viel. So eröffnete sein Werk für die Interpreten aller Zeiten ein weites Feld.

Heraklit lehrte: Das Weltall ist ungeschaffen und ewig, ist ein lebendiges Feuer, das sich gesetzmäßig entzündet und wieder erlöscht. Aus diesem göttlichen Urfeuer, das zugleich reine Vernunft ist, geht durch Zwiespalt und Kampf die Vielheit der Dinge hervor. Dies ist der „Weg hinab". Eintracht und Friede hingegen bringen Erstarrung. Das Erstarrte kehrt wieder den „Weg hinauf" zur Einheit des Urfeuers zurück. In diesem ewigen Auf und Ab wird aus Einem alles und aus allem Eines.

Alles fließt. Aber in diesem Sich-Verändern waltet die Vernunft als Gesetz, das aber nur wenige erkennen. Gott ist Tag und Nacht, Sommer und Winter, Krieg und Frieden, Sättigung und Hunger, gut ist schlecht und schlecht ist gut, in allem ist Gegensätzliches vereint und ist zugleich verborgene Harmonie. Eine Unterscheidung von Glück und Nicht-Glück dürfte es demnach kaum geben.

Aber Heraklit, der wegen seines tragischen Ernstes oder unfrohen Gesichts im Altertum der „weinende Philosoph" genannt wurde, hat Aussagen über das Glück gemacht. Er nannte es die Heiterkeit der Seele, die Weisheit, das Philosophenglück. Es ist weise und glücklich, die Vernunft zu erkennen, die in allem waltet, und weise ist es, sich dieser Vernunft zu unterwerfen, sich nicht gegen sie aufzubäumen, sich ihr zu fügen. Weisheit macht glücklich. Ordinäres Vergnügen am Leben nannte er „Ochsenglück".

Die überwältigende Sinnlosigkeit des Kosmos

Aus der postulierten Vernünftigkeit und Berechenbarkeit des Kosmos läßt sich in mehrfacher Hinsicht Glück und Befriedigung ziehen: das Glück des Einswerdens und der frommen Identifikation, das Glück der Garantie von Vernunft im Menschen als Abbild und Kind des Kosmos, die Beruhigung, daß um der göttlichen Vernunft willen alles letztlich mit rechten Dingen zugehen und in Ordnung kommen muß, das Glück, zu denen zu gehören, die dies verstehen.

Wen Zweifel überwältigen daran, daß die dunklen Lebensmächte, die grausamen Götter, durch menschliche Vernunft zu überwinden seien, der läßt sich zurückfallen in die schmerzlose Ungeschiedenheit, in die Einheit aller Gegensätze, in die Wellen des immerwährenden Wechsels und Ausgleichs. Herodots Lehre vom Wachsen und Vergehen, „dieses Stirb und Werde", hat in der europäischen Geistesgeschichte eine große Rolle gespielt.

Nicht mehr die Götter, sondern die Welt als abstrakte Einheit, den Kosmos, haben die frühen Philosophen mit Vernunft und verläßlichem Gleichmut ausgestattet. Im Gegensatz zu diesen Menschlich-Göttlichen verzichtet das All großzügig darauf, uns unsere Irrtümer zu beweisen. Die All-Gottheit oder die Gott-Natur, das Leben an sich, es schweigt – und der Weise weiß das zu schätzen!

„Das ewig Unbegreifliche an der Welt ist ihre Begreiflichkeit." Das war die Überzeugung Albert Einsteins. Und der Glaube heutiger Wissenschaft? Der Physiker Steven Weinberg spricht nach jahrzehntelangem Bemühen, einer Weltformel habhaft zu werden, von der „überwältigenden Sinnlosigkeit des Kosmos". Je begreiflicher das Universum uns werde, um so sinnloser erscheine es. „Dennoch ist die Suche nach dem Ursprung nicht völlig sinnlos, weil sie dem Menschen einen Hauch von tragischer Würde verleiht." Gibt es nicht auch ein gewisses Vergnügen an der Gewißheit, daß es keine Gewißheit gibt?

Dem Schweigen gegenüberzustehen scheint dem sinn- und antwortverlangenden Wesen schwerzufallen. Alles drängt ihn zu Kontakt, Verbindung, Erklärung. Dies zeigt sich, wenn man die esoterisch umfunktionierte Chaosforschung heute betrachtet. Obwohl ihre Ergebnisse, auf wissenschaftliche Grundlagen reduziert, gerade das besagen, was der Mensch nicht erträgt: daß er eben keine allgemeingültigen und vollkommen zuverlässigen Gesetzmäßigkeiten mit den ihm zur Verfügung stehenden Mitteln verbindlich feststellen und festschreiben kann, daß auch die Chaostheorie zur Welterklärung eben nicht taugt – entlocken immer mehr Hobbyforscher ihren Computern auch in dieser Hinsicht beruhigende Bildchen und Aussagen: Die Instabilität der Gesetzmäßigkeiten sei eine deterministische, eine schöpferische Rückkoppelung materieller und geistiger Prozesse zu immer anderen „Selbstähnlichkeiten", das Chaos bestehe letztlich doch nur aus Ordnung, die Instabilitäten in der Natur seien ihr Instrument der Anpassung und Garantie dafür, daß letztlich alles gut sei. Ein Kosmos also mit Fluchtwegen, Quantensprüngen, Offenheiten oder ein Chaos mit eingebauten Sicherheiten...

Das abweisende Lächeln des Alls läßt sich immer wieder deuten: im Sinne eines ironischen Utopieverzichts oder der gläubigsten Utopie, der heiteren Distanz oder der tiefgründigen Beglückung der Nähe. Kosmos ist Glück – Chaos auch.

Die Erfindung der Seligkeit

Wie kann der Mensch leben und die kurzen Augenblicke unter der Sonne genießen – Lust, Liebe, Freundschaft, Erfolg –, wie kann er ein glückliches, ein zufriedenes und erfülltes Leben wenigstens für möglich halten? Wie kann er sein Leben und seine Würde sichern, wenigstens für den Augenblick? Es geht nicht um das Glück des heldenhaften Desperados, der sich mit Tod und Hades abgefunden hat und dem die Götter nichts mehr nehmen können. Wir fragen nicht für diese, die drachengleich ins wolkige Nicht-Sein entschweben können, auch nicht für die unbeirrten Utopien-Bauer, die wie Faust noch im Untergang sagen können: „Im Vorgefühl von solchem hohen Glück / Genieß ich jetzt den höchsten Augenblick." Es geht um das Glück dessen, der hier und heute auf dieser Erde und unter diesem Himmel als Mensch mit Menschen leben will.

Wer diese Frage deprimierend findet, flüchtet sich zu den Göttern. Denn die Götter sind glücklich.

In nachhomerischer Zeit entstand der Mythos von den Inseln der Seligen. Platon sehnte sich dorthin. Sie liegen irgendwo am Ende der Welt, der auf dem Ozean schwimmenden Erdscheibe. Dieses Elysium gewähren die Götter einzelnen auserwählten Sterblichen. Ohne den Tod zu erleiden, werden sie dorthin entrückt. Dort ist ihnen zwar die Endlosigkeit bewußten Lebens verliehen, aber nichts Göttliches oder besonders Glückliches sonst. In der Odyssee, dem jüngeren der Homer zugeschriebenen Epen, gibt es schon einige Bilder solcher idyllischer, sich im Genuß der Gegenwart genügender Zustände. Ein Leben ungestörten kleinen Glücks, ohne Streben und Tat, ein feudales Sanatorium, gesichert vor ungebetenen Eindringlingen im äußersten Winkel der Welt. Der Dichter der Ilias hätte diesen Zustand als der Helden unwürdig und niemals als Glück erachtet.

Dieses Glück auf den Inseln der Seligen, wo die Menschen wie die Götter glücklich, aber nicht wie die Götter mächtig sind, meint das griechische Wort „makarios". Es ist eine dem Menschlichen und Irdischen entrückte Seligkeit, die Macht und Reichtum nicht mehr braucht.

Neben diesem eher utopisch-literarischen Fluchtglück auf den Inseln der Seligen gab es bei den Griechen, wie überall, magische Praktiken, mit denen die Menschen versuchten, die Götter zu bestechen oder sie zu zwingen, damit sie ihnen etwas Glück gewähren.

Eine große Rolle spielten die Mysterien, geheime Kulte, die es den Eingeweihten ermöglichten, an Sterben und Auferstehen und damit am ewigen Leben einer Gottheit teilzuhaben. Es gab, wie in den Dionysosfeiern, das Glück der Ekstase, das Glück des Rausches. Und den Katzenjammer danach. Aus den orphischen Mysterien kamen Ideen, das Unglück zu bannen, das Glück zu zwingen, durch Bekämpfung des Bösen im Menschen, im Selbst, durch Askese zur Selbsterlösung, und der Glaube an Wiedergeburt und Totengericht, durch das die Gerechtigkeit endgültig hergestellt würde. Diese Gedanken gingen in die Lehren der Pythagoräer ein, denen auch Platon nahestand.

Spiele des Göttlichen

Man mag das Göttliche Natur nennen, das Eine, das Sein, Logos-Vernunft, die Götter oder seinen persönlichen Gott – man kommt nicht darum herum, ob man sich eins wähnt oder wünscht mit ihm oder sich mit ihm auseinandersetzt: Es ist das andere, und es ist da. Es gibt zwei Wahrnehmungs- und Handlungsweisen des Menschen gegenüber dem Göttlichen, zwei Arten des Spiels. Spiel des Mythos, Spiel des Kults.

Im Mythos steht der Mensch den Göttern gegenüber; er fühlt seine Unterlegenheit und seine Distanz. Sie verdeutlichen ihm die Ungerechtigkeit, Glücklosigkeit und Tragik seiner Existenz. Der Mensch des Mythos, Sisyphos zum Beispiel, in seiner heroischen Hoffnungslosigkeit, oder Prometheus, der leidende unterlegene Rebell, er bemüht sich, das Übermächtige, andere, zu beschreiben, zu erklären, zu hinterfragen, zu bezweifeln, zu bekämpfen, es zu leugnen, sich von ihm zu befreien, dem Leben seinen eigenen Sinn zu geben.

Hat er die Trennung, den Befreiungsschlag, vollzogen, kann er seine Utopien bauen und einreißen und wiederbauen: Utopien der Erkenntnis, des Rechts, des besseren Staates, des Fortschritts... Schmerzhafte Einsichten stehen ihm bevor, besonders die Einsicht in die Vielzahl divergierender Kräfte, Absichten und Wünsche anderer Individuen um ihn herum. Er lernt sein Glück als Mitte und Maß, als Mittelmaß, zu begreifen, als immer zu erkämpfendes Gleichgewicht, als Balance zwischen verschiedenen Übeln, als die einigermaßen zuträgliche Mitte zwischen Extremen.

Er kann leben, ein erfülltes, sinnvolles, zufriedenes Leben führen, vielleicht und solange es den verdrängten Göttern gefällt, im Bewußtsein freilich der ständigen Unsicherheit und Bedrohung durch den bösen Zufall, im Bewußtsein des sicheren Endes in Alter, Krankheit und Tod. Letztlich bleibt ihm die Melancholie, die der Heilige Thomas von Aquin als Todsünde denunzierte, weil ihr der rechte Glaube fehle.

Eine andere Art des Glücks verspricht der religiöse Kult. Sein Ziel ist nicht nur, durch Opfer, Beschwörung und Gebet das Übermächtige, andere, zu besänftigen und zu bitten. Sein Ziel ist viel mehr: liebende Nähe, Angleichung, Vereinigung, völlige Übereinstimmung, mystische Einheit. Wer zu Gott flieht, flieht aus der Welt der Unvereinbarkeiten, Schwierigkeiten, Unzulänglichkeiten und Vergänglichkeiten in ein schützendes, wohlgeordnetes Haus, das zuoberst Gott oder die Natur regiert; indem man sich dem Göttlichen nähert, zu ihm zurückkehrt, findet man Sinn, Bestimmung, Ziel, Geborgenheit, und das ist Glück.

Wer so das Göttliche erfährt, mißt sein Glück am Vollkommenen, Ewigen, das auf Erden nicht zu haben ist. Er nennt sein Glück „wahres" Glück, ewiges und ungetrübtes, endgültiges Glück, Glückseligkeit.

Aber es gab und gibt noch eine andere Spielart, ein anderes Spiel Gottes, ein ungeheures, gefährliches, ernstes: Gott spricht. Er, den man nicht beruhigend Natur, Sein oder Vernunft nennen kann, dessen vulkanische Existenz und unerwartete, völlig unerwünschte Offenbarung nicht durch philosophische Systeme und theologische Lehrgebäude entschärft werden oder durch mystische Schau im Inneren der Seele vereinnahmt und verklärt werden kann. Er ist der Ganzandere, der einen Menschen ergreift, sein Dasein aufbricht, indem er alles um ihn her zerbricht – der freie, unberechenbare Gott des Alten Testamentes.

Die Erfahrung mit diesem anderen bewirkt ein Desinteresse am Ich, am Glück, eine Emphase der Offenheit. Diesen Gott, der sich offenbart und verbirgt, der verletzt und zerbricht, haben auch die Israeliten immer wieder zu domestizieren versucht, in einem Bund und Tauschvorschlag: Frömmigkeit und Gerechtigkeit gegen Glück und Wohlergehen. Seine unfaßbare Treue war die herrlichste Treulosigkeit. Das ist der Gott, der seine Hand auf die Propheten legte und ihnen auftrug, Utopien, Illusionen, Sicherheiten in seinem Namen aufzubrechen und zu sagen, was niemand hören wollte.

Dieser Gott, der zum Menschen spricht, ohne ihm etwas zu versprechen, sagte zu Jeremias, bevor der 627 als Prophet an die Öffentlichkeit trat: „Ich kannte dich, ehe ich dich im Mutterleib bereitete, und ich sonderte dich aus, ehe du von der Mutter geboren wurdest, und stellte dich zum Propheten unter die Völker." Jeremias sagte: „Ach, Herr, Herr, ich tauge nicht zu predigen; denn ich bin zu jung." Das half ihm nichts. „Der Herr aber sprach zu mir: sage nicht: ich bin zu jung, sondern du sollst gehen, wohin ich dich sende, und predigen, was ich dich heiße."

Jeremias wußte, was auf ihn zukam! Propheten, die Illusionen, Sicherheiten und Utopien in Frage stellten und zerbrachen, wurden von den Mächtigen verfolgt und von den Schwachen als Glückszerstörer und Unglücksboten gehaßt. Aber Jeremias kam nicht los von Gott, er liebte ihn.

„Herr, du hast mich überredet, und ich habe mich überreden lassen; du bist mir zu stark gewesen, und du hast gewonnen; aber ich bin darüber zum Spott geworden täglich, und jedermann verlacht mich. Denn seit ich geredet, gerufen und gepredigt habe von der Plage und Verstörung, ist mir des Herren Wort zum Hohn und Spott geworden täglich. Da dachte ich: Wohlan, ich will seiner nicht mehr gedenken und nicht mehr in seinem Namen predigen. Aber es ward in meinem Herzen wie ein brennendes Feuer, in meinem Geheimen verschlossen, daß ich es nicht ertragen konnte und schier vergangen wäre."

Und Jeremias gab es auf, nach seinem Glück zu fragen.

Abrechnung mit dem Recht

Mit den olympischen Göttern, die so sehr den Herrschaften ähnelten, die auf der Höhe des diesseitigen Lebens standen, die mit Amt und Würden durch die Polis schritten, konnte man zwar Staat machen, aber nur noch das. Sie waren in der Zeit der Stadtstaaten Gegenstand des staatlichen Kultes, von Beamten vollzogen. Sie repräsentierten. Die Sehnsucht der Menschen nach Glück, ihr Schrei nach Erleichterung blieben unbeantwortet. Die Götter brauchten keine Anhänger, und sie brauchten auch keine Wahlversprechungen zu machen.

Das Leid ist im Kosmos, im allwaltenden Schicksal, es kommt von den Göttern. – Aber das Schlimmste tut der Mensch sich selbst an, jeder sich selbst, jeder dem anderen, in Verblendung und verlorenem Maß.

Anders müßten die Götter sein, anders die Menschen, um das einzige zu bewahren, für das es angeblich zu leben lohnt: die Aussicht auf Glück. An die Stelle der schwermütigen Mythen der Gewalt und des Todes traten nun die neuen Mythen menschlichen Zusammenlebens und menschlich-göttlichen Rechts. Solon hat um 500 der Polis Athen Gesetze gegeben; sie sollten aus dem Staat einen politisch-sittlichen Organismus machen, aus den Menschen Bürger eines Gemeinwesens, in dem nicht mehr der Mensch des Menschen Wolf war. Es sollte Sicherheiten geben für ein gewisses Maß an Glück. Es sind die Götter, die Gerechtigkeit im Staat verbürgen, darum muß man ihn und seine Gesetze respektieren, das behauptete der staatliche Kult.

Was aber, wenn man diese Götter selbst an der Gerechtigkeit messen wollte? Das gehörte sich nicht, selbstverständlich. Aber zu Ende des 5. Jahrhunderts spielte man nach den großen Theaterfestspielen ungeniert „Abrechnung mit den Göttern". Aber die Götter spielten auch Abrechnung, mit dem Recht.

Die Wahrheit der Tragödie

Das Athen des 5. Jahrhunderts, in dem sich die griechische Tragödie zu ihrem Höhepunkt entwickelte, war unvergleichlich: Zuerst der heldenhafte und siegreiche Kampf gegen die Übermacht der Perser, dann die glänzenden Jahre des Perikles und im drittletzten Jahrzehnt der Umschwung, eine hemmungslos gewordene Demokratie, der Peloponnesische Bruderkrieg, die Pest, die Kapitulation Athens im Jahre 404. Der Ablauf einer Tragödie!

An die Stelle des Rechts war die Willkür getreten. Daß Staat und Götter menschliche Erfindungen waren, wußte man längst. Daß Gerechtigkeit eine Utopie ist und kein wirksamer Schutz gegen den Egoismus der Macht, wußte man auch. Der Mensch will Glück für sich, will mehr als die anderen, am liebsten alles. Gerechtigkeit will nur der, der seinen Anteil vermißt.

Die Tragödie war ein Teil des Staatskultes, eine verpflichtende und erhellende Unterweisung der Bürger in Sachen Glück. In den großen Tragödien von Äschylos und Sophokles verfolgten sie, wie der Held aus dem Stand des Glücks, vom blinden Schicksal und seiner eigenen Blindheit geleitet, schuldig wurde und vom Höhepunkt seines Glücks abstürzte in schaurige Tiefe. Je respektabler die Höhe, um so tiefer der Sturz, das nannte man Fallhöhe. Und der einfache Athener war dankbar, daß er, nur mäßig glücklich, in den unteren Rängen saß.

Die Athener haben die nachmals berühmteste Tragödie des Altertums, den „Ödipus" des Sophokles, bei der Uraufführung im Jahre 430 keines Preises für würdig erachtet. Erst die Nachwelt, schon mit Aristoteles beginnend, hat darin das Musterbild einer Tragödie überhaupt gesehen. Ödipus war die reifste künstlerische Leistung des schon alternden Sophokles. Aber die Zeitgenossen schauderten vor dem Abgrund des Grauens zurück, der sich in den schönen Versen auftat. Es war eine Abrechnung mit den Göttern und eine Abrechnung mit dem Recht.

Sophokles zerstörte die Illusion, daß der Gerechte, wenigstens der Gerechte, ein Anrecht auf Schonung, auf Glück habe. Es war Notwehr, daß die Athener sich weigerten, das zu begreifen.

Jeder kennt die grauenvolle Geschichte:

Es war dem Ödipus durch das Schicksal bestimmt und vom Orakel geweissagt, er würde seinen Vater erschlagen und seine Mutter heiraten. Wegen dieses Spruches ließ ihn sein Vater, König von Theben, nach der Geburt aussetzen.

Er wurde gerettet und vom König von Korinth an Sohnes statt angenommen.

Erwachsen geworden, erfuhr er von dem Orakelspruch, und um das Verhängnis zu vermeiden, verließ er Korinth und seine vermeintlichen Eltern.

In der Nähe von Theben trifft er auf seinen wirklichen Vater, gerät in Streit mit ihm und erschlägt den ihm Unbekannten.

Er löst das Rätsel der Sphinx, befreit Theben von einem Ungeheuer, wird König dort und heiratet Jokaste, die verwitwete Königin, seine Mutter.

Den Frevel also, den er vermeiden wollte, hat er unwillentlich und unwissentlich vollzogen. Die Götter ließen ihn schuldig werden und verdammten ihn dann.

Es war für die Griechen ein noch fremder Gedanke, daß man tunlichst niemanden unbekannterweise erschlagen und niemanden unbesehen heiraten sollte.

Ein Fluch liegt nun auf Theben und hat eine Serie von bösen Zeichen und Unglücksfällen zur Folge. Ödipus selbst sucht nach der Ursache. Endlich erscheint der blinde Seher Theiresias und offenbart ihm die Situation.

Jokaste erhängt sich, Ödipus blendet sich und geht, auf seine Tochter Antigone gestützt, von der Bühne...

Ein Mensch auf der leuchtenden Höhe seines Glücks, der Klügste, edel und gerecht, von allen geliebt und verehrt, ein vorbildlicher König, muß plötzlich erkennen, daß ihn das Schicksal hinterhältig in Unnatur und Selbstbetrug, in Frevel und Mord geführt hat – von Anbeginn schuldlos schuldig. Weil es den Göttern so gefiel. Wenn das dem Gerechten widerfahren konnte, wer war noch sicher?

Ödipus entstand in denselben Jahrzehnten wie das Buch Hiob. Auch das setzt sich mit der Ungeheuerlichkeit auseinander, daß Recht und Glück nicht verbunden sind, daß man auf Göttliches nicht bauen oder vertrauen kann, daß man auf nichts ein Recht hat, nicht einmal auf die eigene sittliche Integrität.

Hier, in der Ödipus-Tragödie, gibt es keine Tröstung mehr, die über das Unsichere, Trügerische, Hoffnungslose der menschlichen Existenz hinwegführen könnte. Das Chorlied spricht es aus: „Weh, ihr Geschlechter der Sterblichen, wie zähle ich euch dem Nichts zu, ihr Lebenden! Denn wer, welcher Mann, trug mehr an Glück davon, als so viel, daß er wähnte, glücklich zu sein, und da er es wähnte, stürzte er ab?

Dein Beispiel vor Augen, dein Schicksal, ja deines, leidvoller Ödipus, preise ich nichts mehr glücklich von den sterblichen Dingen."

Kein Glück besteht vor dem Phänomen des Tragischen, vor dem es Lösung und Erlösung nicht gibt.

Wenn ein Mensch mit Gott reden könnte...

Es ist wahr: Erst die Verbindlichkeit des Rechts begründet und sichert die Zivilisation; sein göttlicher Ursprung schützt und bewehrt es. Gerechtigkeit ist die Voraussetzung für ein friedliches, gedeihliches Zusammenleben der Menschen, eine Voraussetzung unter anderen vielleicht für das mögliche kleine Glück der vielen. Aber Gerechtigkeit schafft kein Glück; weder für den, der sie ausübt, noch für den, der nach ihr ruft. Auch mit Wohlverhalten und Moral baut man noch kein geglücktes Leben. Glück hat einiges zu tun mit Klugheit, Maß und Disziplin, mit Tüchtigkeit und Vorsicht, aber nichts, leider überhaupt nichts, mit Lauterkeit und Integrität, mit Güte oder Frömmigkeit. Das war eine Einsicht, die den Griechen oder Chinesen erheblich leichter fiel als den Israeliten.

Hatten diese doch einen Gott, einen Allwalter, einen Allmächtigen, der sie auserwählt hatte als sein Volk, der zu Moses und den Propheten gesprochen und auf Sinai einen Bund mit ihnen geschlossen hatte. Seine Gesetze zu halten war der Part des Volkes, für dessen Wohlergehen zu sorgen war der Part Gottes. Verträge geben Sicherheit. Diese ursprünglich nationale Ideologie wurde zunehmend individualisiert: Wer fromm ist und Gottes Gebote hält, dem wird es wohlergehen auf Erden. Das Alte Testament ist voll von solchen haltlosen Versicherungen, aber auch voll der Fragen und Klagen des leidenden und verlassenen Gottesknechtes, je nachdem, ob linientreue Ideologen oder subversive Realisten den Text bestimmten.

Im ersten Psalm heißt es:

> „Glücklich der Mann,
> der nicht im Rat der Frevler wandelt.
> Noch auf dem Weg der Sünder steht,
> noch auf dem Sitz der Spötter sitzt.
> Sondern dem Jahwes Weisung wohl gefällt,
> so daß er seine Weisung murmelt tags und nachts.
> Er gleicht einem Baum, verpflanzt an Wassergräben,
> der seine Frucht zu seinen Zeiten spendet
> und dessen Laub nicht welkt,
> denn alles, was er tut, gerät ihm wohl.
> So geht's den Frevlern nicht, so nicht;
> sondern sie gleichen vom Wind verwehter Spreu."

Die bittere Erfahrung lehrte die Israeliten anderes; besonders im 6. Jahrhundert ließen die Eroberung durch die Assyrer und die Zeit der Babylonischen Gefangenschaft Zweifel aufkommen. Man bemühte sich zunächst zu beweisen, daß diese nationale Katastrophe eine Strafe Gottes sei, für Sünden und Verfehlungen der Juden. Solche Zusammenhänge lassen sich immer herstellen. Aber unter der Decke dieser Ideologie rumorte es. Je brüchiger das Vertrauen, um so eifriger die ideologische Beweisführung. Im 37. Psalm, zum Beispiel, wird emphatisch behauptet:

> „Vertraue auf Jahwe und tue Gutes,
> dann wohnst du im Lande und weidest geborgen.

Habe an Jahwe deine Freude,
so gibt er dir, was dein Herz verlangt…
…
Ich war jung und bin alt geworden,
doch einen Gerechten sah ich niemals verlassen
noch seinen Samen betteln um Brot."

Das ist natürlich reine Propaganda, das Pfeifen verunsicherter Ideologen im Wald! Jeder, der Augen hat, kann fast immer und überall das Gegenteil beobachten. Aber die Ideologie durfte nicht bezweifelt werden, wie hätte man sonst weiterleben können? Sie zog einen grausamen ethischen Rigorismus nach sich. Wenn es dem Gerechten gar nicht schlecht gehen kann, dann ist der Unglückliche eben ein Ungerechter. Er ist schuldig, und man kann, ja muß ihn verstoßen.

Der Dichter des Buches Hiob glaubte das nicht; er glaubte vermutlich überhaupt nicht, daß Glück und Unglück von Gott kommen und daß dieser mit menschlichen Maßstäben mißt. Das Buch Hiob wurde im 4. vorchristlichen Jahrhundert verfaßt, aber viele Texte wurden später hinzugefügt, vielleicht auch manches herausgenommen, das ganze wurde in den relativierenden Rahmen einer Wette zwischen Gott und dem „Widersacher" gepackt und die Wiederherstellung von Hiobs Glück zum guten Ende versichert. Es ist nur eine Geschichte, du mußt nicht erschrecken, wurde damit signalisiert. Denn die Wahrheit ist unerträglich.

Das ist die Geschichte von Hiob: Er war ein reicher, mächtiger und angesehener Scheich; er lebte vor 3000 Jahren im Norden Arabiens, in einer Gegend namens Uz. Er hatte 70 Jahre hinter sich, Jahre, in denen ihm alles gelang. Ein mächtiger Großgrundbesitzer: 7000 Schafe, 3000 Kamele, 500 Joch Rinder, 500 Eselinnen, 7 Söhne, 3 Töchter, reichlich Gesinde… Unter den Stammesgenossen war er der Höchste, die Jungen gingen ihm ehrerbietig aus dem Weg, und die Alten erhoben sich vor ihm. Wenn er gesprochen hatte, wurde nichts mehr hinzugefügt. Hiob war fromm, tugendhaft, hilfsbereit und gerecht. Er beschützte und tröstete die vom Schicksal nicht so

Verwöhnten, er war zufrieden, im Einklang mit sich und der Welt, dementsprechend großzügig und charmant zu jedermann. Hiob war glücklich.

Dann brach das Unglück mit geballter Kraft über ihn herein. Eine „Hiobsbotschaft" folgte der anderen. Nomaden hatten Hiobs Rinder und auch die Eselinnen mitgenommen und seine Knechte getötet. Nur der Bote war entkommen. Noch bevor Hiob die schlechte Nachricht ganz verdauen konnte, wurde ihm der Verlust sämtlicher Schafe und Hirten gemeldet. Irgendein Feuer hatte sie weggefressen. Schon kam der dritte Unglücksbote und erzählte, daß chaldäische Räuber die Kamele gestohlen und die Kameltreiber niedergemacht hätten. Und bald war Stück für Stück von Hiobs mächtigem Besitz dahin.

Der letzte Kurier, der den vorletzten wie auf ein Stichwort ablöste, brachte die schlimmste Nachricht: Hiobs Ältester hatte an einem Tag sämtliche Brüder und Schwestern zum Essen eingeladen. Plötzlich kam ein Sturm, deckte das Haus ab und Hiobs Nachkommenschaft so gründlich zu, daß keiner lebend entkam.

Schließlich oder infolgedessen, als Höhepunkt aller Schicksalsschläge, bekam der alte Herr einen ekelhaften Hautausschlag, war plötzlich von Kopf bis Fuß mit stinkenden Geschwüren bedeckt. Sein trostloses und ekelerregendes Aussehen wird vom Dichter ausführlich beschrieben.

Nun saß der einst so Reiche, Glänzende, Angesehene, Mächtige kläglich auf einem Haufen Stroh, und seinem Unglück entsprechend benahm sich seine Umgebung gegen ihn. Seine Frau, sie war ihm geblieben, das gehörte zum Programm, stellte fest, daß er stank, und empfahl ihm kühl und sachlich, mit seinem Leben Schluß zu machen. Das Personal hatte keinen Respekt mehr vor ihm, seine Enkelkinder ignorierten ihn, keiner kam mehr, wenn er rief.

Zunächst bewahrte Hiob durchaus Contenance: „Ich bin nackt von meiner Mutter Leib gekommen, nackt werde ich wieder dahinfahren", sagte er, oder: „Der Herr hat's gegeben, der Herr hat's genommen; der Name des Herrn sei gelobt." Was man nicht ändern kann, muß man hinnehmen. Das weiß auch der vom Glück Verwöhnte. Aber dann kam das Schlimmste: gute Freunde zum Kondolenzbesuch!

Doch bevor sie eintreffen, wollen wir seine Situation bedenken und ein paar der Weisen des Altertums, wie wir sie kennengelernt haben, zu ihm bitten, damit sie ihm raten, wie er mit diesem Sturz vom Gipfel des Glücks in abgrundtiefes Unglück fertigwerden soll. Kann man ihm wirklich etwas anderes anraten als den freiwilligen Tod? Hiob ist alt, krank, arm und verachtet. Er fühlt sich von Gott, seinem vermeintlichen Freund und Helfer, verlassen. Es geht ihm viel schlechter als unserem Sisyphos. Der war im ungleichen Kampf gegen Zeus letztlich unterlegen. Seine Mühe ist sinnlos, er wird sein Werk nie zu Ende bringen. Wenn schon! Aber sein Zustand des Bewußtseins ist für die Ewigkeit gedacht, das ist vielleicht das Schlimmste. Hiob hat ein Ende ohne Ewigkeit oder Jenseits vor sich. Ob er deswegen glücklicher oder unglücklicher ist, kann niemand entscheiden.

„Wo ist aber ein Mensch, wenn er tot und umgekommen und dahin ist? Wie ein Wasser ausläuft aus dem See, und wie ein Strom versiegt und vertrocknet. So ist der Mensch, wenn er sich legt, und wird nicht aufstehen, und wird nicht aufwachen, so lange der Himmel bleibt, noch von seinem Schlaf erweckt werden."

Homer, Heraklit, Laotse und Buddha haben sich in einer Art Geistersitzung bei ihm niedergelassen.

Nein, von Konfuzius wäre nichts zu erwarten. Er ist Ideologe und Utopist und damit beschäftigt, Glück zu erfinden, zu pflanzen und zu umzäunen, das heißt, das Unglück auszugrenzen. Er würde sagen, daß er sich bei bestem Willen nicht mit Grenzsituationen befassen könne, es gelte, die ganze Gesellschaft und besonders ihre Keimzelle, die Familie, grundsätzlich und im ganzen zu retten. Hiob gehört nicht mehr dazu.

Aber Homer blickt ihn mit blinden Augen freundlich an und meint: Wir wissen doch beide, was von Göttern zu halten ist. Sie sind glücklich und voll despotischer Willkür. Sie heben uns empor und lassen uns fallen, wenn es ihnen gefällt. „Uns Menschen ist bestimmt, im Leide zu leben."

Heraklit, in seiner aristokratisch-distanzierten und melancholischen Art, murmelt etwas von verlorenen Ochsen und verlorenem Ochsenglück, das ein Mensch von Hiobs Format einfach verachten sollte. Er weist auf das ewige Auf und Ab, den Fluß der Dinge hin und darauf, daß sich Glück und Unglück wie alle Gegensätze irgendwie und irgendwann ausgleichen.

Im Durchschnitt seiner 70 Jahre hatte Hiob noch gar nicht viel Unglück erduldet. Darüber ist er sich auch klar.

Laotse, heiter und freundlich – vielleicht hätte er Hiob dazu bringen können, auch die komische Seite seiner Lage und des Charakters seiner Mitmenschen zu sehen –, sagt einen seiner tiefsinnigen Sprüche: „Was die Menschen hassen, ist Verlassenheit, Einsamkeit, Wenigkeit. Und doch wählen Fürsten und Könige sie zu ihrer Selbstbezeichnung. Denn die Dinge werden entweder durch Verringerung vermehrt oder durch Vermehrung verringert." Also, armer Hiob, so tief, wie du unten bist, kann es nur noch aufwärts gehen mit dir. Vielleicht fliegst du auch als Drache in die Wolken.

„Alles Leben ist unbeständig, alles Leben ist leidvoll", sagt Buddha und lächelt entrückt. Hätte Hiob seine Ochsen und Kamele nicht so gern gehabt und seine Kinder gar nicht erst gezeugt, ja wäre er selbst gar nicht erst geboren worden, wieviel Leid wäre ihm erspart geblieben!

Was als allgemeines, unpersönliches Weltgesetz erkannt wird, ist erträglich. Diese Erkenntnis ist ein Stück Erlösung. Nur was die Götter einem ganz persönlich zubereiten und was einen so gänzlich unverhofft trifft, ist schlimm. Am schlimmsten ist, wenn der Gott, mit dem man sich im Bunde glaubte, dessen Segensversprechungen man meint gehört zu haben, zeigt, wie sehr man ihn mißverstanden hat. Hiob hat einen persönlichen Gott und ein persönliches Problem mit ihm. Gibt es denn Sicherheit darüber, daß Gott gesprochen hat und darüber, daß ein Mensch die Rede des Ganzanderen je verstand? Was sagte Gott zu Moses? Was hörte der aus dem brennenden Dornbusch, als er, das Gesicht im Sand, nach dem Namen des Sprechenden fragte? „Ich bin, der ich dasein werde."

Im Kontext der orientalischen Religionen heißt das: Ich bin nicht verfügbar und nicht mit meinem Namen beschwörbar; ich bin der freie Gott und bin da, wann, wie und wo immer ich will. Ihr könnt mich für nichts gebrauchen. Ich bin nicht zuständig für das, was ihr euer Glück nennt!

Hiob ist bereits auf dem besten Wege, die „edle Wahrheit vom Leiden" und die Unseligkeit des ewigen Kreislaufes von Geburt und Tod zu erkennen. Er verallgemeinert sein Leiden. Er verwünscht die Stunde, in der er geboren, und die Nacht, in der er gezeugt wurde. Er fragt: „Warum ist das Licht gegeben dem Mühseligen und das Leben dem Betrübten? ... Muß nicht der Mensch immer im Streit sein auf Erden, und sind seine Tage nicht wie die eines Taglöhners?" Und: „Weil er (der Mensch) das Fleisch an sich trägt, muß er Schmerzen haben, und weil seine Seele noch bei ihm ist, muß er Leid tragen." Homer und Heraklit, Laotse und Buddha nicken zustimmend und entschwinden.

Aber seine Freunde saßen bei ihm und seinem Unglück. Zunächst hatten sie sieben Tage nur geschwiegen und traurige Gesichter gezogen; das entsprach dem Komment. Wieviel Glück verdanken wir solchen Regeln der Distanz! Aber nun fangen sie an zu sprechen. Hiobs Defätismus ist für gläubige Ideologen unerträglich. Die gegebenen Verhältnisse, in denen es ihnen gut geht, müssen verteidigt werden. Sie sprechen zunächst Trost und Rat zu, damit retten die Nichtbetroffenen immer ihr Unbeteiligtsein am Leid. Kalendersprüche aus den Psalmen und andere wohlfeile Weisheiten wußten sie reichlich zu zitieren. Sie redeten von gebotener Demut und Fügung in Gottes Willen, von der läuternden Kraft des Leidens: „Selig ist der Mensch, den Gott straft", und: „Der Mensch wird zum Unglück geboren, um wie die Vögel emporzuschweben."

Immer deutlicher klingt aus ihren Reden die Überzeugung hervor: Es muß einen moralischen Grund haben, daß es Hiob so schlecht geht. Sein Unglück ist eine Strafe Gottes für irgendwas. Sie empfehlen scheinheilig, er solle seine geheimen Verfehlungen bereuen und den Frieden mit Gott suchen, dann werde alles wieder besser. „Wo ist je ein Unschuldiger umgekommen?" – „Wo wurden die Gerechten je vertilgt?" – „Meinst du, daß der Allmächtige je das Recht verkehre?" Vor Gott sei doch wohl niemand ganz gerecht?

Hiob wehrt sich mit immer radikalerer Empörung gegen diesen Zusammenhang. Er ist sich absolut keiner Schuld bewußt. Und wenn es schon sein Gott sein soll, der ihm dieses antut, so möchte er doch wissen, warum. Hiob spricht zornig aus, was Tatsache ist: „Er bringt um beide, die Frommen und die Gottlosen." – „Warum leben denn die Gottlosen, werden alt und nehmen zu an Gütern?" – „Dieser stirbt frisch und gesund in allem Reichtum und voller Genüge … Jener aber stirbt mit betrübter Seele, und hat nie mit Freuden gegessen; und sie liegen gleich miteinander in der Erde, und Würmer decken sie zu."

Hartnäckig und langatmig verteidigen die Freunde die offizielle Theorie, daß Gott gerecht und der Unglückliche eo ipso schuldig sei. Wenn Hiob das nicht zugibt, dann ist er eben frech, hochmütig und ein Heuchler. Seine gotteslästerlichen Behauptungen beweisen das zur Genüge! So wurden schon immer Dissidenten fertiggemacht. Diese Freundesreden nehmen den breitesten Raum im Buch Hiob ein, vermutlich haben mehrere Autoren ihre linientreue Überzeugung angefügt; vielleicht hätte die Geschichte von Hiob sonst gar keine Chance gehabt, in den Kanon aufgenommen zu werden.

Wenn Hiob diesen Standpunkt, daß es nur dem Sünder schlecht gehen kann, übernimmt, ist es klar, daß er mit Gott rechten will. Er will mit ihm sprechen, dessen Antwort hören, hören, daß er nicht schuldig ist. Der ewige, unerfüllte Wunsch jedes Gläubigen: „Wenn ein Mann könnte mit Gott rechten, wie ein Menschenkind mit seinem Freunde! Aber die mir bestimmten Jahre sind gekommen, und ich gehe hin des Weges, den ich nicht wiederkommen werde." – „Rufe mich, ich will dir antworten; oder ich will reden, antworte du mir! Wieviel ist meine Missetat und Sünde? Laß mich wissen, meine Übertretung und Sünde!" Aber so ergeht es ihm: „Schreie ich zu dir, so antwortest du nicht, trete ich hervor, so achtest du nicht auf mich." – „Ich weiß, du wirst mich dem Tode überantworten, das ist das allen Lebendigen bestimmte Haus." Und voll Erbitterung: „Gott weigert mir mein Recht!"

Gott schweigt wie das Weltall. Der leidende Hiob hat kein Recht.

Und doch läßt der Autor, einer der Autoren, den Allmächtigen zu guter Letzt noch auftreten und zu Hiob sprechen. Was er vorführt, ist nichts anderes als seine kosmische Gewalt, vor der ein Mensch, ein Hiob, so winzig ist, daß sich jede Frage nach dem Warum erübrigt.

„Und der Herr antwortet Hiob aus einem Wetter... Wer ist der, der so fehlet in der Weisheit, und so redet mit Unverstand?... Wo warst du, da ich die Erde gründete?... Hast du dem Morgen geboten und der Morgenröte ihren Ort gezeigt?... Haben sich dir des Todes Tore je aufgetan oder hast du gesehen die Tore der Finsternis? Wußtest du, daß du zur bestimmten Zeit solltest geboren werden, und wie viele deiner Tage sein würden? ... Weißt du, wie der Himmel zu regieren ist, oder kannst du ihn meistern auf Erden? ... Kannst du den Morgenstern hervorbringen zu seiner Zeit? ... Kannst du mit gleicher Stimme donnern?" So prasselt die göttliche Rede fort und fort auf den armen Hiob herab. Natürlich konnte und wußte Hiob das alles nicht. Aber die zynischen Examensfragen wirkten sehr beruhigend auf ihn. Kosmisch-Universales ist immer entlastend.

Darum sagte der Gerechtigkeitsfanatiker und Rebell schnell: „Siehe, ich bin zu leichtfertig gewesen, was soll ich antworten? Ich will meine Hand auf meinen Mund legen... zum anderen Mal will ich es nicht mehr tun."

Aber Gott wischt auch die orthodoxe Ideologie hinweg. Er sagt zu Elifaz, dem Eifrigsten: „Ich bin ergrimmt über dich und deine zwei Freunde; denn ihr habt nicht recht über mich geredet..." Was wußten sie, die Besserwisser, was weiß ein Mensch von Gott?

Gott klärt nichts. Er sagt nicht: Es geht wirklich nicht darum, ob du Schuld auf dich geladen hast. Es besteht kein Zusammenhang zwischen Schuld und Unglück, Krankheit, Elend und Tod. Es besteht auch kein Zusammenhang zwischen mir, dei-

nem Gott, und nachlässig bewachten Herden oder schlecht gebauten Dächern oder gar Hautkrankheiten. Ich greife nicht ein,
nicht so! Aber wen ich ergreife, der ahnt das andere, das Offene, das Ungeheure, so daß ihm Ochsen und Ochsenglück für
immer gleichgültig sind.

Gott sagt nichts dergleichen. Er gibt keine Auskunft, sondern er stellt Fragen, die nicht zu beantworten sind.

Glück kommt von den Lehrern

„Niemals werde ich etwas glücklich preisen von den sterblichen Dingen." So formulierte der Dichter die unbeschönigte Erkenntnis über das menschliche Glück. „Alle Gebilde sind unbeständig, alle Gebilde sind leidvoll", hatte Buddha gelehrt, der im fernen Indien starb, als Sophokles geboren wurde.

Noch im 6. und 5. vorchristlichen Jahrhundert war das Jenseits für die meisten Menschen noch nicht erfunden. Was von den Göttern zu hoffen war oder zu fürchten, vollzog sich im wesentlichen in diesem Leben. Man merkte, das heißt, man ließ zunehmend den Gedanken zu, daß von ihnen nichts zu hoffen und nichts zu fürchten war.

Die neue, revolutionäre Erkenntnis, daß das Glück im Kopfe ist, oder in der Seele, nicht ursächlich bei den Göttern, und daß es nicht nur aus äußeren Gütern und leiblichen Genüssen besteht, setzte sich bei den Griechen im 4. Jahrhundert durch. Alte Utopien wurden aufgelöst: der Glaube an den göttlichen Ursprung des Rechts, an die Ganzheit und Einheit der Welt – die neue Utopie hieß: Machbarkeit und Lehrbarkeit des Glücks.

Die Weisheitsfreunde und Weisheitslehrer nahmen sich des Glücks an; sie bauten es auf und erfanden seine Lehr- und Lernbarkeit. Fortan bis heute erwartet der sich als aufgeklärt verstehende Teil der Erdbevölkerung das Heil nicht mehr von den Göttern, sondern von den Lehrern.

Glück ist demnach eine Folge richtigen Verhaltens, ist Tugend im Sinne von Können. Man erzielt es durch angemessenes Verhalten gegenüber der eigenen Natur, der Natur der Sache, der Situation, in jedem Falle durch maßvolles, vernunftgemäßes Entscheiden und Tun. Glück ist an Philosophie, das heißt an Erkenntnis und Einsicht geknüpft, diese sind jedermann zugänglich. Lehrer wurden zu Hoffnungsträgern und zu Weiterträgern von Glücks- und Lebenslehren. Da das Glück als fragloses Ziel aller Menschen gedacht wurde, mußte es die Grundlage für jede Lehre vom richtigen Handeln sein.

Für diese Ideologie des gläubigen Optimismus muß es einigermaßen gute und gesicherte Verhältnisse geben, zumindest die Aussicht auf solche, auf eine Zukunft. Das Athen des Perikles gehörte zu den winzigen, zeitlich und örtlich begrenzten Oasen innerhalb der Menschheitsgeschichte, wo Glück mehr war als bloßes Überleben, wo für einen kleinen Personenkreis eine solche Überzeugung, so ein Vertrauen auf die menschliche Rechtschaffenheit und Vernunft aufkommen konnte. Und dieser Gedanke war zu schön, als daß die Menschheit ihn jemals wieder aufgegeben hätte.

Protagoras und Demokrit waren damals viel diskutierte Professoren in Athen. Sowohl Demokrit mit seiner Atomistik, der Auflösung der Einheit der Welt, als auch Protagoras mit seiner Relativierung jeder Wahrheit waren Illusions- und Ideologiezerstörer – auch sie zugunsten der neuen Ideologie oder Utopie von der Machbarkeit und Lehrbarkeit des Glücks, auch sie auf der Welle des Zeitgeistes. „Der Mensch ist das Maß aller Dinge", hatte Protagoras gelehrt, „der Seienden, daß sie sind, der nicht Seienden, daß sie nicht sind." Das hieß: Es gibt keine allgemeingültige Wahrheit, nicht einmal für ein- und denselben Menschen zu unterschiedlichen Zeitpunkten. Normen und Gesetze sind das Ergebnis jeweiliger Übereinkunft; sie müssen dauernd Gegenstand des philosophischen Diskurses und der politischen Diskussion sein. Seine verlorene Programmschrift „Wahrheit oder Niederwerfung", gegen jene Philosophen gerichtet, „die das Seiende als Eines einführen", soll mit diesem Mensch-ist-Maß-Satz begonnen haben.

Sophisten und Menschenlehrer

Protagoras war Staatsphilosoph und Vertrauter des klugen und liberalen Perikles und ein Freund des Euripides. Er selbst bezeichnete sich als „Sophist und Menschenlehrer". Er lehrte das

Glück, seltsamerweise das einzige, was er nicht für fragwürdig hielt! Wir kennen ihn vorwiegend aus den Platonischen Dialogen, und Platon haßte ihn. In seinem Dialog „Protagoras" läßt er diesen zu einem angehenden Schüler sagen:

„Mein junger Freund, wenn du bei mir in die Lehre gehst, dann wird es dir beschieden sein, an dem Tage, an dem du mit mir zusammengewesen bist, in dem Bewußtsein nach Hause zu gehen, daß du besser geworden bist. Und am folgenden Tag wird es dir genauso gehen. Und so wirst du an jedem Tag ständig besser werden…"

Die anderen Lehrer würden die Jugend damit quälen, daß sie ihnen Wissenschaften aufdrängten, die sie gar nicht interessierten. „Wer aber zu mir kommt, der wird nichts anderes lernen als dasjenige, weswegen er zu mir gekommen ist.

Man lernt bei mir Wohlüberlegtheit in allen häuslichen Angelegenheiten: wie man am besten sein eigenes Hauswesen verwaltet, und, was die Angelegenheiten des Staates betrifft, wird man bei mir so ausgebildet, daß man möglichst befähigt wird, an der Regierung des Staates in Wort und Tat mitzuwirken."

Am Ende dieser Passage über den „Light-Kurs" in Lebenstüchtigkeit merkt Platon süffisant an, daß Protagoras es „für anständig gehalten" habe, für seine Lehre der Bildung und Tugend – hier im Sinne von Cleverneß für Yuppies – Honorar zu nehmen. Allerdings, Platon hätte das nicht nötig gehabt; er stammte aus der reichsten und vornehmsten Familie Athens. Protagoras soll in seiner Jugend Hafenarbeiter in Abdera gewesen sein. Im Jahre 410 mußte Protagoras aus Athen fliehen. Ein Prozeß wegen Gottlosigkeit drohte. Er hatte die Götter geleugnet und sich unbeliebt gemacht. Letzteres hätte er vermeiden sollen.

Auch Demokrit leugnete die Götter, aber niemand nahm daran Anstoß.

Für Demokrit war alles Geschehen Mechanik der Atome, die, verschieden an Gestalt und Größe, sich im leeren Raum in ewiger Bewegung befinden und durch ihre Verbindung und Trennung die Dinge und Welten entstehen und vergehen lassen.

Eine wunderbare Vision der Leichtigkeit! Er war zutiefst überzeugt von der Zufälligkeit der Welt, aber ausgerechnet und allein das Glück wollte er nicht dem Zufall überlassen. Die Göttin Tyche, das Schicksal, nannte er ein bloßes Bild, das sich der Mensch zum Vorwand und zur Ausflucht für seine Ratlosigkeit macht. Ihr setzte er verständige Klugheit und Besonnenheit entgegen. Der Klugheit könne Tyche nur in seltenen Fällen entgegenwirken, das meiste wisse ein verständiger Scharfblick in der Lebensführung ins Grade zu richten.

Glück ist für Demokrit die harmonische, gleichmäßige Bewegung der Seelenatome, die gute innere Verfassung, die Wohlgemutheit. Das Gute ist identisch mit dem für die Seele Zuträglichen, das Anzeichen für die Zuträglichkeit ist die Freude. Da sie jedoch, wie alle Sinneswahrnehmungen, kein objektives Kriterium ist, muß die Vernunft prüfen, was wirklich zuträglich ist. Vor allem muß beim genußvollen Umgang mit der Lust immer das richtige Maß bewahrt werden.

Mit Maß und Vernunft wird man Herr seines Glücks. Das wurde ein Lieblingsgedanke der Griechen.

„Er lachte über alles, er schätzte alle menschlichen Dinge als lächerlich ein", sagte ein gewisser Hyppolythos im 3. Jahrhundert v. Chr. über Demokrit. Demokrit muß eine begnadete Natur gewesen sein: hochgebildet, heiter, ohne Dogmatismus und ohne Illusionen, weise, – sehr gesund und zweifellos relativ glücklich. Er war 25 Jahre jünger als Protagoras und zehn Jahre älter als Sokrates – und überlebte beide. Im Altertum hatte er den Beinamen „der lachende Philosoph". Lachend wurde er 90 Jahre alt.

Er stammte wie Protagoras aus der reichen thrakischen Handelsstadt Abdera. Er bereiste Ägypten, den Vorderen Orient, Persien. Von sich selbst sagte er, er sei von allen Zeitgenossen am meisten herumgekommen, habe die meisten Länder besucht und die meisten gelehrten Männer gehört.

Er kannte die Menschen. „Wenn du dein Inneres öffnest, wirst du darin eine reiche Vorratskammer von bösen Trieben verschiedenster Art und viele schlimme Leidenschaften finden", lautete ein Ausspruch. Ein anderer, er wolle lieber eine einzige Ursache finden als König über die Perser werden. Denken und Wissen waren sein Glück.

Light-Kurse zum Glück

> „Nie geht mir der Redestoff aus..."
> (Typischer Ausspruch eines Sophisten.
> Platon „Gorgias")

Im letzten Viertel des 5. Jahrhunderts herrschte in Athen eine extreme Form der Demokratie. Politik war jedermanns ungelerntes Geschäft. Außerdem wurden die Zeiten unruhiger und schlecht. Der Peloponnesische Bruderkrieg, die Pest – das glänzende Zeitalter des klugen Führers Perikles war zu Ende gegangen, die Spekulationen der Naturphilosophen, die nichts Konkretes brachten, waren uninteressant geworden. Die Welt besteht aus einer unendlichen Vielheit, zu erkennen ist sie nicht, so lehrte der philosophische Skeptizismus. Aber darin leben mußte man doch!

Die Zeit der Sophisten, der Lehrer des leichten und machbaren Glücks, war eben gekommen. Sie nahmen recht marktschreiend überhand, an allen Plätzen, wo man dozieren konnte.

Wenn nichts auf der Welt zu beweisen ist, kann man schnell und scharfzüngig auch von allem das Gegenteil beweisen. Endloses und sinnloses Geschwätz tönte durch die Stadt, aber es gab auch die sehr moderne Einsicht in die Wirklichkeit schaffende Kraft der Rhetorik. Auch Glück wird aus Worten gemacht. Die Sophisten vermittelten darüber hinaus „Tugend" im Sinne konkreter Fähigkeit: die Fähigkeit, in gegebenen Verhältnissen zu leben. Man fragte nicht, ob eine Ansicht wahr oder falsch sei, sondern wie zweckmäßig sie sei. Die beigegebene Ideologie lautete: Jeder kann durch einfache Information und Konditionierung tüchtig und glücklich werden, und jeder ist ein guter Politiker, er muß nur über alles reden können. Das klingt doch unseren euphorischen Bildungskonzepten aus den 70er Jahren erstaunlich ähnlich!

Eigentlich waren die viel geschmähten Sophisten nur realistisch und pragmatisch in ihren Denk- und Handlungsweisen. Sie deckten auf, mit wieviel Lüge, Geschwätz und Selbstbetrug die Menschen ihr egoistisches Tun und Streben rechtfertigen, und sie lehrten die üblichen und legitimen Tricks einer Ellenbogengesellschaft.

Die neue Aufgabe der Gegensophistik wurden Überlegungen, welche Eigenschaften der Bürger haben und entwickeln muß, um im Spiel der Interessen und entsprechend der gegebenen politischen und individuellen Situation zwar seine eigenen Ziele durchzusetzen, sein Glück zu verfolgen, dabei aber gleichzeitig das Gemeinwesen funktionsfähig zu erhalten, also das Streben nach individuellem Glück mit der glücklichen Entwicklung des Gemeinwesens in Einklang zu bringen.

An dieser unlösbaren Antinomie arbeiten und scheitern wir noch heute.

Sokrates und Platon waren Gegner der Sophisten, das hatte abgesehen von der Konkurrenz sachliche Gründe. Den Relativismus, besonders den ethischen Relativismus, den die sophistischen Lehrer predigten, hielten sie nicht nur für falsch, sondern vor allem für schädlich, deren vordergründigen Umgang mit den gesellschaftlichen Phänomenen ebenso.

Schließlich hatte doch schon ein Schüler des Gorgias, ein gewisser Polos, versucht zu beweisen, daß Unrechttun glücklich macht, den Täter, versteht sich. Und alles, was glücklich macht, galt als gut. Ja, Unrechttun macht häufig Spaß, Glück und Moral haben nichts miteinander zu tun.

Aber wo kommen wir hin, wenn man das sagen darf?

Die Lehren der Sophisten waren zweifellos Angriffe auf die Grundlagen der bestehenden Ordnung; die Auflösung dieser Ordnung galt als Grund für den politischen Verfall des attischen Reiches und den Verlust der Werte seiner Gesellschaft. Ursache und Wirkung greifen ineinander. Einer Gesellschaft wurde eben bewußt, daß sich Werte auflösten, daß man mit anderen Überzeugungen spielte, Überzeugungen wie der von der Zufälligkeit der Welt, der Unmöglichkeit objektiver Erkenntnis, der Bedingtheit menschlicher Gesetze und Ordnungen, kurz, von der Gottverlassenheit der menschlichen Dinge.

Ein Leben, das wert ist, gelebt zu werden

Diese Überzeugungen oder Einsichten waren gesellschafts-
feindlich, weil verzweifelt, pessimistisch, sinnverneinend, die
Möglichkeiten des Glücks leugnend. Sokrates, der historische
Sokrates wie der von Platon in seinen Dialogen gedichtete, das
heißt, Platon selbst, hielten solche Ansichten nicht nur für
schädlich, sondern für falsch, zumindest für unbeweisbar im
Sinne der Unbeweisbarkeit von allem und jedem, und, was entscheidend ist, für der eigenen, persönlichen, inneren Erfahrung
konträr.

Die Überzeugung, daß alle Menschen glücklich sein wollen,
blieb der Ausgangspunkt aller Überlegungen, aber es galt zu
definieren, was das Glück über etwas Annehmlichkeit und
Amüsement hinaus eigentlich sei. Das Kleinbürgerglück von
Sicherheit und Besitz, die Vorteile, die man aus dem demokratischen Procedere mit den richtigen Techniken herausschlagen
konnte? Das kleine Spießer- und Yuppieglück? Das Selbstbe-
stätigungsglück der Besserschwätzer, Besserwisser? Oder hatte
es doch etwas zu tun mit der Würde, die auf Gerechtigkeit beruht, mit Selbstachtung und Lebenssinn?

„Ein Leben, das ohne Rechenschaft vor sich selber bleibt, ist
nicht wert, gelebt zu werden", hatte Sokrates hart und fordernd in seiner großen Abschlußrede vor dem spießigen athenischen Volksgericht gesagt, das ihn zum Tode verurteilte.

Was war an diesem Sokrates, den sie mit einem Zitterrochen
verglichen, dessen Schlag den lähmt, der ihm zu nahe kommt,
den das delphische Orakel den Weisesten nannte? Mit ihm beginnt ein Paradigmawechsel, eine neue Art, die Dinge zu sehen,
eine Umwertung der Werte – auch des Glücks. Wie ist seine
ungeheure Wirkung auf andere zu erklären? War es die vollendete sittliche Persönlichkeit, die glasklare Übereinstimmung
zwischen Leben und Lehre, zwischen Reden und Tun?

Platon hat in der großen Szene des „Gastmahls" hinreißend geschildert, wie Alkibiades einmal in die Gesprächsrunde des Sokrates und seiner Freunde hereinkommt, zu später Stunde, festlich bekränzt, betrunken, von ausgelassenen Gefährten und Flötenspielerinnen begleitet, die Verkörperung strahlender, unwiderstehlicher Lebenslust. Alkibiades, eine der schillerndsten und faszinierendsten Erscheinungen der Zeit, über die Maßen schön, reich, verwöhnt, von gefährlichem Einfluß, verhängnisvoll reich begabt, gesellschaftlicher Mittelpunkt Athens – glücklich zweifellos! Zu dieser Stunde preist er Sokrates und spricht von der tiefen Verunsicherung, die dieser unscheinbare alte Mann ohne Herkunft und Macht bei ihm und seinesgleichen, bei den scheinbar Glücklichen, auslöste.

„Wenn ich ihn höre, pocht mir das Herz, und Tränen werden mir ausgepreßt von seinen Reden, auch sehe ich, daß es vielen anderen ebenso ergeht. Wenn ich dagegen den Perikles höre oder andere gute Redner, dachte ich wohl, daß sie gut sprächen, dergleichen bedeutete mir aber nichts, noch geriet meine Seele in Unruhe darüber und in Unwillen, daß ich mich in einem knechtischen Zustand befände.

Von diesem bin ich aber oft so bewegt worden, daß ich glaubte, es lohnte sich nicht zu leben, wenn ich so bliebe, wie ich wäre. ... Und mit diesem allein unter allen Menschen ist mir begegnet, was man nicht in mir suchen sollte, daß ich mich vor irgend jemandem schämen könnte."

Nun, Alkibiades schämte sich lieber ab und zu, als daß er sich änderte. Aber Sokrates hatte etwas entscheidend Neues in die Vorstellungen vom Glück und in ihre Bewertung eingeführt: das Gewissen und den eigenen Anspruch, vor diesem einigermaßen zu bestehen.

Es gehörte zur Methode, zur Hebammenkunst des Sokrates, daß er seine Kontrahenten zwang, sich selbst, mit ihren eigenen Waffen zu widerlegen. Die Sophisten sagten, das Gute sei eins mit dem Angenehmen, und leugneten damit ausdrücklich die Idee der Pflicht. Sie beriefen sich dabei auf das Gesetz der Natur, in der der Starke recht behält und glücklich ist.

Dagegen setzt Sokrates seine hedonistische Meßkunst, ein Kalkül, das beweist, daß auch der Egoist in seinem eigenen Interesse wissen sollte, was für ihn wirklich gut ist. Das Vergnügen, das wir unseren Erwägungen zugrunde legen, muß nicht nur für die Gegenwart, sondern auch für die Zukunft gut sein. („Hüte dich vor allem Bösen,/es bringt Vergnügen, wenn man's ist;/ es bringt Verdruß, wenn man's gewesen." So reimte Wilhelm Busch.)

Sokrates schließt in den Begriff des Guten als des Angenehmen alles ein, was man vielleicht als Werte bezeichnen würde. Aber er spricht dabei von Hedone, von Lust. Er war so klug, daß er die schlichten, die konkreten Gründe für das Glück ernst nahm und mit ihnen argumentierte. Die Hedonisten konnten sich ebenso auf ihn berufen wie ihre Gegner, die asketischen Kyniker wie Diogenes.

Er lehrte, daß man eben unterscheiden muß zwischen guten und schlechten Lustgefühlen. Und schon hatte er aus dem Hedonismus eine Sittenlehre gemacht. Alles, was mit Vernunft und Maß getan wird, ist nützlich, zuträglich und macht glücklich.

Hiermit ist noch niemandem eine Weltanschauung aufgedrängt, nur das Nachdenken, der Gebrauch der Vernunft wird empfohlen und etwas Vertrauen aufs möglicherweise vertrauenswürdige Ungewisse, die offene Haltung des sokratischen „Ich weiß, daß ich nichts weiß." Ein Weg zu einem noch undefinierten und nicht lokalisierten Ziel und Glück.

Platon hat dann das große „X" , das höchste Gut und letzte Ziel, benannt.

Zur Methode des Sokrates, bei seinen Zeitgenossen Vernunft und Gewissen zu aktivieren und sie aus ihren unverbindlichen Beliebigkeiten herauszuführen, gehörte auch das Hinterfragen ihres unendlichen Geschwätzes, ihrer ungenauen Begriffe und Vorstellungen, besonders über Recht und Unrecht, Gut und Böse, Glück und Unglück, Begriffe, für die es eigentlich nur situationsspezifische und gefühlsbedingte, somit unzuverlässige Aussagen gibt. Das Gewissen, das Daimonion, war kein zuverlässiger Ratgeber, nichts ist unsicherer als ein gutes Gewissen.

Worauf Sokrates mit seinen penetranten Fragen hinaus wollte, war, daß man mit eigenem Verstand und im gemeinsamen Gespräch doch objektiv verbindliche Allgemeinbegriffe herausarbeiten und sich, der gewonnenen Einsicht gemäß, an diese halten könnte.

Platon hat seinen verehrten Lehrer Sokrates verewigt, ergänzt und weitergeführt. Wir wissen nicht, wo die Grenzlinie zwischen dem historischen Sokrates und dem platonischen, dem erdichteten Sokrates, ist, zwischen Sokrates und Platon selbst. Wir brauchen es auch nicht zu wissen.

Platon hat den Wandel vom „Ochsenglück" der Sicherheit und Sattheit, das man erst schätzt, wenn man es vermißt, zum hellen, erschütternden Glück der Erkenntnis, dem schönsten „Philosophenglück", konsequent vollzogen. Dieses ist allerdings nur wenigen zugänglich. Eine Vermittlung zwischen dem philosophischen Glück und dem, was die vielen für Glück halten, stellt Platon im „Theaitet" als unmöglich dar.

Platon wollte wie Sokrates den Niedergang der Polis aufhalten, und zwar durch die Läuterung der auf dem Stadtstaat beruhenden Gesellschaft und die Einordnung der Individuen in diese. Gerechtigkeit stellt Harmonie her, Harmonie bedingt Gesundheit der Seele, und das ist schon das Glück, das „den vielen" zukommt, das ihnen bestimmt ist oder verordnet werden sollte. Aber, das war die bittere Erfahrung seiner Zeit, die Poleis waren insgesamt schlecht und wurden schlecht verwaltet. Daher kommt alles menschliche Elend, daher fehlt das Glück. Nur die Philosophen, meint er, die mit Einsicht und Vernunft die göttliche Ordnung begreifen, können die politische Ordnung der Polis wiederherstellen. Die Befreiung von allen Übeln der Staaten und des Menschengeschlechtes ist nur möglich, wenn politische Macht und Philosophie zusammenfallen. Die übrigen müssen den Philosophen als Führer folgen und sich entsprechend ihrer Fähigkeiten in die Polis einordnen.

Wir wissen, daß Platon bei dem wiederholten Versuch, den Alleinherrscher von Syrakus für die Einrichtung seines Idealstaates zu gewinnen, gescheitert ist. Ebenso wie Konfuzius hielt er schließlich die Scherben seiner Utopie in der Hand, traurig und resigniert. Utopien und Visionen können nicht in der Wirklichkeit wurzeln, aber die Wirklichkeit kann auch nicht ohne sie auskommen.

Die Weisheitsfreunde als Staatslenker – wenn es sie je gegeben hätte, sie müßten zugleich Asketen und Heilige sein.

Platon hat in dem Dialog „Politeia" seine Vision eines gerechten Gemeinwesens entwickelt. Als ein Zuhörer einwirft, daß diese Lenker des Staates, die besitzlos, in klösterlicher Gemeinschaft und ohne Lohn leben und arbeiten müßten, kaum für ein einigermaßen glückliches Leben bestimmt zu sein scheinen, heißt es: „Wir haben es bei der Gründung unserer Stadt nicht darauf abgesehen, daß ein Stand vorwiegend glücklich wäre, sondern die ganze Stadt soll es sein."

So ein Teilchen bist auch du, armer Sterblicher

In den „Gesetzen" , dem letzten Werk Platons, übrigens dem einzigen, in dem nicht Sokrates das Wort führt, wird die alte Frage aufgeworfen, warum meist nicht der Gerechte der Glückliche ist, sondern der Ungerechte. Die Frage des Ödipus, die Frage des Hiob. Der Frager bekommt die Antwort:

„... daß von dem, dessen Fürsorge das ganze Weltall umfaßt, alle Dinge so angeordnet sind, wie es zur Erhaltung und Vollkommenheit des Ganzen erforderlich ist, so daß jeder Teil wirkt und leidet, was ihm eben hiernach zukommt und soweit eben dementsprechend sein Vermögen reicht... Ein solches Teilchen bist nun auch du, armer Sterblicher, welches, so klein es ist, doch allezeit auf die Zwecke des Ganzen hinarbeitet und in ihnen seinen Zweck hat.

Du aber bedenkst eben dies nicht, und es bleibt dir verborgen, daß alles, was da entsteht, eben nur um deswillen entsteht, damit jenes ewige Wesen, welches dem Leben des Ganzen zugrunde liegt, ein glückseliges sei, und daß dieses Ganze nicht um deinetwillen geworden ist, sondern um des Ganzen willen."

Platon fühlte sich nicht als Glückslehrer oder Glücksverkäufer, sondern als Retter der Werte und als Vermächtnisnehmer seines verehrten Lehrers Sokrates. Dieser hatte den Kosmologen und Sophisten seine Überzeugungen und seine Postulate von der Möglichkeit wissenschaftlicher Erkenntnis, von der Realität der Allgemeinbegriffe und der Existenz absoluter ethischer Normen entgegengesetzt. Platon ging noch einen Schritt weiter: Er behauptete, daß *nur* den Begriffen (Ideen) eine vollständige und unabhängige Existenz zukomme, zum Beispiel der Idee des Guten, der Idee des Glücks. An diesen Ideen gibt es für die armen Sterblichen nur eine unvollkommene Teilhabe; sie leben in einer Welt des Scheins und des Scheinglücks.

Das Philosophenglück ist das einzige „wahre" Glück. Glück, weil es den Glücklichen zur glückhaften Erkenntnis der Ideen und ihrer Wahrheit führt, und Glück, weil der Weise die menschliche Seele erkennt, die allein geeignet ist, dem Menschen ein glückliches Leben zu gewähren, Glück vor allem, weil nur ihm der Fluchtweg offensteht „von hier dorthin". Diese Flucht ist die fromme Angleichung an Gott, indem man so gerecht und heilig wie möglich wird, und zwar aus eigener, vernünftiger Einsicht, sagt Platon.

Einsicht in was? Platon führt auf den Weg der Mystik. Einsicht in die Richtigkeit eines Weges, einer Heilslehre. Sie ist mit Weltverneinung, Weltflucht und Askese verbunden. Er selbst lebte mit seinen Schülern in einer abgeschlossenen, klosterähnlichen Gemeinschaft, enthaltsam und asketisch in jeder Hinsicht. In „Theaitet" spricht er von Reinigung und Trennung der Seele vom Leibe als Voraussetzung für ein dauerhaftes Glück, das heißt, um nach tugendhaftem Leben dem Kreislauf der Wiedergeburten zu entrinnen und zu den „Inseln der Seligen" fortzugehen und frei von allem Übel und voller Glückseligkeit zu sein. Philosophie ist für den späten Platon letztlich „Vorbereitung auf den Tod", sie befähigt die Seele, für immer ins Reich der Ideen zu schweben – das „wahre" Glück.

Für einen guten Menschen gibt es kein Übel

Gibt es einen glücklichen Menschen? Die Gestalt, in der das philosophische Glück Wirklichkeit wurde und sogar noch im Tode über die Ungerechtigkeit der Polis triumphierte – war Sokrates. So sah ihn sein begeisterter Schüler Xenophon. Sokrates sei „der Beste und Glücklichste", denn niemals habe er das Vergänglichere statt des Besseren getan und nichts ohne den Rat der Götter. Auch Platon nennt ihn glücklich: Er sei der beste der damals Lebenden gewesen, überhaupt der Vernünftigste und Gerechteste – und er sei in der Hoffnung gestorben, im Jenseits sein Glück als Seligkeit zu finden. Denn der Gerechte, heißt es in „Phaidon", führt das beste und am meisten erfüllte Leben; er muß notwendig nicht nur ein guter Mensch, sondern auch glücklich sein.

Gott – Götter – das Göttliche... Es sind Synonyma, vor allem im griechischen Verständnis. „Gott" sagt Platon, so wie Goethe „die Götter".

Das Wesentliche, die kopernikanische Wende, der weltanschauliche Paradigmawechsel, ist die Vorstellung, daß Religion Gutsein fordert. Die Menschen haben sich andere Götter geschaffen, die Götter andere Menschen.

Die Apologie des Sokrates, jene von Platon überlieferte Rede vor einem ungerechten und dummen Gerichtshof, klingt mit folgenden Abschiedsworten des zum Tode Verurteilten aus: „Aber auch ihr, meine Herren Richter, sollt guter Zuversicht sein dem Tod gegenüber und daran denken, daß dies eine wahr ist, daß es für einen guten Menschen kein Übel gibt, weder im Leben noch im Sterben, und seine Angelegenheiten werden von den Göttern nicht vernachlässigt... Aber es ist schon die Stunde auseinanderzugehen, für mich, um zu sterben, für euch, um zu leben. Wer von uns einem besseren Ziele zugeht, das ist jedem verhüllt außer dem Gott."

Vor diesem Vertrauen eines siebzigjährigen, zum Tode verurteilten Mannes, daß die Angelegenheiten eines guten Menschen von den Göttern nicht vernachlässigt werden – mußten die Götter wehrlos werden und gerecht.

Der große Häuptling des Glücks

„Die Energie des Geistes ist Leben."
(Aristoteles)

Martin Heidegger soll seine Vorlesung über Aristoteles mit den Worten begonnen haben: „Aristoteles wurde geboren, arbeitete und starb."

Wenig an Biographie, möchte man meinen, für einen Mann, der ein bewegtes öffentliches Leben in unruhiger Zeit gelebt hat, der ein unvorstellbar breites Werk von mindestens 150 Titeln hinterließ (in der heutigen Weise veröffentlicht, wären das mindestens 50 umfangreiche Bände), ein Mann, schließlich, der das europäische Denken bis zur Gegenwart entscheidend beeinflußt hat. Aber wir werden sehen: Das ist genug gesagt; man könnte auch sagen: „Er war glücklich!" Er war es nach seiner eigenen Definition, er war ein begnadeter und besessener Arbeiter.

384 wurde Aristoteles in der Nähe des Berges Athos geboren; sein Vater war Arzt am makedonischen Königshof. Mit 17 Jahren kommt er nach Athen, tritt in die Akademie Platons ein, bleibt 20 Jahre dessen Schüler. In dieser Akademie (die allen ähnlichen Instituten bis heute den Namen gab) beschäftigten sich die Gelehrten mit jeder Art der damaligen Wissenschaft. Aristoteles, der im Mittelalter nur „Philosophus", der Philosoph schlechthin, genannt wurde, weil er das gesamte Wissen seiner Zeit für die folgenden Jahrhunderte gesammelt, aufgeschrieben und in ein überzeugendes logisches System gebracht hatte, er hätte sich wohl selber als Naturforscher, besonders als Biologe, bezeichnet.

Als Platon 347 80jährig starb, unternahm Aristoteles Reisen. 342 berief ihn der Makedonenkönig Philipp II., der fünf Jahre später Athen unterwarf, als Erzieher seines Sohnes Alexander nach Pella. 336 wurde Philipp ermordet, Alexander übernahm

20jährig die Regierung. Aristoteles kehrte nach Athen zurück und gründete eine eigene Schule, beziehungsweise ein wissenschaftliches Institut, wo er lehrte, Forschungsergebnisse sammeln ließ und zu seinem umfassenden Werk verarbeitete. Sein Zögling Alexander eroberte inzwischen ein Weltreich.

Aristoteles hat Platon verehrt und geliebt. Anläßlich seines Todes schrieb er eine ergreifende Elegie, in der er ihn als einen Menschen pries, „... der allein oder als erster von den Sterblichen durch sein eigenes Leben und durch seine Argumente klar bewies, daß ein Mensch gleichzeitig gut und glücklich wird".

Glück ist für Aristoteles selbstverständlich und unzweifelhaft höchstes Gut und Ziel für jedermann. Er stellte nicht nur Überlegungen an, was Glück, was eine geglückte Lebensführung sei – er wußte, daß die Meinungen darüber auseinandergehen –, sondern er fragte: Woraus entsteht Glück? Er wird konkret! Seine Antwort: Glück entsteht aus der Praxis, aus der Ausübung, der dem Menschen eigentümlichen vernünftigen Lebensweise, aus der Aktualisierung der ihm eingeborenen Form, der Vollendung von etwas, das in seiner Natur angelegt ist und verwirklicht werden muß.

Glück ist also kein Besitz, auch kein Zustand, sondern etwas, das man tun muß.

Wir sind gewohnt, nach Ursachen zu suchen, von irgendeinem Anfang her zu denken: Warum bin ich nicht glücklich? Wann und von wem – es muß in der frühen Kindheit gewesen sein – wurde mir das Glück gestohlen?

Das ist das Dogma der Psychoanalyse, das infantilisierende Denkmuster unserer Zeit. Aristoteles dachte teleologisch, auf das Ziel gerichtet: Wie sieht dein spezifisches Glück aus? Wenn du dir darüber klar bist, dann verwirkliche es doch, übe es aus! Damit ist das Glück kein Schicksal, kein Abstraktes, sondern für den Menschen praktisch und konkret, erreichbar und erwerbbar. Dies im Gegensatz zum Glück als höchstem Gut, das nach Ansicht des Aristoteles, auch „wenn es existiert... doch offensichtlich für den Menschen weder praktisch zu verwirklichen ist noch von ihm erworben werden kann".

Der junge Aristoteles war noch überzeugter Anhänger der platonischen Lehre von den zwei unterschiedlichen und verschieden wertigen Welten, der Welt der Ideen und der des irdischen Daseins, sowie von der Unsterblichkeit der Seele und ihrer Wiedergeburt. Später bezog er über Gott, Seele und Unsterblichkeit eine andere Position. Er holte das Glück, das höchste Gut, ins Leben zurück.

Gott ist für Aristoteles der unbewegte Beweger, ewig und vollkommen und reine Aktualität oder Energie; er ist also ewig tätig und wirksam, was ihm immerfort neue Freude verschafft. Leben ist seine wesentliche Eigenschaft. Gott, meint Aristoteles, ist glücklich. Aber für die Welt ist er nicht zu sprechen. Er wendet sich der Welt nicht zu, aber die Welt kann nicht umhin, sich ihm zuzuwenden: „Er erzeugt Bewegung wie der Gegenstand des Begehrens."

Die Seele definiert Aristoteles als Leben und Energie, als die nicht ablösbare Verwirklichung von Körpern, der keine Eigenexistenz zukomme. Somit gibt es für ihn auch kein Weiterleben nach dem Tod. Vielleicht ist der menschliche Geist, das Denkvermögen oder Erkenntnisprinzip, insoweit unsterblich, meint er an anderer Stelle, als er sich nach dem Tod vom Körper trennen kann. Vielleicht geht er dann im göttlichen Geist auf, an dem er Anteil hat. Das Problem hat Aristoteles nicht besonders interessiert. Er war glücklich zu denken. An eine Verewigung seiner Persönlichkeit, seines individuellen Ichs, dachte er nicht.

„Die Energie des Geistes ist Leben." Dieser wunderschöne Satz ist das philosophische Glaubensbekenntnis des Aristoteles. Er setzt einen engen Zusammenhang zwischen Geist und Leben, Tun und Glück. Leben ist alles: Seele, Energie, Können und Tun. Die Energie des Geistes ist Glück. Glück ist Leben.

Glücklich ist der Könner und der Täter

Glücklich ist der Tüchtige und der dementsprechend Tätige. Glücklich ist der Könner und der Täter. Schließlich unterscheiden sich die Guten und die Schlechten, die Sieger und die Versager im Schlafe und im Tode nicht.

Tüchtigkeit – das griechische Wort dafür, *Arete*, ist mit Tugend völlig unzutreffend übersetzt. „So ist also die Arete eine feste, auf Entscheidung hingeordnete Haltung; sie liegt in jener Mitte, die die Mitte in Bezug auf uns ist."

Arete-gemäßes Entscheiden und Handeln liegt also in der Mitte zwischen zwei Extremen, wie zum Beispiel Tapferkeit in der Mitte liegt zwischen Tollkühnheit und Feigheit, es ist keine abstrakte, allgemeine Mitte, sondern bemißt sich nach Situation, Verfassung und Anlagen jedes einzelnen zum gegebenen Zeitpunkt. Diese Arete, Tüchtigkeit oder Vortrefflichkeit, ist ein Zustand, der durch entsprechende Handlungen entsteht und zur Gewohnheit, zu einer Art der Lebensführung wird. Die Folge solcher Lebensführung ist die Eudämonie, das geglückte Leben, die Glückseligkeit.

Die Theorie der Praxis

„Wer hindert uns", fragt Aristoteles, „glücklich denjenigen zu nennen, der gemäß vollendeter Tugend wirkt und über die äußeren Güter in ausreichender Weise verfügt, nicht nur eine flüchtige Zeit, sondern ein ganzes Leben", und dies nicht als Einzelgänger, sondern mit Eltern, Kindern, Frau und Freunden. Denn den Menschen definierte Aristoteles als politisches Lebewesen, das sich nur in der Gemeinschaft seiner Natur und Anlage gemäß entfalten und das nur in der Polis wirken kann. Diese erst ermöglicht die Verwirklichung des Individuums, sie schafft die Grundlage für Tüchtigkeit und Glück.

Das war eine schöne politisch-ideologische, aber leider schon rückwärtsgewandte Vision: Vernünftig und gerecht denkende Bürger mit bürgerlichen Tugenden, das heißt, politische Kompetenz praktizierend, bilden und tragen ein gerechtes, freies und autarkes Staatswesen. Der glückliche Staat schafft glückliche Bürger. Zur Zeit des Aristoteles verfielen die demokratischen griechischen Stadtstaaten zusehends; die Staatsform der

Zukunft war der absolutistische Großstaat in der Nachfolge der Makedonenkönige, deren Freund und Bewunderer Aristoteles war. Sie garantierten ihren Bürgern viel Sicherheit und Wohlstand ohne politische Mitwirkung. Das Bürgerglück wurde die Idylle.

Und hat es diese glückliche Polis je gegeben? Als Aristoteles schrieb, hat sie mit Sicherheit so nicht bestanden. Der schrieb und dozierte in seinem Institut, in seiner Gelehrtenstube. Die athenischen Zustände und die Zeitläufte im allgemeinen waren ihm egal. Franz Dirlmeier schreibt im Nachwort zur Nikomachischen Ethik: „Er stellte seine Ethik in einen idealen Raum, nicht in die historische Situation etwa der Jahre von 367–323 vor Christus. Es weht uns nirgends der Hauch der Geschichte an,... Wir spüren nicht den geringsten Widerhall etwa der berühmten Schilderung des Historikers Tukydides von der Verwilderung und dem Verfall der Sitten."

„Der Philosoph ist nur mit dem Leib in die Polis gesetzt und lebt in ihr wie ein Fremder", hatte Platon geschrieben. Aber er sah die Dinge, wie sie sind. Am Tod des Sokrates zeigte sich für ihn endgültig, daß die Poleis insgesamt schlecht sind und schlecht verwaltet werden. Er bemühte sich, wenn auch erfolglos, um etwas Besseres: die Philosophenherrschaft, die er zunächst auf Syrakus konkretisieren wollte. Wer war der Realist, wer der Idealist? Wer baute eine Utopie, wer riß eine ein?

Platons Menschenschilderung ist poetisch und darum viel realistischer und genauer als die des Aristoteles. Welche Abstraktion ist doch sein Glücklicher! Ein Mann auf der Höhe des Lebens, im Vollbesitz seiner geistigen und körperlichen Kräfte, wohlgestaltet, mit ausreichenden materiellen Gütern ausgestattet, angesehen und geachtet und über alle Fähigkeiten verfügend, die es ihm erlauben, immerfort und ohne Hindernisse zu entscheiden und zu tun, was er für richtig hält und was sich selbstverständlich als richtig erweisen wird.

Eine Frau, ein Kind, ein Sklave, ein Mensch von niederer Geburt, ein Krüppel, ein Kranker, ein Häßlicher – sie alle können nicht glücklich sein.

Alles Chaotische und Depravierte ist ausgeschlossen. Er, der

Glückliche, steht vor uns, wie in einer Momentaufnahme festgehalten fürs Museum: Seht, der große Häuptling des Glücks! Nichts von Kämpfen und Zweifeln um das Gute und Richtige, kein Gedanke an die Möglichkeit, ja Wahrscheinlichkeit des Irrens und Scheiterns, keine Trauer, keine Reue, und schon gar keine Melancholie. Aber der Film ist doch nur angehalten, wir wissen es, im nächsten Augenblick muß der Glückliche stürzen – dann ist er eben nicht mehr glücklich, würde Aristoteles sagen, und somit nicht mehr unser Thema. Das Lebensgesetz des Werdens und Vergehens, das der Empiriker und Biologe Aristoteles für die nichtmenschliche Lebenswelt genau beschrieben hat, wendet er hier nicht an. Der Glückliche ist eine logische Figur von metaphysischer Dauerhaftigkeit.

Leben des Geistes ist Glück

> „Was dem einzelnen wesenseigen ist, das stellt für den Einzelnen von Natur das höchste und das Lustvollste dar. Für den Menschen ist dies also das Leben des Geistes... und dieses Leben ist dann auch das glücklichste."
>
> (Aristoteles)

Es waren ja auch gar nicht Bürgertum und Bürgerglück, nicht die wirkliche Polis und nicht die wirkliche Politik, die den arbeits- und erkenntnisbesessenen Professor interessierten, sondern das Glück seiner eigenen Erfahrung. In seiner frühen Schrift „Aufforderung zur Philosophie" verkündet er mit Überzeugung, daß „die Aneignung von Weisheit angenehm ist; alle Menschen fühlen sich in der Philosophie zu Hause und wünschen, ihre Zeit damit zu verbringen und alle anderen Dinge beiseite zu schieben". Alle Menschen. Das glaubte er wirklich! In der Nikomachischen Ethik beschreibt er diese Art von Tüchtigkeit und von Glück, die nämlich, die den Glücklichen in die Nähe der schaffenden, geistigen und glücklichen Gottheit rückt: „Denn während für die Götter das ganze Leben einen Zustand der Seligkeit bedeutet, und für die Menschen, soweit ihnen ein gewisser Abglanz von solch erhabenem Wirken gegeben ist, kann von den anderen Lebewesen keines glücklich sein, da sie in keiner Weise an geistiger Schau teilhaben. Wie umfassend sich also die geistige Schau entfaltet, so weit auch das Glück, und je eindringlicher der Akt des Schauens, desto tiefer ist das Glücklichsein..." Dergleichen wird man bei Augustinus und bei den großen Mystikern des Mittelalters lesen können.

Platons Bemühungen um die Politik endeten in Resignation; das war sein Realismus; die Mystik seine Flucht und seine Wahrheit.

Der glückliche Bürger, der Könner und Täter im demokratischen Stadtstaat, war die Utopie des Aristoteles; die Beschäftigung mit dem Geistigen seine Flucht und Idylle, ja seine Mystik.

Das Philosophenglück des Aristoteles in der Nikomachischen Ethik findet ebenso wie das Gerechtigkeitsglück Platons im „Staat" letzte Bestätigung und Tröstung im Mythos: „Wer ein aktives Leben des Geistes führt und den Geist pflegt, von dem darf man sagen, sein Leben sei aufs beste geordnet, und er werde von den Göttern am meisten geliebt." Da sind sie wieder, die Götter, und sie halten das Glück in den Händen.

Aristoteles hat Wissen und Träume, hat Empirie und Metaphysik auf zeitlose Weise verbunden. Die heutige biochemisch orientierte Glücksforschung bestätigt, daß der Mensch Momente des Glücks bisweilen bei einer Tätigkeit empfindet, die ein hohes Maß an selbstvergessener Konzentration erfordert, einer Tätigkeit, die im Tätigen das Gefühl erweckt, daß er die damit verbundenen Probleme im Griff hat, die ihm seine Kompetenz bestätigt, eine Tätigkeit also, die er gut beherrscht und gerne und in Freiheit ausübt. Bergsteiger, Chirurgen, Künstler, Schriftsteller unter anderen sollen in besonderem Maße Zugang zu solchen kurzen Glücksgefühlen haben. Die zweite überraschend moderne Ansicht des Aristoteles, daß Können und

Kompetenz in der Praxis entsteht, und nicht vor der Praxis, ist ein psychologisches Paradigma, das sich zur Zeit in der Verhaltenstherapie durchzusetzen beginnt.

Aristoteles hat das Glück als Eudämonie, als einen Zustand angesehen, der durch ein ganzes Leben hindurch besteht, denn, schreibt er, eine Schwalbe macht noch keinen Frühling, und ein Tag oder eine kurze Zeit, meint er, macht niemanden glücklich. Darum fragen wir noch nach seinem Ende.

323 starb Alexander der Große, erst 32 Jahre alt. In Athen wurde es für Aristoteles, der als Makedonenfreund galt, gefährlich. Vermutlich wollte man ihm eine Anklage wegen Gottlosigkeit anhängen wie seinerzeit Protagoras oder Sokrates. Er verließ 322 Athen und starb 62jährig im Exil auf Euboia. Es existieren antike biographische Notizen, man habe in Athen erzählt, der Herr Professor sei dort durch übermäßig anstrengende Verliebtheit in eine Konkubine zu Tode gekommen. Das mag gar nicht so unangenehm und jedenfalls kein unglückliches Ende gewesen sein. Aber die Griechen meinten, daß eine gute Biographie immer mit einer guten Story enden müsse – und sie waren schlimme Rufmörder!

Das größere Glück des Zweiflers

„Folge dem, was dein Herz begehrt"
(Kohelet)

Wer war er, dieser Anonymus, der sich Kohelet nannte, auf hebräisch Prediger und auf griechisch „Ekklesiastes"? Ein Prediger der universalen Nichtigkeit, der Zerstörer allen erfundenen Glücks? Wir wissen nur: Er lebte um 250 v. Chr. in Jerusalem, und er schrieb – nach griechischer Mode – unter einem Pseudonym. „Dies sind die Reden Kohelets, Sohn Davids, des Königs zu Jerusalem." Und: „Ich, Kohelet, war König über Israel in Jerusalem." Diese Behauptung war so sensationell und ungeheuerlich, daß niemand wagte, an ihr zu zweifeln. Salomo, der Sohn Davids, König über Israel und Juda im 10. Jahrhundert, war von der Tradition zum weisesten aller Menschen erklärt worden. Sein angebliches, nach 700 Jahren aufgetauchtes Buch wurde mit Ehrfurcht aufgenommen, und die unglaublich subversiven und defätistischen Texte wurden in den Kanon der Bibel eingereiht. Der Verfasser entging so vermutlich der Verfolgung durch die orthodoxen Ideologen der mosaischen Tradition.

Wer war er und in welcher Zeit? Natürlich gehörte er zu den Gebildeten und Privilegierten. Ein hoher Priester? Oder Beamter? Ein hebräischer Intellektueller und Sophist, ein Professor? Jedenfalls lebte er gesichert, fast möchte man meinen, so wie mancher kluge französische Aristokrat im 17. und 18. Jahrhundert, aus dem Überfluß heraus desillusioniert. Er stellte fest: „Wie Weisheit beschirmt, so beschirmt Geld auch." Und: „Weisheit ist gut mit einem Erbgut, und hilft, daß sich einer der Sonne freuen kann." Also nichts von der Behauptung, daß das Glück unabhängig von äußeren Umständen etwas Seelisches sei. Der Mann hatte äußere Glücksgüter, und er war ein kluger Realist. Er hatte den Mut, sich und anderen die Wahrheit einzugestehen, und deswegen wäre er auch als staats- und kultur-

gefährdender Revolutionär behandelt worden, wenn die Zeitgenossen seine Wahrheit genauer hätten wissen wollen.

Kohelet schrieb Aphorismen in der jüdischen Weisheits- und
Spruchtradition, aber er ist ein Weiser, der nicht an die Weisheit
glaubt.

Es ist die müde Stimmung einer Spätzeit, die aus dieser Dichtung tönt; Resignation und tiefe Langeweile angesichts von immer gleichem, unbeeinflußbarem Weltgeschehen. Das Haupt-
merkmal seines Stils sind Monotonie und Repetition.

Nichts Neues unter der Sonne

Das 3. Jahrhundert, die spätbiblische und frühhellenische Zeit,
ist politisch gekennzeichnet durch die aus dem Zerfall des Ale-
xanderreiches entstandenen Diadochenstaaten. Palästina war
wie Ägypten von den Ptolemäern besetzt, die Seleukiden erhoben auch Ansprüche: So mußten die Juden, um ihre Ruhe zu
haben, nach beiden Seiten Steuern zahlen. Es waren lückenlos
durchorganisierte Staatswesen, in denen es sich für die meisten
ausgezeichnet leben ließ, aber politische Freiheit oder gar Mitwirkung gab es nicht. Die Utopie vom guten und glücklichen
Bürger war obsolet geworden; Handel, Wirtschaft, Wissenschaft und Bildung blühten; die Menschen suchten ihre Orien-
tierung als Individuen.

Der weltoffene Geist der Griechen, die Kultur der Besat-
zungsmacht, vermischte sich mit dem Judentum. Die Jerusale-
mer Oberschicht fing an, griechisch zu denken und zu leben.
Angesichts der Konkurrenz zweier zusammenprallender Kulturen gingen viele Intellektuelle zu beiden auf Distanz. Noch
ein drittes Merkmal hatte diese Zeit: Die allgegenwärtige Erfahrung des Schicksals in der Geschichte. Eine Kette politi-
scher Erschütterungen war verbunden mit dem kometenhaften
Aufstieg von Generälen, Herrschern und Kollaborateuren –
und ihrem ebenso schnellen Fall. Unterworfene Völker wechselten von einer Hand in die andere; die Menschen erfuhren das
Ausgeliefertsein. Immer schon.

In solchen Zeiten blüht die Astrologie. Wenigstens vorauswissen wollte man, welches Glück und Unglück in den Sternen stand. Die damals zur Weltgeltung gelangten stoischen Philosophen waren von dem Gedanken fasziniert, daß sich aus dem periodischen Rücklauf der Sonne im Tierkreis zu einem Ausgangspunkt begrenzte Weltperioden errechnen ließen und daß durch den immer wieder gleichen Lauf der Sterne in jeder Weltperiode alles in gleicher Weise seinen Lauf nehmen müsse.

Das Weltgeschehen bleibt unbeeinflußbar und ohne Perspektive:

> „Was geschehen ist, eben das wird geschehen,
> und was getan worden ist, eben das wird getan werden,
> und so gibt es nichts Neues unter der Sonne."

Leitmotivisch wiederholt sich diese Absage an den menschlichen Fortschritt. Die Zukunft ist verschlossen. Es bleibt die müde Stimmung gelangweilter Melancholie.

Eine Seifenblase ist die Vernunft, nur wenig vermag des Menschen Denken, Mühen und Tun, die nächste Stunde, deren Forderung er meist verfehlt, ist ihm unbekannt und wird ihm so zum Schicksal.

> „Für alles gibt es seine Stunde
> und für jedes Vorhaben unter der Sonne seine Zeit:
> Eine Zeit für die Geburt
> und eine Zeit für den Tod.
> …
>
> Eine Zeit für das Töten
> und eine Zeit für das Heilen.
> Eine Zeit für das Niederreißen
> und eine Zeit für das Bauen.
> …
>
> Eine Zeit für das Lieben
> und eine Zeit für das Hassen.

Eine Zeit für den Krieg
und eine Zeit für den Frieden. –
Was für ein Ergebnis kann dann der Handelnde bei dem,
mit dem er sich abmüht, erzielen?"

Aber Kohelet war nicht Grieche und Stoiker, sondern ein
scharfblickender realistisch denkender Hebräer, wenig anfällig
für Utopien. Das sind seine Feststellungen: Die griechische
Ideologie, daß das Glück dem Tüchtigen gehört, dem Könner,
bewährt sich nicht in schlechter Zeit.

„Zum anderen sah ich unter der Sonne,
daß weder die Schnellsten den Lauf
noch die Tapfersten den Krieg,
noch die Weisesten Brot,
noch auch die Verständigsten Reichtum,
noch auch die Kundigsten Gunst gewinnen,
sondern sie alle treffen Zeit und Zufall.
Ja, der Mensch kennt seine Zeit nicht.
Wie die Fische, die sich in einem bösen Netz verfangen,
und die Vögel, die in einem Netz gefaßt sind,
wie sie werden die Menschenkinder zur bösen Zeit
gefangen, wenn sie plötzlich über sie hereinbricht."

Kohelet bezweifelt die Weisheit im Konkreten:
„Alles habe ich versucht mit der Weisheit. Ich dachte: ich
will weise werden! Aber sie blieb fern von mir.
Fern ist, was geschieht, und überaus tief, wer könnt es er-
gründen?"
Das ist mehr als Skepsis; es ist die Erfahrung der Rätselhaf-
tigkeit.
Erkenntnis versagt ja schon vor dem Nächsten: „Kein
Mensch kennt weder die Liebe noch den Haß irgendeines, den
er vor sich hat."

Gerechtigkeit sieht der Prediger nirgends, und er wird nicht
müde, dieses Skandalon zu benennen: „All das sah ich, als ich

mein Herz auf all das Treiben richtete, das unter der Sonne zu einer Zeit geschieht, in der ein Mensch zum Schaden eines anderen Menschen Gewalt über ihn hat." – „Es gibt eine Sinnlosigkeit, die auf Erden geschieht: ... Wie dem Guten ergeht es dem Sünder..."

Und zuletzt über die vielberedete Würde des Menschen: „Das verhält sich so um der Menschenkinder willen, weil Gott ihnen deutlich machen und zeigen will, daß sie nichts anderes als Vieh sind... Beide erleiden den gleichen Tod, denn beide haben den gleichen Lebensodem. Daher hat der Mensch keinen Vorteil gegenüber dem Vieh; denn alles ist vergänglich. Alles kehrt zu ein und demselben Ort zurück."

Und so endgültig ist der Tod: „Ein lebendiger Hund ist besser als ein toter Löwe! Denn die Lebenden wissen, daß sie sterben müssen, aber die Toten wissen gar nichts. ... Ihr Lieben wie ihr Hassen wie ihr Streben sind dahin. Sie haben in Ewigkeit keinen Anteil mehr an allem, was unter der Sonne geschieht."

Und Gott? Er ist die Grenze für die Hybris des Menschen, er ist die Mauer, an der seine Utopien, seine Illusionen zerschellen, er ist der schweigende, unerreichbare, der verborgene Gott: „Gott ist im Himmel, und du bist auf Erden. Darum mache nicht viele Worte!"

Aber unser Thema ist doch das Glück! Ja, nur wer das erfundene Glück so gründlich beiseite fegt wie Kohelet, kann es suchen und finden, im flüchtigen Augenblick, auch „zappelnd im bösen Netz".

Erkenntnis ist in Grenzen möglich, wenn auch immerfort überholt; Tun schafft mitunter Sinnvolles, wenn auch immer zum Scheitern. Der Weg schon kann Glück sein, auch der Weg des Sisyphos mit dem Fels hinauf.

Kohelet bestreitet nicht, daß Erkenntnis möglich und Tun sinnvoll sein können. Nur, an der Lage des Menschen wird beides nichts ändern. Er will aus Erkennen und Tun keine Weltanschauung gebaut haben wie die Griechen – es scheint, er hat Weltanschauungen, das vielstimmige Geschwätz der Kulturen, sehr gründlich satt. Er leugnet auch nicht den lebendigen Gott, er rät nur davon ab, ihn zu belästigen.

Kohelet beschränkt sich auf das Erfahrbare, auf seine eigenen Erfahrungen und Beobachtungen: Ich habe gesehen... ich habe erkannt... Er läßt sich nicht von Wünschen und Zielen leiten; er hätte sich selbst als desillusioniert und deshalb realistisch denkend bezeichnet.

Aber Kohelet spricht, nein, dichtet, auch vom Glück; nirgends leuchtet es schöner als auf dem dunklen Grund der nicht übermalten Wirklichkeit. Vor der Endgültigkeit des Todes fordert er auf, den Augenblick zu ergreifen, er fordert auf zum intensiven Leben und Erleben der Momente des greifbaren Glücks:

> „Geh, iß mit Freuden dein Brot
> und trinke frohen Herzens deinen Wein;
> denn längst hat Gott dein Tun gebilligt
> ...
>
> Genieße das Leben mit der Frau, die du liebst,
> alle Tage deines flüchtigen Lebens,
> die dir Gott unter der Sonne gegeben hat."
>
> „Freue dich, Jüngling, an deiner Jugend,
> sei frohgemut in den Tagen deiner Jugend Kraft,
> und folge dem, was dein Herz begehrt
> und was deine Augen erschauen!"

Kohelet, der Realist, kennt die bestürzende Wahrheit über die Welt; er kennt auch das unstillbare Lebensverlangen des Menschen:

> „Süß ist das Licht und es tut den Augen wohl,
> die Sonne zu schauen;
> Ja, wenn ein Mensch Jahre die Fülle lebt,
> soll er sich an ihnen allen erfreuen
> und an des Dunkels Tage denken,
> daß sie dauern;
> Alles, was kommt, ist vergänglich."

Bertolt Brecht dichtete sein Erstaunen darüber, daß der Mensch trotz allem leben will: „Fast ein jeder hat die Welt geliebt, wenn man ihm drei Hände Erde gibt."

Ja, Kohelet schrieb etwa zur selben Zeit, als Hegesius in Alexandria auf der Straße die Leute ansprach und sie fragte, warum sie eigentlich nicht mit dem Leben Schluß machten. Kohelet, der als abgrundtiefer Pessimist in die Geschichte einging, hätte so etwas Törichtes nie gefragt; er meinte, daß Glück ganz einfach Leben sei.

Und er warnt: Zerstöre dieses, dein einfaches und begrenztes, aber dein einzig wirkliches Glück, dein bißchen Leben, nicht durch dummen Idealismus, nicht durch Fanatismus und lebensfeindliche Härte:

> „Sei nicht allzu gerecht und spiele dich nicht allzu
> weise auf –
> warum willst du dich zugrunde richten?
> Sei nicht allzu gottlos und sei kein Tor!
> Warum willst du vor der Zeit sterben?
> Es ist gut, wenn du an dem einen festhältst
> und von dem anderen deine Hand nicht abziehst."

Mit dem Dasein Federball spielen

Aristoteles hat die letzten zwölf Jahre seines Lebens hinter den Mauern seines Instituts, dem Lykaion oder Peripaton, verbracht und mit unglaublicher „Energie des Geistes" Wissen über die Welt gesammelt und nach den Gesetzen der Logik und den Strukturen der Metaphysik in Zusammenhänge gebracht und geordnet. Erkenntnis der Dinge und ihrer Ordnungen und der tätige geistige Umgang mit ihnen war für ihn das höchste Glück. Nie wäre ihm der schreckliche Gedanke gekommen, daß der menschlichen Vernunft vollkommene Erkenntnis nicht möglich sein könnte, daß ihre logischen Ordnungen beziehungslos, ihre Wertungen beliebig und ihre metaphysischen Setzungen völlig aus der Luft gegriffen sein könnten.

Auf Zeiten dominierender Gewißheiten folgen immer wieder Zeiten verstärkter Skepsis. Nicht nur in unserer Zeit haben die sich überstürzenden wissenschaftlichen Neuigkeiten, die Flut der praktischen oder esoterischen Glücksrezepte und Lebenshilfen und das verlorene Vertrauen in die Machbarkeit von allem und jedem Skepsis am Rande fundamentalistischer Sehnsüchte wachsen lassen. Aber scherzhafte Definitionen wie folgende erzeugen eben nur bei überzeugten Skeptikern Vergnügen:

Ein Wissenschaftler ist einer, der mit verbundenen Augen in einem dunklen Zimmer eine schwarze Katze sucht.

Ein Philosoph (ein Metaphysiker) ist einer, der mit verbundenen Augen in einem dunklen Zimmer eine schwarze Katze sucht, die nicht da ist.

Ein Dogmatiker (ein Theologe, überhaupt ein Mann irgendwelcher Gewißheiten) ist einer, der im dunklen Zimmer mit verbundenen Augen eine schwarze Katze sucht, die nicht da ist, und plötzlich ruft: Ich hab' sie!

Als Aristoteles in Athen lehrte, war diese Stadt das geistige Zentrum der zivilisierten Welt. Neben dem Peripaton bestanden und entstanden noch viele andere Schulen, die Akademie Platons zum Beispiel, mit ihrer strengen Tradition, eine Art mönchischer Lebensgemeinschaft mit sexueller Enthaltsamkeit, vegetarischer Kost und kurzen Schlafzeiten. Es gab die Kyniker, überhebliche Zivilisations- und Konsumverweigerer von provozierender Ungepflegtheit, deren bekanntester Repräsentant Diogenes in der Tonne geblieben ist. Es gab die Sophisten, die zwar von der Relativität aller Erkenntnis sprachen, aber doch behaupteten, brauchbare Aussagen wären ausgerechnet bei ihnen zu haben. Dazu gründeten nun Epikur und Zenon weitere Schulen, die der Epikureer und der Stoiker, die sich von Anfang an heftig bekämpften. Es gab eine Vielzahl von Heilslehren, Glücksversprechungen, Welterklärungen, die wortgewaltig vertreten und begeistert diskutiert wurden, dazu jede Sorte von Weisheitsaposteln, Menschheitsbeglückern und Wanderpredigern.

Der Streit um Unbeweisbares und Lebensweisen, um die

schwarze Katze, die nicht da ist, hatte einen hohen Unterhaltungswert, und man ließ die Theorien wohlweislich und wohlbehalten ziemlich hoch über dem Alltagsleben schweben. Jeder Diskurs über Gott und die Welt kreiste letztlich um das Glück, das als selbstverständliches Lebensziel und Schluß der Weisheit angesehen wurde. Das Thema hatte große Ähnlichkeit mit einer schwarzen Katze, die nicht da ist. Aber der Diskurs, auch wenn wir ihn Geschwätz nennen würden, der Diskurs um das Glück schafft Glück aus Worten, leicht, leer und schön wie Seifenblasen.

In der 2. Hälfte des 4. Jahrhunderts trat eine neue – nein, nicht Schule, das hätten sie sich verbeten – philosophische Richtung auf die Bühne: die der Skeptiker. Ihr Name kommt von *skeptomai*, umherspähen, prüfen, suchen. Sie waren Suchende, die gar keine Finder werden wollten. Sie lehrten den Zweifel, ob sich überhaupt etwas über die Wirklichkeit, wie sie wirklich ist, sagen läßt, und empfahlen, sich konsequent jedes Urteils zu enthalten. Der Lohn des Zweifels war, wie könnte es anders sein, auch bei den Skeptikern das Glück.

Während Aristoteles, rastlos in den Säulenhallen auf- und abgehend, dachte, dozierte, diktierte, nahmen der um vier Jahre jüngere Anaxarch, den man „den Glücklichen" nannte, und der damals 26jährige Pyrrhon als wissenschaftliche Begleiter und Hofphilosophen an dem gigantischen und anstrengenden Abenteuer des Alexanderzuges teil. Diese beiden erhoben den radikalen Zweifel zur Kunst und zur intellektuellen Lebensweise.

Anaxarch war ein Anhänger des Protagoras und des Demokrit. Er war Lehrer des Pyrrhon und gilt als geistiger Wegbereiter der Skepsis.

Auf dem Feldzug nach Asien wußte er mit Alexander dem Großen gut umzugehen. Böse Zungen nannten ihn einen Schmeichler. Wegen seiner unerschütterlichen Gemütsruhe, die er auch immer wieder als Ziel menschlichen Strebens hinstellt, bekam er den Beinamen „eudaimonikos", der Glückselige.

Von seinen Schriften ist so gut wie nichts erhalten. In einem

Fragment heiß es: „Vielwissen … nutzt dem geschickten Mann, schadet aber dem, der leichthin alles Wort vor allem Volk ausspricht… Die freilich, welche außerhalb der passenden Zeit ihren Spruch absingen… erhalten den Vorwurf der Torheit."

Die Zeit der freimütigen Rede, aber auch die Zeit der berechenbaren Lebensentwürfe scheint damals schon vorbei gewesen zu sein. Daß sich Anaxarch nicht an seinen eigenen Rat gehalten hat, soll ihm zum Verhängnis geworden sein. Diogenes Laertius berichtet, daß Anaxarch sich den Haß eines der Gefolgsleute Alexanders, des Nikokreon, Königs von Zypern, zugezogen habe, durch eine freche Bemerkung über ihn bei einem Gastmahl. Nikokreon rächte sich nach Alexanders Tod: Er ließ Anaxarch, der unglücklicherweise mit seinem Schiff nach Zypern verschlagen worden war, mit eisernen Keulen zerstampfen. Der Philosoph soll aber selbst in dieser Situation seine Gemütsruhe bewahrt haben.

Aber die Griechen hatten ja bekanntlich die Neigung, ihre Prominenz möglichst mit einer gut erfundenen Story in den Hades und in die Literaturgeschichte zu schicken.

Pyrrhon von Elis hingegen wurde in Ehren und Frieden 90 Jahre alt.

Die Fesseln der Täuschung lösen

Es scheint ein wenig verwunderlich, daß so radikale Illusions- und Utopiezerstörer wie die Skeptiker sich nicht zwangsläufig bei Machthabern und Mitbürgern unbeliebt machten. Aber Pyrrhon war in seiner Vaterstadt Elis hochgeehrt; er wurde in das Amt einer Art Oberpriesters erhoben, und um seinetwillen soll die Stadt Elis allen Philosophen Steuerfreiheit gewährt haben. Vielleicht lag das an Pyrrhons Persönlichkeit, der so lebte, wie er dachte und lehrte: „ungebunden aber rücksichtsvoll".

Als Begleiter Alexanders in Indien soll er von den dortigen Magiern und Asketen sehr beeindruckt gewesen sein. Nach Alexanders Tod kehrte Pyrrhon nach Elis zurück und begann mit Vorlesungen vor einem großen Hörerkreis. Anders als dem

Aristoteles und dem Demosthenes in Athen scheint ihm die Zugehörigkeit zum Makedonenherrscher niemand verübelt zu haben.

Einer seiner Schüler, Timon aus Philos, schrieb für ihn die Verszeilen:

> „Pyrrhon, würdiger Greis, wie glückt es dir,
> frei dich zu machen
> von der Sophisten Meinungsgewirr und Hirngespinsten
> und die Fesseln zu lösen der Täuschung und gleißenden
> Rede?"

Es ist eine bekannte Tatsache, daß Ähnlichkeiten der weltanschaulichen Programme besonders ausgeprägte Abneigungen zwischen ihren Vertretern erzeugen. Die Sophisten traten mit dem Anspruch auf, zu wissen und zu beweisen, daß das überlieferte Wissen und die tradierten Normen fragwürdig und relativ seien, daß sie selbst aber durchaus brauchbares Wissen und glückbringende Lebensart lehren könnten. Sie waren professionelle Besserwisser und Ratgeber und als solche sowohl Schwätzer wie Dogmatiker.

Nach Pyrrhons Ansicht gab es eben nichts, absolut nichts, zu lehren und zu lernen. Er war kein Schulmeister.

Wenn über die Wahrheit keine gesicherte Aussage zu machen ist, so auch nicht darüber, ob es eine erkennbare Wahrheit gibt oder nicht.

Folgerichtig hat Pyrrhon auch keine eigenen Schriften hinterlassen. Der Zweifel war für ihn Lebensform, nicht Lehre. Kenntnis von ihm haben wir nur durch eine sehr viel spätere Quelle, die „Pyrrhonischen Grundzüge", die Sextus Empirikus etwa 250 n. Chr. schrieb.

Keine Lehre gibt es also bei den Skeptikern, nur eine spezifische Denkweise. Dazu gehört die Überzeugung von der Gleichwertigkeit der gegensätzlichen Dinge, die typische Wendung: um nichts mehr, als..., wenn es um das Abwägen zwischen verschiedenen Wertigkeiten und Wahrscheinlichkeiten geht, und die Überzeugung, daß jede Aussage, jeder Satz und jedes Urteil wie ein „Purgierungsmittel", das nur den Zweck hatte, ein offensichtlich dogmatisches und falsches Urteil zu entlarven, selbst wieder weggeworfen oder aufgelöst werden müsse, in dem Moment vergessen, in dem man es ausspricht.

Spätere Zweifler, Descartes zum Beispiel, oder Pascal, verstanden den Zweifel als Methode, die zu Gewißheiten führe. Die Flucht ins Sichere, Feststehende, ist das Glück des Dogmatikers. Das Ziel des Skeptikers ist hingegen, den Schwebezustand, den Stillstand des Denkens, das Schweigen auszuhalten; das ist das größere Glück des Skeptikers.

„Erkennen ist kritisches Raten", lehrte Karl Popper, „ein Gewebe von Vermutungen". Aussagen lassen sich nur „falsifizieren". Auch Nicolai Hartmann hat in seiner „Metaphysik der Erkenntnis" festgestellt, daß im Wahrnehmungsakt zwei Grundrelationen im Spiel sind, wobei die eine die psychophysische Gewißheit über das Dasein vermittelt, ohne daß es begriffen werden könnte; die andere, die kategoriale, verhilft zu Begriffen, aber nicht zum Wissen über das Dasein. Die beiden sind niemals vereinbar; zwischen ihnen klafft ewig ein Riß. Irgendwo über dieser Kluft zwischen Worten und Leben, zwischen sinnstiftenden Behauptungen und Wirklichkeiten, schwebt alles, auch das Glück.

Das Glück der Skeptiker war nicht nur eine Theorie und propagierte Lebensform – das war es bei allen antiken Philosophen –, es war nicht nur Ziel und Ergebnis ihrer Philosophie, sondern eine überwältigende Erfahrung.

Zunächst ist der Lohn des Zweifels die Ruhe des Gemüts, die „Meeresstille" der Seele. „Wie zufällig" stellt sie sich ein. Es klingt Erstaunen über diese Erfahrung in der Formulierung des Sextus Empiricus. Die Skeptiker, schreibt er, dachten nach, sie philosophierten, „um die Vorstellungen zu beurteilen und zu erkennen, welche wahr und welche falsch sind, um Ruhe zu finden.

Dabei geriet er (der Skeptiker) in den gleichwertigen Widerstreit, und weil er diesen nicht entscheiden konnte, hielt er inne. Als er aber innehielt, folgte ihm zufällig die Seelenruhe in den auf dogmatischem Glauben beruhenden Dingen. Wer nämlich dogmatisch etwas für gut oder übel von Natur hält, wird fortwährend beunruhigt."

Ein Leben mit ironischem Vorbehalt ist mehr als intellektuelle Einstellung, es ist Kunst und Lebensform. Skeptizismus ist auch eine Ästhetik. Der Skeptiker lebt unabhängig, aber rücksichtsvoll, er hält sich von öffentlichen Ämtern zurück, ja eigentlich von jeder Tätigkeit, soweit sie nicht notwendig ist oder dem Sittenkodex, den allgemeinen Gepflogenheiten, entspricht.

Das „Innehalten", der „Stillstand des Denkens", das zufällig zufallende Glück – das erinnert an Erfahrungen mit der indischen Meditationspraxis, die Pyrrhon ja kennengelernt hatte, das erinnert auch an wesentliche Anweisungen des Zen-Buddhismus. Es ist dies der erste und vielleicht einzig mögliche kleine Schritt des Ausstiegs, ist Flucht und Gnade.

Flucht, ansatzweise Flucht, aus den Systemen, Dogmen, Hoffnungen und Lebensentwürfen, aus den Utopien und Illusionen, aus dem Zwang, solche für alle Zukunft zu konstruieren und doch vor dem sicheren Einsturz dieses Kartenhauses zu zittern. Gnade und Glück des schwebenden Moments, des Tanzens auf haardünnem Seil im Grenzland... „Wechselwirtschaft" nennt Kierkegaard in „Entweder Oder" die Kunst, „mit dem ganzen Dasein Federball zu spielen".

Wort des Anstoßes: Lust

„Was aber die Lüste angeht und zwar gerade
die stärksten, so schämen wir uns selbst,
wenn wir irgendeinen sich ihnen hingeben
sehen, im Hinblick entweder auf das
Lächerliche oder das überaus Widerwärtige,
was ihnen anhaftet, und wir suchen es
möglichst geheimzuhalten und zu
verbergen, indem wir alles derartige der
Nacht zuweisen, als ob das Tageslicht davon
nichts sehen dürfte."

(Platon in: Politeia)

„Die Lust ist der Tätigkeit Vollendung."

(Aristoteles)

„Der Anfang und die Wurzel alles Guten ist
die Lust, die der Bauch zu geben hat."

(Epikur)

„Die Lust, indessen, wollen wir den Tieren
überlassen!"

(Cicero)

„Es behagt mir, den Leuten dieses Wort
‚Lust', das ihnen so gar zuwider ist, bis zum
Überdruß zu wiederholen."

(Montaigne)

„Nach allem, was wir wissen, scheint ‚Lust'
in ihren vielfältigen Ausprägungen ein
Evolutionserbe zu sein, das den Menschen
mehr als alles andere lenkt."

(W. Köhler, 1994)

Was ist die stets verdächtigte Lust eigentlich anderes als die einfache und greifbare Grundlage für etwas Glück? Und was verrät ihr Lob mehr, als die Einsicht, daß Glück ein Gefühl ist, eine Stimmung und eine Einstellung zu etwas. Warum die Aufregung, wenn das Glück etwas kleiner und konkreter verstanden wird? Lust ist eben nicht ideologisierbar, Lust ist individualistisch, mit dem Ruch des Asozialen und Verantwortungslosen, sie erkennt keine Verzichtsgründe für eine bessere Zukunft. Utopien sind meist sehr moralisch, Diktaturen offiziell immer prüde.

Das edlere Glück, die Eudämonie, findet ihre Grenze in Tod und Leid, in menschlicher Unzulänglichkeit, in Schuld und Scheitern. Hedone, die Lust, endet ebenso sicher in Schmerz und Krankheit, wenn man sie übertreibt, jedenfalls leicht in Langeweile und Überdruß, wenn man sie hat.

Freilich wäre es da besser, man machte sich stark für höhere Werte, die man nicht verlieren kann, weil man sie nicht hat.

Aber Hedone, die Lust, die damit gemeint ist, war immer natürlich und harmlos, und ihre Verkünder von Epikur bis Freud so anständig und ordentlich! Ihre Verächter und Feinde, die mächtige Liga der Stoa, setzten der Lust die Tugend entgegen; nicht die Tüchtigkeit und Klugheit, die vielleicht zum Glück führt, sondern die reine, wahre Tugend, die zu gar nichts führt, sondern vor allem sich selber treu ist. Ihr Glück ist die Befriedigung, tugendhaft zu sein.

Aristoteles, der Arbeits-Lüstling, hat die Lust (in der Nikomachischen Ethik) sehr tolerant beschrieben: „Daß alle Menschen nach Lust begehren, wird man sich damit erklären dürfen, daß auch alle zu leben begehren. Leben aber ist Tätigsein, und jeder ist aktiv auf dem Gebiet und mit den Fähigkeiten, die er am meisten liebt... Es ist also verständlich, wenn sie nach Lust trachten, denn sie erhebt jedem das Leben – das selbst ein wählenswertes Gut ist – zu einem vollkommenen Zustand."

Nun, mit Arbeitslust konnte man sich zu allen Zeiten sehen lassen. Aber die harmlosen Freuden, Lüste und Vergnügungen, das Ochsenglück: Essen, Trinken, alle Formen des Eros und der Sexualität, der Gebrauch des Körpers und der Sinne, der Genuß des bloßen Lebens – sie sind unpolitisch und meist egoistisch, doch fügen sie niemandem Leid zu. Warum darf man sich nicht zu ihnen bekennen?

Ein Grund ist die typisch griechische Unterscheidung zwischen Körper und Seele, zwischen Animalischem und Geistigem, auf dem das aristokratische Philosophenglück der Erkenntnis beruht. Es ist die Sucht, alles auf ein Einziges, Höchstes, zurückzuführen und Hierarchien zu konstruieren. Der Geist, die Vernunft, ist nun mal höher und wertvoller als der Bauch. Mit der Vernunft und mit seinem Streben nach Transzendenz hat der Mensch schließlich Anteil am Göttlichen.

Die Definition des Glücks als Lust traf symptomatisch zusammen mit einer allgemeinen Individualisierung und einem Verblassen der Werte in einem veränderten intellektuellen und kulturellen Klima, auf das schon die Sophisten provokant reagiert hatten, indem sie ungeniert aussprachen, was die Mehrheit heimlich dachte und machte.

Lust muß eingebunden werden in die soziale Moral, sagen die Wächter. Das geschah zu jeder Zeit durch Hierarchisierung: nicht Tugend statt Lust, aber Tugend und Lust, am besten Lust an der Tugend. An was genau, bitte? Natürlich am Wahren, Guten und Schönen!

Die Frage nach der Legitimität der Lust ist eine Frage nach der Legitimität ihrer Ursache. Schon der angeblich so weltfremde Platon hat zügelloses Machtstreben und gieriges Luststreben gleichgesetzt. Den Zusammenhang zwischen Lust und Macht, den Lüsten des Bauches und den edleren Lüsten der Kultur im Kampf um Anerkennung und Überlegenheit haben nicht erst de Sade und Nietzsche gewittert.

Die freundlichen Freuden des Bauches mögen egoistisch und gesellschaftsneutral sein. Die Freuden der Pflicht, der Verantwortung und der Macht, die Freuden der Utopienbauer bringen Streit und Leid. Nur hoffnungslose anthropologische Optimisten, wie sie vor allem in der englischen Aufklärung des 18. Jahrhunderts vertreten waren, verlassen sich darauf, daß der Mensch von Natur aus zum eigenen und allgemeinen Nutzen Vergnügen am Guten habe. Er will dazugehören, darum ist er nett. Er will oben sein, darum ist er gemein. Das ist sein genetisches, sein entwicklungsgeschichtlich begründetes Programm. Nichts ist unzuverlässiger als sein guter Charakter.

Vergnügen an der Diät

Die philosophische Richtung des Hedonismus, der Leute, die die Lust als eine genauere und umgrenztere Form des Glücks zum Ausgangspunkt ihrer Überlegungen machten, geht auf einen gewissen Aristippos aus Kyrene in Nordafrika zurück, der, nachdem er in Athen als Freund und Schüler des Sokrates gelebt hatte, eine Philosophenschule gründete. Es gab ein erkenntnistheoretisches und ein praktisch-ethisches Problem: Was ist die Lust, und wie geht man am vernünftigsten mit ihr um?

Die zweite Frage ist leicht zu beantworten: Da sich Lust, im Übermaß genossen, in Schmerz und Überdruß verwandelt, wird der Vernünftige, der Weise, mit Selbstbeherrschung und richtigem Maß gerade so viel und so intensiv und gerade nur solches genießen, daß der Genuß möglichst groß und die negativen Folgen möglichst klein sind. Die tugendhafte Selbstbeherrschung, die Diätik, die diesem pragmatischen Kalkül entspricht, verschaffte zugleich eine so lustvolle Befriedigung wie eine erfolgreiche Abmagerungskur. Vermutlich erschien damals, ähnlich wie heute, in einem allgemein empfundenen moralischen Vakuum der gesunde Körper als Symbol einer überzeugenden Ersatzmoral und Gesundheit als ein Nachweis für die Tugend. Aristipp definierte Eudämonie, die glückliche Lebensführung, als das Bewußtsein der Selbstbeherrschung in der Lust.

Natürlich entbehrt so eine krämerische, kleinbürgerliche Lust-Buchhalterei der wahren menschlichen Größe. Da sollte man sich doch eher mit ungemessener Lust dem einzigen und höchsten Gut an die Brust werfen, wenn man nur wüßte, wo diese ist.

Hegesias, der Schüler und Nachfolger Aristipps in Kyrene und Vorstand der hedonistischen Schule, fand denn auch die Lustbilanz des Lebens so unbefriedigend, die genießbaren Lüste und Momente unterm Strich und auf der Habenseite so kümmerlich, daß er den Suizid als das Vergnüglichste propagierte.

Noch schwieriger war und ist es, festzustellen, was Lust eigentlich sei, obwohl man doch glauben könnte, damit sei es leichter als mit dem Glück. Aristipp war auch Skeptiker. Erkenntnis beruhe auf Empfindungen, deren Ursachen unerkennbar seien; auch die Empfindungen anderer seien unzugänglich; man habe nur Kenntnis von Äußerungen darüber. Weiter meinte er ziemlich vage, daß Empfindungen so etwas ähnliches seien wie Bewegung im Körper. Eine sanfte Bewegung verursache Lust, eine heftige Unlust. Der Mensch ist sich selbst ein blinder Fleck. Lust als Empfindung und Gefühl entzieht sich der Introspektive; es ist letztlich Sache bewußter Wahl der Stimmung, ist Sache von Willen und Entschluß. Insofern ist die kantische Aufforderung: Empfinde gefälligst Lust am Guten! gar nicht so abwegig.

Ludwig Marcuse, der weitherzige Atheist, schreibt in seinem Buch über Sigmund Freud: „Man weiß von sich soviel, wie man von ‚Gott‘ weiß. Man wurde sich rätselhaft in dem Maße, in dem man ihn aus den Augen verlor."

Damit wären wir wieder bei den Göttern.

Mann des Anstoßes: Epikur

Sein Name wurde schon zu seinen Lebzeiten ein Schimpfwort: Epikureer! Es stand für eine am bloßen Genuß orientierte, ausschweifende Lebensweise, der Epikur nicht nur persönlich fern stand, der er auch nie und nirgends das Wort geredet hat. Die bösartigen Verdrehungen seiner Worte und infamen persönlichen Unterstellungen durch seine Philosophenkollegen waren der perfekte Rufmord. Sie konnten seinem Ruhm und seiner Beliebtheit bei seinen Schülern und Freunden jedoch kaum Abbruch tun.

Das war es, was man ihm übelnahm: Er sprach von der Lust des Bauches, und er hatte als Philosophieprofessor Erfolg. So wurde Epikur zum meistgeschmähten Mann seiner Zeit.

Sigmund Freud war es mit diesem Thema, bei dem die Leute einfach zu viel Phantasie entwickeln, auch nicht besser ergangen. Die Wissenschaft wies seine Theorien empört zurück. Sie seien eine Angelegenheit der Polizei, erklärte Wilhelm Weygandt 1910 auf einem Freiburger Kongreß.

Bis zum Ende des 4. vorchristlichen Jahrhunderts hatte die Auseinandersetzung zwischen konkurrierenden philosophischen Schulen immer bösartigere Formen angenommen. Jeder der prominenten Institutsgründer und Professoren war überzeugt, die schwarze Katze Wahrheit im dunklen Zimmer gefangen zu haben, und verkündete, daß sie auf seinem Arm säße. Da es aber nach ihrer Überzeugung nur eine Wahrheit gab, behauptete jeder, wer sie bezweifele, sei ein Schuft. An Stelle der schwarzen Katze, die nicht da ist, fauchten die Herren selber, gereizt und bitterböse.

Epikurs Intimfeinde waren die Stoiker. Einer, ein gewisser Diotimos, brachte sogar fünfzig unzüchtige, pornographische Briefe an Freudenmädchen unter dem Namen Epikurs in Umlauf. Dabei lebte Epikur vorbildlich bescheiden, zurückgezogen, fast asketisch. Dieser als so milde und freundlich geschilderte Mann konnte sich aber auch ganz gut wehren. Als Munition im Philosophenkrieg notierte er sich seitenweise abschätzige Bezeichnungen für die Lehrmeinungen der anderen.

„Es ist nicht möglich, sich von der Furcht vor den wichtigsten Lebensfragen zu befreien, wenn man nicht Bescheid weiß über die Natur des Weltalls, sondern sich nur in Mutmaßungen mythischer Art bewegt. Mithin ist es nicht möglich, ohne Naturerkenntnis zu unverfälschten Lustempfindungen zu gelangen." So schreibt Epikur im „Katechismus", den seine Schüler auswendig lernen sollten.

Seiner Profession nach war Epikur ein Naturphilosoph wie Demokrit, dessen Atomlehre er übernahm und erweiterte. Aus dieser Kosmologie leitete er Ideen und Anweisungen ab, die ein heiteres, freudvolles und angstfreies Leben ermöglichen sollten. Wie er seine Kosmologie mit seiner empirischen und sensualistischen Erkenntnistheorie vereinbaren konnte, bleibt allerdings sein Geheimnis. Darüber heißt es nämlich am selben Ort: „Wenn du alle Sinneswahrnehmungen bestreitest, so besitzt du nichts, worauf du dich beziehen kannst, um jene zu beurteilen, die du für falsch erklärst."

Vermutlich war er einfach der Meinung, daß man mit gleichgültigen Atomen und der Leere des Alls um sich herum noch am besten leben könnte. Warum sollte man sich aus dem Unbeweisbaren nicht das Leichtwiegendste heraussuchen?

Die erträgliche Leichtigkeit des Nichts

> „... Oh Meer! Oh Abend! Ihr seid
> schlimme Lehrmeister! Ihr lehrt den
> Menschen aufhören, Mensch zu sein."
> (Nietzsche in: Morgenröthe, 5. Buch)

Die Atomlehre war bei den antiken Philosophen eine Weltanschauung, sie enthielt letzte Seinsprinzipien, und sie war gefährlich. Sie war das, was die Gegner entsetzt als hedonistischen Nihilismus erkannten. Nicht die harmlose und zutiefst tugendhafte und gesundheitsbewußte Lust- und Lebenslehre Epikurs war für rechtschaffene Utopisten beunruhigend, sondern seine Weltsicht.

Mit dem Rückgriff auf die Kosmologie ging er vor die philosophische „Wende" der Sophisten und des Sokrates, die den Menschen in den Mittelpunkt stellten, zurück. Nicht der Mensch relativierte mehr die Erscheinungen, sondern er fand sich als unbedeutender Winzling in den Relationen des Kosmos.

Auch die Seele besteht aus Atomen, den „glattesten und rundesten"; da sie stofflich ist, ist sie sterblich, sie löst sich wieder auf, in das, aus dem sie zusammengesetzt war. Mit dem Leib vergeht auch die Seele. Auch das fand Epikur beruhigend: „Grenze für das Leiden der Seele ist das Untergehen, Sichauflösen und Nichtmehrsein."

Dieser so wohltuend unpersönliche Kosmos enthält unzählige entstehende und wieder vergehende Welten, nichts als Bewegung, Leere und Atome, und er ist ungeschaffen von Ewigkeit her. „Ich frage Platon und die Stoiker", schreibt Epikur sehr provokant, „weshalb die Erbauer der Welt sich plötzlich erhoben haben sollen, nachdem sie während unzähliger Äonen geschlafen haben."

Unbeweisbar, aber auch befreiend und beruhigend, kurz, glücksträchtig, war auch Epikurs Angriff auf ein angeblich ehernes Weltgesetz, auf eine universale Notwendigkeit, die den Menschen als schicksalhafte Vorsehung, als unentrinnbares Verhängnis droht – und sei es nur mit kosmisch-ewiger Langeweile. Neben der kausalen Determination der Atome läßt er auch die Möglichkeit zufälliger Schwingungen und Verfilzungen zu, das Zustandekommen von Unvorhersehbarem, die geleugneten Sprünge der Natur. Damit sollten dem Menschen Freiräume und Chancen gelassen werden, wenigstens grundsätzlich, und ein stoisches Dogma sollte unterminiert werden.

Das Zusammenspiel zwischen Zufall und Notwendigkeit in den Naturabläufen wird heute in der physikalischen Kosmologie und in der Evolutionstheorie seit Jacques Monod für höchst wahrscheinlich und hinreichend begründbar gehalten. Wer allerdings die Vernunft gepachtet hat, haßt den Zufall. Er ist der Feind der Vernunft und ihrer geschlossenen, determinierten Systeme. Er ist auch Feind der Utopie. Der Zufall ist der Blitz aus dem Nichts, mit dem der Vernünftige nicht rechnen mag. Aber er ist auch das entscheidende Quentchen Glück, auf das der Mensch setzen kann, im Spiel auch um Leben und Tod.

„Der Alte würfelt nicht", schrieb Albert Einstein gegen die Quantentheorie. Er würfelt doch. Zum Glück! Der undurchschaubare, unberechenbare, der freie, spielende kosmische Gott befreit den Unglücklichen von der Last, entweder ein Sünder oder ein Versager zu sein.

Der Evolutionsforscher Stephen J. Gould verwirft in seinem Buch „Zufall Mensch" die Idee einer steten Entwicklung zum Höheren hin. Auch Evolution sei kein Verdienst. Nicht das tüchtigere, bessere Tier habe sich durchgesetzt, sondern häufig das vom Zufall begünstigte.

Die Welt ist „Tanzboden göttlicher Zufälle", sagte Nietzsche. So weit war Epikur nicht gegangen. Er war kein romantischer Irrationalist: „Nur in wenigem gerät dem Weisen der Zufall herein, das Größte und Wichtigste hat die Überlegung geordnet…"

Die nicht geleugneten Götter

Epikur hat die Götter nicht einmal geleugnet. Er hat sie von den Menschen befreit, nicht umgekehrt. Er hat sie auf einen angenehmen, aber einflußlosen Posten abgeschoben. Er hatte keine Lust, sich einen Prozeß wegen Gottlosigkeit einzuhandeln. „Erstens halte Gott für ein unvergängliches und glückseliges Wesen, entsprechend der gemeinhin gültigen Gottesvorstellung, und dichte ihm nichts an, was entweder mit seiner Unvergänglichkeit unverträglich ist oder mit seiner Glückseligkeit nicht in Einklang steht… Denn es gibt Götter, eine Tatsache, deren Erkenntnis einleuchtend ist; doch sind sie nicht von der Art, wie die große Menge sie sich vorstellt…"

Im materialistisch interpretierten Kosmos, im ziellosen Spiel der Atome im Nichts, ist – so scheint es – für Götter kein Platz. Aus Epikurs Lehre folgt logisch der Atheismus. Aber Epikur tötet nicht, er ironisiert. Er läßt die ganze skurrile homerische Göttersippe leben, malt ihr Leben mit liebevoller Genauigkeit aus, ihre Gelage, ihre Liebeshändel, naturalistisch und vermenschlicht bis dorthinaus – zum Amüsement der Zeitgenossen. Seine Götter leben im seligen, aber machtlosen Ruhestand, in einem intermundären Reservat oder Niemandsland zwischen den zahllosen Welten. Das Glück der Götter ist das Idealbild des Glücks des Epikur: „Ihr pflegt uns zu fragen, welches die Lebensform der Götter sei und wie sie die Zeit zubringen. Es ist ein Leben, wie es glückseliger und reicher an allen Gütern nicht gedacht werden kann. Denn die Gottheit handelt nicht, ist in keine Geschäfte verwickelt, baut keine Werke auf, freut sich an ihrer Weisheit und Tugend und hat die Gewißheit, daß sie stets im Besitze der größten und ewigen Lustempfindung sein werde."

Sein Gott ist also glücklich, meint Epikur, im Gegensatz zu

dem der Stoiker; kein Wunder, daß diese auch nicht so recht verstehen, glücklich zu sein:

„Diesen Gott werden wir mit Recht glückselig nennen, den euren aber einen von Arbeit geplagten. Denn wenn etwa die Welt selber Gott ist, was kann es Ruheloseres geben als, ohne auch nur einen Augenblick aufzuhören, sich mit unerhörter Geschwindigkeit um die Himmelsachse zu drehen? Glückseligkeit ist aber nur in der Ruhe möglich. Wenn aber irgendein Gott in der Welt darin ist, der regiert und verwaltet... ist der nicht etwa in mühsame und lästige Geschäfte verwickelt?

Wir dagegen sehen das glückselige Leben in der Beruhigung des Geistes und in der Freiheit von allen Pflichten."

Epikurs Glück ist seine Ruhe. Seine Utopie ist die Idylle. Er versucht zu leben, indem er ausklammert: die anderen, die, wie Sartre sagte, „die Hölle" sind, ausgenommen die Freunde; den Staat klammert Epikur aus, ebenso den Sinn des Lebens, Familienbindungen, die immer Leid bringen, Kultur und Bildung, die auch nicht klüger und glücklicher machen, Zukunft – Gott bewahre, und wie sein Vorgänger Demokrit, Ehe und Kinderzeugung, „wegen der vielen Unannehmlichkeiten, die aus ihnen erwachsen, und weil sie von Notwendigerem ablenken".

„Lebe im Verborgenen" war einer seiner Lehrsprüche, und: „Die politische Tätigkeit soll man fliehen als eine Schädigung und den Ruin der Seligkeit." Und der kulturfeindliche Satz, der an Rousseau erinnert: „Jede Bildung fliehe ... mit gespannten Segeln. Und steuere deinen Weg, ohne dich viel um Kultur zu kümmern."

Was die Utopisten ausklammern: Scheitern und Verfall, Schmerz und Tod, Verlust und Trauer, ist Epikurs Thema. Sein Eskapismus ist die Flucht nach vorne. „Philosophieren heißt sterben lernen" hieß ein berühmter Essay Montaignes. Philosophieren ist für Epikur auch Ungeduld, zum unausweichlichen Ende, zum letzten Thema zu kommen. Die Themen der Utopisten, Optimisten und Weltverbesserer: Fortschritt, Zukunft, Kultur, gesellschaftliche und moralische Werte, politische Verantwortung bleiben jenseits der Gartenmauer, hinter der sich Epikur verbarg.

Die politischen Verhältnisse waren auch damals so, daß es nach Meinung der Mehrheit der Menschen keine realistischen Aussichten gab, Zukunft und Gesellschaft mitzugestalten. Das Gefühl der Fremdbestimmtheit in der Phase der Machtkämpfe in den Diadochenreichen, aber auch in einer überzivilisierten Gesellschaft, ließ die Intellektuellen auf das einzige zurückgreifen, auf das der Mensch tatsächlich Einfluß hat: auf seine Stimmung, seinen Lebensstil und seinen Körper, sei es durch kultivierten Genuß und die Diätik der Lust, sei es durch konsequente Askese.

Dies alles – Politikmüdigkeit, die philosophisch gerechtfertigte Egozentrik, bis hin zur übersteigerten Bedeutung des eigenen Körpers als Symbol einer Ersatzmoral – mag uns am Ende unseres Jahrtausends sehr einleuchtend und nachvollziehbar vorkommen. „Sorge um das Selbst", „Ästhetik der Existenz", „aus dem Leben ein Kunstwerk machen...", mit solchen Begriffen hat Foucault in Anlehnung an Epikur die Reste einer zeitgemäßen Ethik zusammengefaßt. Sie bezeichnen das Glück derjenigen, die zu selbstverliebt und egozentrisch oder zu furchtsam und zu müde sind, um zu glauben, zu lieben und zu leben.

Lächeln im Garten

Epikur soll der älteste Sohn eines armen Elementarschullehrers gewesen sein, der, wegen der sich rapide verschlechternden Lebensverhältnisse dort, aus Athen nach Samos emigriert war, wo Epikur im Jahre 342, sechs Jahre nach Platons Tod, geboren wurde. Mit 18 Jahren mußte er in Athen seinen zweijährigen Militärdienst ableisten, dann kehrte er zu seinen Eltern zurück, die mittlerweile nach Kolophon in Kleinasien gezogen waren. Er beschäftigte sich früh und intensiv mit den verschiedenen philosophischen Lehren und Sekten seiner Zeit. Als Dozent trat er zuerst auf der Insel Lesbos, später am Hellespont auf, und er hatte immer großen Zulauf. Sein unstetes Wanderleben spiegelt die Unruhen und Unsicherheiten der damaligen Welt.

Im Jahre 306 ging er nach Athen, wo er ein Haus und einen Garten kaufte und seine Schule gründete. In diesem Garten, dieser Oase der Ruhe und Harmonie, umgeben von Freunden, zelebrierte er seine Lebensform der liebenswürdigen Gelassenheit, der inneren Ruhe und Heiterkeit, der bescheidenen Lebensfreude – 35 Jahre lang!

In seinem Garten widmete sich Epikur der Philosophie; er nannte sie eine „Tätigkeit, die durch Argumente und Gespräche das glückselige Leben schafft". Die Voraussetzung für die Freude am Leben, für das bescheidene Glück unter der Sonne, das Epikur Lust nannte, war ihm die Überwindung der Furcht, der Furcht vor dem Tod, vor dem Weiterleben nach dem Tod, vor dem Schmerz. Hab keine Furcht, so tröstet der Verzagte, eine unsterbliche Seele gibt es nicht, die Götter, wenn es sie gibt, interessieren sich nicht für uns, der Tod betrifft uns nicht, er gehört nicht zum Leben: „Solange wir da sind, ist der Tod nicht da, und wenn der Tod da ist, sind wir nicht mehr." Und der Schmerz ist auch nicht so schlimm, denn die Stärke des Schmerzes steht in umgekehrtem Verhältnis zu seiner Dauer. Auch vor dem Mangel muß man sich nicht fürchten, denn: „Wer die Grenzen des Lebens begriffen hat, weiß, daß jenes leicht zu beschaffen ist, was das Schmerzende des Mangels beseitigt und das gesamte Leben zu einem vollkommen macht. Darum bedarf es keiner Veranstaltung, die Kämpfe mit sich bringt." So der Optimist hinter der Gartenmauer. Wenn er nur ausreichend Wasser und Brot habe, so könne er es mit Zeus an Glückseligkeit aufnehmen.

Das Ziel der Lust ist der Gleichmut; die Grenzen der Lust bestimmt der Schmerz, der aus ihr erwächst. Die Diätik des Wählens und Meidens lehrt die bescheidenen Freuden des Lebens ohne Reue zu genießen. Das ist alles. „Es ist nicht möglich, lustvoll zu leben, ohne daß man vernunftgemäß, schön und gerecht lebt..." Und dieser Mann wurde Jahrhunderte lang als ausschweifender, unmoralischer Hedonist und Libertin denunziert!

Freilich, er hatte auch gesagt: „Ich weiß nicht, was ich mir als das Gute vorstellen soll, wenn ich die Lust des Geschmacks, die Lust der Liebe, die Lust des Hörens und den lustvollen Anblick einer schönen Gestalt beiseite lasse." Das Gute, meinten seine Widersacher stirnrunzelnd, sei doch eine Idee, es mußte etwas Abstraktes, Geistiges sein, das aus der höchsten Himmelskuppel baumelt und das der Mensch, wenn er sich mit seiner Vernunft und ganzen Tugend auf die Zehen stellt, der bessere Mensch natürlich nur, vielleicht einmal ein bißchen zu sehen bekommt.

Epikur, der große Philosoph des Glücks, wurde 72 oder 73 Jahre alt. Er litt an einem schmerzhaften Steinleiden, von dem er kurz vor seinem Tod in einem Brief an einen Freund berichtete. Es sei ganz scheußlich, schrieb er in heiterem Plauderton. Dann nahm er ein warmes Bad, trank Wein und starb.

Epikur, dessen Person und Lehre bis weit ins 19. Jahrhundert Gegenstand heftiger philosophischer Auseinandersetzungen war, dieser freundliche, heitere Herr, lebte also hinter seinen Gartenmauern, zusammen mit seinen Freunden und getreu seinen Grundsätzen. Demokrit, der Lachende, der dem Epikur in vielem Vorbild war, hatte gesagt: „Heiterkeit erwächst den Menschen aus dem Maß der Lust und der Symmetrie des Lebens."

Das Glück im Garten war das einfache Leben unter der Sonne, der vergängliche Sonnenfleck auf dunklem Grund, wie es auch der melancholische Kohelet erkannt hatte, das Glück des lebendigen Hundes. Es war die genußvolle Wahrnehmung der kleinen Schönheiten, die Freuden der Sinne und die der Erkenntnis. Über die großen Lebensentwürfe zur Eudämonie und über die großen Worte vom erkannten und erfüllten Lebenssinn, über den Hang des Menschen, Sinn, Kultur und Zukunft zu stiften – über all dies lächelte man in Epikurs Garten, lächelte taktvoll insgeheim, höflich und geduldig.

Zwei schwarze Katzen – Stoiker und Epikureer

Und wie unterschieden nun er und seine Jünger sich von ihren Widersachern, den Stoikern? Wie zwei schwarze Katzen, so gut wie gar nicht! Sehen wir einmal davon ab, daß sie ihre Götter an verschiedenen Orten unterbrachten und daß sie bei dem Glück, das der Blick in den Sternenhimmel gewährt, vermutlich Unterschiedliches empfanden: die Freiheit der unbestimmten Offenheit die einen, die Geborgenheit unter der Dachkonstruktion eines ehernen Weltgesetzes die anderen.

Gut, Epikur setzte auf eher unverbindliche Freundschaft. Dahingegen waren die frühen Stoiker der Überzeugung, daß Familie und menschliche Gemeinschaft zum menschenwürdigen Glück gehörten. Und im Gegensatz zu Epikur fanden sie es auch richtig und verdienstvoll, öffentliche Ämter anzunehmen. Auf die Frage, warum man das Gute tun, genauer, das Böse lassen solle, hat Epikur sachlich und trocken auf Krankheit und Polizei verwiesen. Zu diesem Thema gaben die Stoiker rhetorische Wolken höheren Inhalts von sich.

Aber die Übereinstimmungen überwogen. Daher der Zwang, sich streitbar voneinander abzusetzen.

Beide philosophischen Sekten waren von der Erkenntnisfähigkeit der menschlichen Vernunft überzeugt und meinten, mit Vernunft ließen sich Gedanken, Gefühle und Affekte beherrschen. Und sie meinten, allein durch die Erkenntnis dessen, was vernünftig ist, sei das individuelle und das allgemeine Glück herstellbar – wenn auch auf kläglich tiefem Niveau. Sie predigten Selbstbeherrschung, Maß und Verzicht auf alles Überflüssige als den Königsweg zum Glück. Und wie schon Platon lehrten Stoiker wie Epikureer, das Leben des Weisen sei ein ständiges „auf das Sterben bedacht sein". Beide zählten zu den realen Glücksmöglichkeiten dieses Lebens den Freitod als Schutz vor unerträglichem Leid.

Nietzsche schrieb über die Kontrahenten und Prototypen der europäischen Glücksphilosophien:

„Der Epikureer sucht sich die Lage, die Personen und selbst die Ereignisse aus, welche zu seiner äußerst reizbaren intellektuellen Beschaffenheit passen, er verzichtet auf das übrige – das heißt, das allermeiste – ... Der Stoiker dagegen übt sich, Steine und Gewürm, Glassplitter und Skorpione zu verschlucken und ohne Ekel zu sein; sein Magen soll endlich gleichgültig gegen alles werden, was der Zufall des Daseins in ihn schüttet... er hat auch gerne ein eingeladenes Publikum bei der Schaustellung seiner Unempfindlichkeit, dessen gerade der Epikureer gerne enträt – der hat ja seinen ‚Garten'! Für Menschen, mit denen das Schicksal improvisiert, für solche, die in gewaltsamen Zeiten und abhängig von plötzlichen und veränderlichen Menschen leben, mag der Stoizismus sehr ratsam sein. Wer aber einigermaßen absieht, daß das Schicksal ihm einen langen Faden zu spinnen erlaubt, tut wohl, sich epikureisch einzurichten; alle Menschen der geistigen Arbeit haben es bisher getan! Ihnen wäre es nämlich der Verlust der Verluste, die feine Reizbarkeit einzubüßen und die stoische harte Haut mit Igelstacheln dagegen geschenkt zu bekommen."

Friedrich Nietzsche selbst hat wohl im Wechsel der einen und der anderen Richtung zugeneigt, je nach Laune oder der Intensität seiner notorischen Kopfschmerzen.

Aber es ist wahr: Stoizismus ist in mehrfacher Hinsicht die Philosophie für unsichere und unbefriedigende Umstände, so wie sie seit dem 2. vorchristlichen Jahrhundert in der zivilisierten hellenistisch-orientalischen und westlich-römischen Welt verbreitet waren. Die Zeit war aus den Fugen geraten, überkommene Normen und Verhaltensweisen verloren ihre Geltung. Die Stoiker fühlten sich genötigt, ein Bollwerk zu errichten gegen den Strudel des Zeitgeistes, sie wollten stabilisierende Verhaltensweisen und Leitbilder erfinden. Ein erster Schritt dazu war, daß sie Tugend einfach Glück und das Glück die Tugend nannten. Glück ist Selbstbeherrschung, Glück ist Würde, Glück ist Treue zum Bestehenden, so unterscheidet sich der Mensch vom Tier.

Es ist ja richtig, daß der Mensch, weiß Gott, noch anderes im Kopfe haben muß, soll oder will, als die banalen Lüste und alltäglichen Vergnüglichkeiten. Und es ist auch wahr, daß seine Würde, die so antastbare, worauf sie sich auch gründen mag, für sein Glück unentbehrlicher ist als alle windigen Freuden.

Auch diese Tatsachen erkannten die Epikureer an, auch wenn sie andere Mäntel und andere Bärte trugen als die Stoiker. In ihrer Intention und praktischen Bemühung, den Zeitgenossen Lebenslehren, Orientierungen oder eine Heilslehre zu vermitteln, unterschieden sich die beiden Schulen oder Sekten, wie man sie nennen mag, in der Folgezeit kaum wesentlich. Sie waren beide viel zu vernünftig, ehrgeizig und geschäftstüchtig, um interessanteres Glück zu erfinden. Ihre eigentlich recht wohlfeilen Ratschläge und Verhaltensregeln, die ihnen begierig abgenommen wurden, entsprechen haargenau den Titeln und Inhalten ähnlicher Bücherangebote heute. „Sorge dich nicht, lebe" ist ein Titel, der seit Jahrzehnten unsere Bestsellerlisten anführt; wir könnten ihn Epikur als Autor zuordnen. „Du bist unverletzbar, wenn du willst" – Trainingsprogramme zur Selbstimmunisierung gegen das Grauen der Welt –, so etwas könnte Epiktet auf den Markt gebracht haben.

Die Stoa verstand sich als Praxis, nicht als Theorie. Sie hatte sektenhafte Züge, insofern sie auf ihrer einzig richtigen Erkenntnis und ihrem einzig erfolgbringenden Programm bestand. Sie lehrte das richtige Wollen, insofern war sie eine Bewegung, die über 500 Jahre neben dem Epikureismus bestand. Sie wurde Religion und Lebensphilosophie der römischen Oberschicht, der Gebildeten und Einflußreichen, dementsprechend nahm sie auch religiöse und ideologische Züge an.

Die frühen griechischen Gründer der Philosophenschule, die in Athen in einer Säulenhalle in der Nähe des Marktplatzes beheimatet war, schienen noch nicht ganz ohne spielerischen Humor gewesen zu sein. Als Gründer dieser ältesten Stoa gilt Zenon, der in Athen um das Jahr 300 zu lehren begann. Er lehrte, daß die Natur das Vernünftigste sei, daß man der Natur entsprechend leben müsse und daß dies das tugendhafte und glückliche Leben sei. Das war weder zu widerlegen noch zu präzisieren. Und wie lebte er? Bescheiden – wenn man Diogenes Laertius glauben darf, der allen Tratsch über die Herren Philosophen durch die Jahrhunderte überliefert hat. Zenon ernährte sich vorwiegend von Brot und Honig und einem gelegentlichen Schluck Wein; er soll mit Lustknaben nur selten Umgang gehabt haben, und so mäßig, natürlich und geizig entweder 72 oder gar 98 Jahre alt geworden sein.

Chrysippos, der die stoische Schule von 233 bis 205 leitete und über 700 (verlorengegangene) Schriften verfaßt haben soll, ist angeblich an einem Lachanfall gestorben, nachdem er seinem Esel Wein zu saufen gegeben hat. Ein heimlicher Epikureer?

Von Kleantes hingegen, Zenons unmittelbarem Nachfolger, wird erzählt, er sei ein ehemaliger Boxer aus Kleinasien gewesen, von dort sei er mit nur vier Drachmen in der Tasche nach Athen gekommen und habe um das Jahr 232 durch Selbstmord sein Leben beendet. Von ihm stammt ein vielgerühmter Hymnus auf Zeus, „den allmächtigen Gott, den viele Namen benennen, den Herrn der Natur, der das All nach seinen Gesetzen lenkt".

"Führe mich, o Zeus, und du, o Schicksal
zu den Zielen, die ihr mir verordnet habt.
Ich werde folgen ohne Zaudern. Wäre ich ein Tor
und wollt es nicht, ich müßte dennoch folgen."

In diesem Hymnus glaubt man schon viele wesentliche Elemente der stoischen Lehre zu finden: die Gleichsetzung von Gott, Natur und Schicksal, die Allgegenwart Gottes und die Notwendigkeit, sich dem Schicksal zu fügen.

Zwar haben die Stoiker, genau wie Sokrates, die Meinung vertreten, Ethik und Tugend seien für das Glück der Menschen wichtiger als die Erkenntnis des Kosmos, aber sie gründeten ihre Aussagen über das Glück eben doch auf eine einheitsstiftende Erklärung von Mensch und All, auf eine Art Weltformel.

Über die stoische Zusammenfassung oder Interpretation tradierter Weltbilder gibt uns Poseidonius (135–51) Auskunft. Er stand der Schule in Rhodos vor, die man der mittleren Stoa zuordnet. Cicero gehörte zu seinen Schülern. Er schuf ein synkretistisches, das heißt, gut gemischtes System. Im Mittelpunkt der göttlichen Allnatur sieht er die leider im Leib eingekerkerte Seele.

Die mittlere Stoa verband sehr Konkretes und Reales mit Irrationalem, mit einer beschwörenden, aber ziellosen Frömmigkeit. Das ist eine Mischung, die dem menschlichen Harmonie- und Sinnbedürfnis entgegenkommt und darum sehr erfolgreich ist. Die Religion der Stoiker würde man heute als Pantheismus bezeichnen, ihre Art, alles auf ein einziges Prinzip zurückzuführen, als Monismus. Sie waren die großen Gleichsetzer: Alles ist eines, alles ist im Grunde dasselbe, Gott, Natur, Schicksal, Weltgesetz, Vernunft und menschliche Seele. Kein Wunder, daß sie auch Tugend und Glück gleichsetzten. Alles dasselbe – diese Aussage beruhigt und ist leicht zu verstehen; sie macht fast schon glücklich.

Epikurs Kosmos war leer, der Kosmos der Stoiker war voll, voll Materie; auch Seele, Geist und Kraft sind körperhaft, sogar die Allvernunft ein feiner Stoff, ein das All durchdringender Hauch. Aller Stoff ist eine Modifikation dieser göttlichen Kraft, und alles löst sich im ewigen Wechsel wieder auf in diese Kraft. Alles geschieht nach einer inneren absoluten Notwendigkeit, und das absolut Notwendige ist zugleich das absolut Zweckmäßige. Wie beruhigend!

Der Knoten von Ursachen kehrt wieder

Im Gegensatz zum Göttlichen ist der Mensch, die Menschenseele, dem Tod unterworfen, aber bei einem periodisch auftretenden allgemeinen Weltbrand, bei dem die Welt wieder in sich zusammenfällt, wird auch die Menschenseele wieder mit dem göttlichen Pneuma vereint, bis zur nächsten Individuation in einer neuen, aber nicht besseren Welt. Diese Lehre von der ewigen Wiederkehr kann man tröstlich finden oder bedrohlich, sie kann Grauen sein oder Euphorie, wie jede Lehre von einem nicht endgültigen Tod.

Diesen Gedanken von der ewigen Wiederkehr des Gleichen wertete Nietzsche als Erleuchtung und Genesung: „Die Seelen sind so sterblich wie die Leiber. Aber der Knoten von Ursachen kehrt wieder, in den ich verschlungen bin – der wird mich wieder schaffen! Ich selber gehöre zu den Ursachen der ewigen Wiederkunft. Ich komme wieder."

Epikureische und stoische Lehren blieben bis in unser Jahrhundert die einzige nach- und nichtchristliche Alternative beim Sprechen vom Glück. Von dort kommen Nietzsches Erleuchtungen und Foucaults Analysen. Epikurs oder Senecas traurige Tapferkeit und einsame Würde vor dem All, das Trost weder gewährt noch verweigert, sie weisen Erlösung zurück. Platon und Aristoteles konnte die raumgreifende und gewalttätige Theologie des hellenisierten Christentums vereinnahmen. Aber den eigensinnigen Stolz des „edlen Heiden" auf seine Hoffnungslosigkeit nie.

In Seneca und Epikur fanden diejenigen ihr heimlich-heidnisches Lektüre-Glück, die den Göttern und ihren Vertretern hienieden nicht so recht trauten, oder die Gnade oder Heimsuchung des lebendigen Gottes nie erfahren haben.

Ein Weltbild, gegründet auf kosmologische Spekulation, ist das jeweilige Fundament für philosophische Aussagen über Lebenssinn und Glück. Ein Fundament mit dem Wahrheitsanspruch der schwarzen Katze. Das gilt für die antiken ebenso wie für die aufgeklärt-neuzeitlichen Epikureer und Stoiker. Das gilt auch für die heutigen Interpreten der theoretischen Physik sowie der Weltall- oder Chaosforschung, und es gilt erst recht für die Propheten des New Age. „Kinderspiele nannte er die menschlichen Meinungen", heißt es von Heraklit. „Wahrheitsspiele" nannte das Foucault. Das Glück des Weisen ist, das Spiel zu durchschauen und doch zu spielen.

In dem stoischen Kosmos der großen Gleichsetzungen von Gott, Natur, Vernunft, Gesetz und Schicksal sind Götter und

Menschen gefangen, in der kosmischen Tretmühle, wie Epikur schon spottete. In diesem Gebäude ohne Ausgang ist alles gut, es gibt kein Gegenteil und keine Opposition, es gibt nichts zu verneinen. Das Problem der Theodizee, die Frage, warum es Leid und Unglück gibt, ist damit obsolet, der „Fels des Atheismus" ist umschifft. Alles ist determiniert, durch die Vorsehung festgelegt, wer dürfte wagen, an ihrer Weisheit zu zweifeln.

Es ist einleuchtend, daß vor diesem Hintergrund die Mantik, daß Orakel, Sterndeutung und Astrologie eine große Rolle spielten. Ein anderes Lebensgefühl, das Gefühl des Unausweichlichen, hatte die Menschen ergriffen. Die Überzeugung, dem Schicksal ausgeliefert zu sein, hatte sich breiter Schichten, besonders der wachsenden großstädtischen Bevölkerung, bemächtigt. Politische Umwälzungen und wirtschaftliche Veränderungen waren für den einzelnen nicht mehr in ihren Gründen und Folgen überschaubar. Alles geschah über die Köpfe der Menschen hinweg, alles geschah von selbst.

Für den glücklosen und geschundenen Lastträger der Geschichte klaffte die Einheit des Kosmos ohnehin in zwei Hälften auseinander: die niedere Welt unter dem Mond, durch die er sich mühsam hinschleppt, und die Welt der Gestirne. Von denen da oben sind die da unten abhängig. Immer! Menschliches Tun und Treiben ist im Grunde nichtig, auch wenn es selbstbestimmt zu sein scheint; nichts als trügerischer Schein!

Mit dem All dahingerissen

Die Philosophen und Heilslehrer der späten Stoa, Seneca und Epiktet, versuchten das erschütterte Weltgefühl etwas zu restaurieren, indem sie Schicksals- und Gestirnsglauben mit der positiven Bewertung des griechischen Kosmosgedankens zu vereinen suchten. Der Mensch soll sich nicht gegen das Schicksal sträuben, sondern es bejahen, denn das Schicksal ist die Vorsehung, sie ist rational, verständlich – wenn man Verstand hat – und immer gut. Was ist, ist gut! Merk es dir, du armer, glückloser Tropf, und du wirst leichter leben!

Seneca, der glänzende Rhetoriker, Erzieher, Berater und Freund des berüchtigten Kaisers Nero, der ihn schließlich zum Selbstmord zwang, er war einer der reichsten, einflußreichsten und gebildetsten Männer Roms.

Seneca schrieb über die Tugend und das Glück, er schrieb mit messianischem Eifer und in seinem drängenden, überströmenden Stil. „Sand ohne Kalk" hatte sein Intimfeind Caligula über diese Schreibweise gesagt. Seneca schrieb gegen brechende Dämme, gegen das überflutende Unglück an.

Der vielbeschäftigte Staatsmann hatte zahlreiche Briefe veröffentlicht, Essays, Reden, Tragödiendichtungen. Er wurde in Rom gelesen von Bewunderern und Neidern, und er war im Abendland bis zum Ende des 18. Jahrhunderts einer der meist gelesenen Schriftsteller. Warum?

Er bot den Unterdrückten wie den Privilegierten Fluchten an: Fluchten zu den Sternen, Fluchten zu sich selbst, in die Phantasie, in den Stolz...

Es war längst nicht mehr ehrenhaft, ein Soldat, ein Bannerträger dieses Kaisers zu sein – wofür konnte man sich hingeben, worauf stolz sein, seine Würde gründen? Auf die Tugend! Auf den Kosmos! Auf Gott!

„Sie [die Tugend] wird tapfer standhalten und, was immer geschieht, nicht nur geduldig, sondern auch gern ertragen und wissen, daß alle Schwierigkeit der Zeitläufte Naturgesetz ist, und wie ein guter Soldat ihre Wunden ertragen, ihre Narben zählen und, von Geschossen durchbohrt, noch im Tod den Feldherrn lieben, für den sie fällt; sie wird jene alte Vorschrift im Herzen tragen: Folge Gott! Wer immer aber klagt und jammert und seufzt, wird mit Gewalt gezwungen, das Befohlene zu tun ... Was für ein Wahnsinn aber ist es, lieber gezogen zu werden als zu folgen! ...

Was immer aufgrund der Beschaffenheit der Welt erduldet werden muß, nehme man erhabenen Sinnes auf sich. Auf diesen Fahneneid sind wir eingeschworen worden: Das Menschliche zu ertragen und sich nicht durch das verwirren zu lassen, was zu vermeiden nicht in unserer Macht steht. In einem Königreich sind wir geboren: Gott gehorchen ist Freiheit!"

Diese Sätze stammen aus Senecas Schrift: „Vom glücklichen Leben".

Ein kümmerlicher Rest von Freiheit, und nicht mehr als ein Trickbetrug! Ideologie, die überreden soll, noch ein Weilchen weiterzumachen. Von erschütternder Durchsichtigkeit. Ein Gleichnis, das man bereits bei Zenon findet, macht es deutlich: Der an den Wagen gebundene Hund kann sich mit der Notwendigkeit arrangieren, indem er „freiwillig" mitläuft; sträubt er sich, so wird er eben mitgeschleift.

In der letzten Schrift vor seinem Tode „Über die Vorsehung" steht: „Möge die Natur ihre Leiber gebrauchen, wie sie will; wir wollen freudig bereit für alles und tapfer dessen eingedenk sein, daß nichts von dem vergeht, das unser eigen ist. Und was gehört einem guten Manne zu eigen? Sich dem Schicksal darbieten. Ein großer Trost ist es, mit dem All dahingerissen zu werden. Was es auch sein mag, das uns so zu leben, so zu sterben gebietet, die gleiche Notwendigkeit fesselt auch die Götter."

Liebe zum Schicksal, die verzweifelte Selbstüberredung zu diesem Schicksal, sie soll immun machen gegen das Leid. Seneca kann nicht aufhören zu beteuern und zu überreden, anzuschreiben gegen unerträgliche Wahrheiten. Aber er kennt auch eine nicht nur tröstliche, sondern wirklich glückhafte Erfahrung – die nämlich, die der Blick in den Sternenhimmel gewährt. Während seiner Verbannung auf Korsika unter Kaiser Caligula schrieb er an seine Mutter: „Keine Stätte der Verbannung gibt es innerhalb der Welt, die für den Menschen Fremde wäre. Von überall her richtet sich aus gleicher Entfernung der Blick zum Himmel... solange ich Sonne und Mond anschauen darf, ... was macht es mir aus, welchen Boden ich betrete?"

Wie man begehrt und meidet

Als Seneca, um Neros Henker zu entgehen, sich im Frühjahr 65 n. Chr. die Pulsadern aufschnitt und bei dieser untauglichen und langwierigen Prozedur elend, aber tapfer verschied, war

Epiktet, „der Hinzuerworbene", 15 Jahre alt. Er war als Sohn einer Sklavin aus Kleinasien nach Rom verkauft worden. Sein Leben und Denken war ein großartiger Sieg über das Leiden, nicht über das ferne, abstrakte Leiden der Welt, sondern über das Leiden eines, seines eigenen konkreten Lebens. Epiktet war einige Zeit gelähmt, wahrscheinlich infolge von Mißhandlungen als Sklavenkind; zeitlebens hinkte er. Sein römischer Herr, der seine Begabung erkannte, schenkte ihm die Freiheit und unterstützte sein Philosophiestudium. Epiktet begann in Rom Philosophie zu lehren und gründete eine eigene Schule. Im Jahre 90 fiel es einem römischen Kaiser, Domitian, ein, alle Philosophen aus Italien auszuweisen. Epiktet ging nach Griechenland, ließ sich in Nikopolis nieder, und seine Vorlesungen und Lehrgespräche waren so fesselnd und interessant, daß junge Leute sogar aus Rom kamen, um den ehemaligen Sklaven zu hören.

Philosophieren hieß für ihn, „untersuchen, wie man begehrt und meidet, ohne in Verwicklungen zu geraten". Er sprach ganz auf die einfachen, ratsuchenden Menschen eingestellt, die damals dringend eine Art Erlösungswissen suchten. Lebenshilfe würde man das heute nennen. Er soll zeitlebens asketisch, in selbstgewählter Armut gelebt haben, in einem Haus mit einem Strohdach, mit nur einer Fußmatte und einer Tonlampe als Mobiliar, ehelos, wie es in Rom für Vordenker und Avantgardisten zunehmend üblich wurde. Natürlich sympathisierte er mit den Unterprivilegierten, mit dem Proletariat.

Der Kern seiner Lehre ist, daß man erkennen müsse, was in der Gewalt des einzelnen stehe, und daß man alles andere als unbedeutend erachten müsse. Wie bei modernen verhaltenstherapeutischen Theorien und Praktiken spielten dabei Selbstüberredung, positive Vorstellungen, die Phantasie, die Autosuggestion eine entscheidende Rolle.

„Eines steht in unserer Gewalt, ein anderes nicht. In unserer Gewalt steht unser Denken, unser Tun, unser Begehren, unser Meiden, alles, was von uns selber kommt. Nicht in unserer Gewalt steht unser Leib, unsere Habe, unser Ansehen, unsere Stellung – alles, was nicht von uns selber kommt. Was in unserer

Gewalt steht, ist von Natur frei, es kann nicht gehindert und nicht verwehrt werden. Was nicht in unserer Gewalt steht, ist ohnmächtig, steht in fremder Hand und kann verwehrt werden.

Hältst du für frei, was seiner Natur nach unfrei ist, und für dein eigen, was fremd ist, so wirst du viel Verdruß haben, Aufregung und Trauer und wirst mit Gott und allen Menschen hadern. Hältst du aber nur das deine für dein eigen und Fremdes für fremd, so wird nie jemand dich zwingen, nie jemand dich hindern, du wirst nie jemandem Vorwürfe machen, nie jemanden schelten, nie etwas wider Willen tun...

Gewöhne dich nun, bei jedem unangenehmen Ereignis zu sagen: Du bist ja nicht das, was du scheinst, sondern nur eine Vorstellung. Sodann prüfe sie an den Regeln, die du gelernt hast: Gehört es zu dem, was in meiner Gewalt steht, oder nicht? Und gehört es zu dem, was nicht in deiner Gewalt steht, so sage dir selber: Es geht mich also nichts an."

Was aber, wenn Liebe und Haß, wenn Angst, Wut und Begehren, wenn Verzweiflung stärker sind als Überlegung? Affekte, Gefühle sind einfach falsch, so falsch wie das Leiden. Chrysipp schon nannte sie „Ungehorsam der Vernunft, dem Logos, gegenüber". Damit ist einfach das Un-Unglück, das Nicht-Unglück, erfunden. Unglück gibt es nicht, also sei glücklich! Glück nach Epiktet ist eine energische, willentliche Veränderung des Ichs und der Tatsachen. Man bewertet Tatsachen anders, mittels seiner frei verfügbaren Phantasie, man überredet sich, die umgedeutete und umbewertete Tatsache zu glauben, und man übt sich, nach diesem Glauben zu handeln und zu leben. Selbstbetrug? Nicht doch! Wir erfinden doch fast alles: Glück und Unglück, Himmel und Hölle, Gott und uns selbst. Sachverhalte und Tatsachen sind nicht wirklicher als Wille und Vorstellung! Wer's nicht glaubt, lese Schopenhauers „Die Welt als Wille und Vorstellung".

Aber das Glück des Stoikers liegt nicht so sehr in der veränderten Wirklichkeit, sondern im Gelingen dieser Veränderung; es ist die greifbare Lust an der Askese, an der Ästhetik und Stilisierung des Subjekts. Glück ist das Bewußtsein der fortschreitenden Veränderung zu jener unbestimmten Tugend, deren Lohn Freiheit, Würde und Leidenschaftslosigkeit sein sollen.

Wenn das alles so leicht wäre! Die Vernunft ist doch niemals Herr im menschlichen Haus, unterdrückte und geleugnete Affekte, lehrt uns die Psychoanalyse, lehren uns die täglichen Nachrichten, brechen sich unkontrollierte Bahnen, der Körper, ob wir ihn lieben oder nicht, leidet Schmerz und Mangel, fordert seine Rechte. Dieser Körper! Wie einfach wäre die Tugend ohne ihn. Er ist recht lästig, eigentlich verächtlich, von ihm kommt, was stört. Epiktet nennt ihn einen lästigen Sack, den man täglich vollstopfen und entleeren muß. Leibfeindlichkeit war „in" bei der denkenden Avantgarde damals, und diese Mode legte sich auch auf das junge Christentum. Ein paar Jahrzehnte später hat Plotin sich geradezu geschämt, einen Leib zu haben.

„Weil der Mensch das Fleisch an sich trägt, muß er Schmerzen haben, und weil seine Seele noch bei ihm ist, muß er Leid tragen", hatte Hiob geklagt. Die im Leib „eingekerkerte" Seele war schon eine Vision der frühen Stoa. Epikur, undogmatisch und weise, hatte geraten, diesen Leib, „Bruder Esel", wie man ihn im christlichen Mittelalter nannte, wenn man ihn schon haben muß, freundlich und rücksichtsvoll zu behandeln. Nur mit ihm kann man glücklich sein, wenn Lebenkönnen Glück ist. Aber das zumeist recht unbewegliche und kompromißlose Tugend-Glück der Stoa war anstrengend – so anstrengend, daß Nicht-Lebenmüssen Glück war.

Das Tor steht offen

Der Trumpf in den Glückskarten der Stoiker war daher die tröstliche Freiheit, aus dem Leben zu gehen, wann immer das vernünftig erscheint. „Wenn es raucht, macht man sich aus dem Staube. Warum hältst du das für eine große Sache?" notierte der stoische Kaiser Marc Aurel in seinen „Selbstbetrachtungen". Zwei Generationen vor ihm hatte Seneca geschrieben: „Schlecht ist es, in Not zu leben, doch in Not zu leben ist keine Notwendigkeit." Seneca hat sich in bedrängter Situation und in Bewahrung seiner Freiheit und Würde selbst das Leben genommen, übrigens genauso seine beiden Brüder aus unterschiedlichen Gründen.

Bankrott der philosophischen Anleitung für ein geglücktes Leben? Oder praktische Konsequenz aus der Erkenntnis der Tragfähigkeit des erfundenen Glücks?

Epiktet ist seine persönliche Lebensführung gewiß geglückt, soweit das menschenmöglich ist. Gab es aber einen wirklich glücklichen Stoiker? Einen Weisen, nicht nur einen toten Weisen, der die stoische Vollkommenheit und Glückseligkeit erreicht hätte? Epiktets „Handbüchlein" und seine „Unterredungen" waren eine Art Fitneß-Programm zu dieser Vollkommenheit. Glaubte er selbst an die Erlösungsmöglichkeit durch Selbstveränderung? „Zeige mir einen solchen, der krank und doch glücklich ist, der glücklich in Mühseligkeiten, selbst im Sterben noch glücklich ist, der in der Verbannung und in Schmach sich glücklich fühlt... Bei Gott, ich wünsche einen solchen Stoiker zu sehen! Aber ihr könnt mir keinen zeigen, der so vollkommen wäre! Zeigt mit wenigstens einen, der sich zu bilden bemüht ist, der danach strebt, ein Stoiker zu sein."

Auch Epiktet selbst fühlte sich nicht als glücklicher Weiser.

Bleibt nur der Tod als glückliches Ende. Den Tag des Sterbens preist Seneca in den Briefen an Lucilius als den „Geburtstag der Ewigkeit", an dem der Geist den irdischen Leib verläßt, um sich zu den Göttern zurückzubegeben. Dann „werden sich die Geheimnisse der Natur dir enthüllen; jene Finsternis wird sich verteilen, und das helle Licht wird von allen Seiten durchbrechen... Kein Schatten wird die Heiterkeit trüben... Dann wirst du meinen, du habest bisher in Finsternis gelebt, wenn du die Fülle des Lichts anschauend voll aufnehmen wirst... Wie wird sich dir das göttliche Licht darstellen, wenn du es an seinem Orte sehen wirst?" Seneca führt über die Stoa weit hinaus.

Manche Christen glaubten ihn als einen der ihren erkennen zu dürfen.

Aber die Stoa ist eher eine Philosophie vom Leid als vom Glück, vom Tod statt vom Leben, von der Selbsterlösung als vom göttlichen Licht. Der gebildete Mann, dem Ansehen und Würde zu eigen sind, Klarheit und eine gute Erziehung wie Seneca, oder eine überragende Begabung wie dem Freigelassenen Epiktet, Einsicht in die Strukturen einer komplizierten Gesellschaft und in die Möglichkeiten und Grenzen des eigenen Selbst, dazu eine ausgeglichene und widerstandsfähige Seele – der objektiv einigermaßen Glückliche, der kann aus den Lebensregeln der Stoa oder des Epikur einiges für seine Lebensführung lernen – aber auch das nur für gute Stunden!

Für die Mehrheit der Menschen in der hellenistisch-römischen Ökumene in den ersten nachchristlichen Jahrhunderten waren die innerweltlichen Gottheiten Vernunft und Gerechtigkeit, Weisheit und Würde wenig hilfreich, waren diese Welt und dieser Kosmos nicht heimatlich, ja kaum bewohnbar. Ihr Glück war nur die Hoffnung, die Hoffnung auf eine heilsgeschichtliche Wende, auf irgendeinen Erlöser, auf eine überweltliche, für Menschen zuständige Gottheit, die Schutz und Heil schenken könnte.

Wer sein Leben verliert, der wird es behalten

> „Wer warf mich in die irdische Welt
> …
> Wer warf mich in den Fußblock,
> der der Weltenfülle gleicht?
> Wer legte eine Kette um mich,
> die über die Maßen ist;
> Wer bekleidete mich mit einem Rock
> von allen Farben und Arten?"
> „Warum habt ihr mich von meinem Orte
> weg in die Gefangenschaft gebracht und
> in den stinkenden Körper geworfen?"
> „Wie weit sind doch die Grenzen dieser
> Welten der Finsternis!"
> „Der Weg, den wir zu gehen haben, ist
> weit und endlos!"
>
> (Gnostisch-mandäische Texte aus
> dem ersten christlichen Jahrhundert)

Als im Jahre 49 der Heidenapostel Paulus, vormals jüdischer Rabbi pharisäischer Konvenienz und fanatischer Christenverfolger, mit den Bildern und Argumenten hellenistischer Bildung und Tradition den weltläufigen Bürgern von Athen in der berühmten Areopagrede die atemberaubende Neuigkeit der Frohbotschaft verkünden wollte, stieß er auf gelangweiltes Einverständnis und ungeniertes Gähnen. Längst gab es nichts Neues mehr unter der Sonne.

Was Paulus mit römisch-hellenistischer Rhetorik und Leidenschaft predigte: Ergebung in den Willen Gottes, dem Allmacht und Ewigkeit eigen sei, das „Gott mache mit mir, was du willst" klingt bei Epiktet genauso; triumphierende Worte der Erhabenheit über das Schicksal, über Not und Tod hat dieser wie jener gesprochen. Askese und Tugend, die sorgfältige Formung des Selbst, Verachtung der Güter und Genüsse, sogar der Ehren dieser Welt, eine Art großmütiger und nobler Altruismus und die Freiheit im Kopfe zur Umwertung der Werte, das heißt, die Freiheit zu bejahen (das Verhängnis) und zu verneinen (das Glück) – all das entsprach in Worten und Gestus der Stoa. Auch die Hoffnung auf eine nahe heilsgeschichtliche Wende, die man sich als eine politische Umgestaltung und Erneuerung dachte, auf den Anbruch eines neuen Äons, eines neuen Weltzeitalters, in dem sich alles zum Guten wendet, sie war weit verbreitet und beruhte auf der stoischen Periodisierung der Geschichte.

Wie Jeremias war Paulus von Gott ergriffen worden – damals vor Damaskus hatte er ihn niedergestreckt mit dem Blitz der Erkenntnis, der seine Vergangenheit zerstörte, hatte auf seine Zukunft und sein Glück die Hand gelegt, hatte ihn gezwungen, ihn zu lieben, ihm zuliebe unter unsäglichen Mühen, Verfolgungen und Leiden zu predigen.

Seine Wahrheit und Gewißheit war die Geschichte von Leben, Sterben und Auferstehung jenes Jesus in Jerusalem, den er persönlich niemals kennengelernt hatte. Damals auf dem Areopag versprach er den Athenern Neues über den noch unbekannten Gott. Noch ein Gott? lächelten die Zuhörer, warum nicht, es gab ja ohnehin so viele, der Gebildete läßt alle gelten, es gab göttlichen Erlösungstod und Auferstehung in den Mysterienkulten, und es gab das gnostische Märchen vom Gottessohn.

Die ersten Jahrhunderte unserer Zeitrechnung sind ein Gedankentopf, in dem alles brodelte, was in Jahrtausende alten Kulturen Menschen meinten, fühlten, imaginierten und formulierten über Gott und Welt, über Sein und Glück. Die Spekulationen der Philosophen hatten sich vermischt mit Mythen, Heilslehren, geheimen Mysterien, mit allen Göttern, Bildern und Symbolen der menschlichen Seele. In diesem Topf kochten aller Glaube, aller Aberglaube, aller Sinn und alles Geschwätz. Dies alles war „Gnosis" – Esoterik auf hohem Niveau.

Es waren auch Jahrhunderte der Verdüsterung. „Die ganze Welt liegt im Bösen" steht im Johannesevangelium; so klingt auch das Lebensgefühl aus den gnostischen Texten. Ein verändertes Bewußtsein, eine pessimistische Weltsicht machte sich breit, verbunden mit der Einsicht, daß der Mensch es bleiben lassen müsse, Glück zu erfinden und dabei Unglück zu schaffen.

Das gnostische Märchen

In den Lehren und Systemen der Gnosis steckt die immer ähnliche Geschichte von der Trennung des Glücks von einer unseligen Welt.

Da ist also das Märchen vom Schicksal der Seele, von ihrem Ursprung in der himmlischen Lichtwelt, von ihrem tragischen Fall, ihrem Fremdsein auf Erden, ihrer Gefangenschaft im Leibe und von ihrer Befreiung und ihrer endlichen Heimkehr in die Lichtwelt:

Diese Seele, das eigentliche Selbst ist ein Splitter, ein Teil einer himmlischen Lichtgestalt, die in der Vorzeit in die Gewalt dämonischer Mächte geriet, diese Dämonen haben sie zerstükkelt und mit diesen Splittern oder Funken als magisches Bindemittel aus dem Chaos und der Finsternis und als Gegenstück zur himmlischen Lichtwelt diese unsere Welt geschaffen.

Wenn ihm diese Lichtelemente entzogen würden, so würde der Kosmos wieder ins Chaos zurücksinken. Darum bewachen die Dämonen die Lichtfunken, die Seelen, versuchen sie zu betäuben, sie trunken zu machen, sie einzuschläfern, damit sie ihre himmlische Heimat vergessen. Das gelingt bei einigen, bei anderen bleibt das Bewußtsein ihrer Herkunft wach, und sie sind voll Sehnsucht nach Befreiung.

Die höchste Gottheit sendet zu ihrer Erlösung ihren Sohn, verkleidet in das Gewand des irdischen Leibes, damit ihn die Dämonen nicht erkennen. Er ruft die Seinen zu sich, weckt die Schlafenden, erinnert an ihre himmlische Heimat und belehrt sie über den Rückweg und die heiligen Formeln, die sie kennen müssen, für den gefährlichen Aufstieg durch die verschiedenen Planetensphären an den wachhabenden Dämonen vorbei.

Er offenbart sich als der von Gott Gesandte: „Ich bin der Weg", „Ich bin die Wahrheit", „Ich bin der Hirte"…

Sein Werk ist die Sammlung der Lichtfunken, der Seelen, die in der Urzeit gefallen, gefangen und zerrissen worden waren.

Wenn er sein Werk vollendet hat, steigt er wieder zur Lichtwelt empor, ihm folgen die Seinen, wenn sich im Tod das Ich, die Seele, der Lichtfunke aus dem Gefängnis des Leibes gelöst hat.

Wenn alle Lichtfunken befreit sind, hat die Welt ihr Ende gefunden und versinkt wieder im Chaos.

Das war die Grundlehre der verschiedenen gnostischen Überlieferungen, mit denen sich das Christentum untrennbar mischte; es war das Märchen vom Glück, das niemals hier ist, sondern dort. Den Menschen damals wies es den Fluchtweg, denn sie hatten keine andere Hoffnung.

Dieses Märchen war es, was der christlichen Predigt zugleich Vertrautheit und Distanz bescherte.

Jesus von Nazareth

> „Was dir unlieb ist, das tue auch deinem Nächsten nicht an! Das ist die ganze Thora; der Rest ist Auslegung."
>
> (Rabbi Hillel)
>
> „Das ganze Gesetz ist in dem einen Wort erfüllt: Du sollst deinen Nächsten lieben wie dich selbst."
>
> (Paulus, Gal 5,16)

Der gelehrte und fromme jüdische Rabbi Jesus von Nazareth war gewiß kein Märchenerzähler! Die Botschaft, die eine große Bewegung auslöste und in der Folgezeit zu einer Jahrtausende überdauernden Weltreligion wurde, ging im Kern nicht über die Lehre der Thora hinaus: Die Forderung der Gottesliebe und der Nächstenliebe.

Aber dieser junge Rabbi rückte Gott und den Nächsten in erschreckende oder beglückende, jedenfalls in unmittelbare Nähe, und er forderte eine grundsätzliche und ständige Offenheit gegenüber deren jeweiligen Forderungen. „Was ihr dem geringsten eurer Brüder getan habt, das habt ihr mir getan." Gott begegnet uns im Nächsten. Der respektiert nicht unsere Gartenmauer. Der Nächste ist der andere, der Fremde, das ist das Beängstigende an ihm, er ergreift uns, nimmt uns in Besitz, macht uns zur Geisel. Das zwingt uns zu Veränderungen, zum Abschied von Gewohntem. Ihn zu lieben – das ist die Ankunft des Gottesreiches in den Herzen, die geniale Verbindung von individuellem und kollektivem Glück, das Ende aller egoistischen Nullsummenspiele. Das ist die endgültige Wende, die Umkehr, zu der er aufrief.

Vor der unmittelbaren Verantwortlichkeit des einzelnen gegenüber dem Mitmenschen und gegenüber Gott gibt es kein Entkommen, kein Versteck im Gebüsch abstrakter Gesetze und Institutionen und Zuständigkeiten. Keine fromme, weise, geschwätzige Theorie, mit der wir Gott und sein einziges Gebot entschärfen dürften.

Die einfache Ungeheuerlichkeit der Lehre, ihre unverhüllte Radikalität lag im „Jetzt". Nicht demnächst, nicht irgendwann, sondern hier und heute sollte man, nein, sollte jeder einzelne das einfache Gebot der Nächstenliebe erfüllen. Die Ankunft des Gottesreiches war ein Handlungsprinzip. Die Sehnsucht der Menschen nach einem Aufbruch aus bleierner Zeit bürdete ihm die Erwartungen an den Messias, den göttlichen Wiederhersteller Israels, auf, sie nannten ihn Christus, den Gesalbten, den König, Heilsbringer, Friedensfürst, kosmischen Neugestalter, sie hofften auf eine Befreiung vom römischen Joch.

Das war ein Irrtum. Der „Menschensohn", wie er sich nannte, erklärte vor Pilatus: „Mein Reich ist nicht von dieser Welt!" Auch sein Glück war nicht von dieser Welt!

Der Glaube an ein Leben nach dem Tode, das mit Sinn, Inhalt und Glück erfüllt war, kam erst in diesen Jahren um die Zeitwende, vermutlich aus Persien, in das hellenistische Judentum. Die konservativen Sadduzäer lehnten ihn strikt ab. Jesus nahm diese Lehre an. In diesem Punkte stimmte er mit den Pharisäern überein.

Was den jungen Rabbi Jesus von den Pharisäern unterschied,

war sein kompromißloser Ernst. Das Gegenteil von Ernst ist Spiel: das Spiel mit den Bausteinen von Utopie und Illusion, das Erfinden von Glück, das niemals Ernst werden darf, damit es nicht Unglück wird. Es ist der Auflösung, dem Loslassen anheimgegeben, das irdische Glück. Vergiß es! lautet die klare Botschaft.

Evangelium heißt Frohbotschaft: Verheißung von Glück und Gnade, von Erleichterung, Entlastung und Erlösung. Erlösung von unglücklich machenden Zwängen, Befreiung aus dem Käfig angeblich vernünftiger Gesetzmäßigkeiten und Konstruktionen, Befreiung von den unerfüllbaren Forderungen der Ratio und von der Schmach des Scheiterns bei dem Versuch, das Ich und die Welt aus eigener Vernunft und Willenskraft zu verändern.

Anstelle der Vernunft wurde nun das Herz mit seiner ganzen Abgründigkeit und Unzuverlässigkeit zum Zentrum des Ich. Vorbehaltlos offen gegenüber jedermann sollte es sein und frei von bösen Gedanken, Motor für den immer zu erneuernden Willen, sich vom anderen, vom Fremden, von Gott und dem Nächsten ergreifen zu lassen... Eine Ungeheuerlichkeit des Anspruchs! An die Stelle der lächerlichen Überforderung der menschlichen Vernunft trat nun die grausame Überforderung des menschlichen Herzens!

Aber dem unzulänglichen Herzen mit seinem strebenden Bemühen und reinem Wollen antwortet doch, heißt es, die göttliche Großzügigkeit, die sichere Vergebung für den, der seinerseits zur Vergebung bereit ist. Das Glück, die Sicherheit ist dies freilich noch nicht. Aber die Frohbotschaft meint ja die Seligkeit, das wirkliche, helle, strahlende, atemberaubend wunderbare, dauernde Glück.

Statt vernünftiger Vermeidungshaltung gegenüber dem Unglück oder kleinlicher Berechnung der Kosten der Lust soll es ein vollkommenes Glück geben, ein Glück, jenseits aller Vorstellungen und ängstlicher Sicherungen, das abgehobene Glück der Heiligen, derer, die sich auf die Botschaft und ihre ungemessene Forderung eingelassen haben.

Glück ist Leben. Man hat es nur, wenn man es gering achtet, man gewinnt es, indem man es verliert. Wenn Leben Glück ist, wünscht man seine Ewigkeit. Die Verheißung des ewigen Lebens ist das große Paradox des Christentums.

„Was kann mir noch passieren? Wer einmal in Auschwitz gewesen ist, hat keine Angst mehr. Das ist vielleicht das Glück." Das sagte G. L. Dürlacher, der als Kind den Holocaust überlebt hat, in einem Interview der Süddeutschen Zeitung im Februar 1994.

Das Kreuz, an dem Jesus von Nazareth starb, wurde zum Symbol der Erlösung; damit wurde der Schmerz ein Weg zum Heil, zum umfassenden Glück. Überwindung von Schmerz und Tod ist ja das eigentlich Frohe an der Botschaft. Es ist eine zugängliche Erfahrung, daß man Schmerz vielleicht kleinreden, aber niemals vermeiden kann, daß man aber durch ihn hindurchgehen kann und daß dieses Hindurchgehen eine glückliche Veränderung birgt: größere Furchtlosigkeit und mitunter auch die Helle und Leichtigkeit der Genesung. Diese Erfahrung formulierte man im Christentum zur tröstlichen Theologie.

Auch die Verheißung von Licht, Glück und Leben im Tod ist keine Utopie, sondern das Versprechen einer metaphysischen Realität, darüber hinaus eine konkrete Erfahrung aufgrund einer eigentümlich menschlichen Verfaßtheit – das belegen neueste Untersuchungen des Gehirns und die Analyse der Vorgänge dort, die das Glücksgefühl auslösen, davon besonders die von vielen Todkranken bezeugten Glückserfahrungen unmittelbar vor dem Tod, den sogenannten Nah-Toderlebnissen.

Sie mögen ein letztes chemisches Fest des Gehirns sein, ausgelöst durch die Katastrophe vor seinem Erlöschen. Sie beweisen nicht mehr, aber auch nicht weniger, als daß religiöse Erfahrungen, daß die Religiosität des Menschen, auf einer neurophysiologischen Grundstruktur beruhen, daß sie genetisch verankert und vermutlich auch lokalisierbar sind, auf einer biologisch angelegten Matrix, die jenseits der mit Worten erreichbaren und mit Worten gesteuerten Schichten des Unterbewußtseins liegt.

Wäre es möglich, wahrscheinlich, denkbar oder erträglich, daß der Mensch biologisch auf etwas angelegt ist, das es nicht gibt?

Die Überforderung des Herzens

> „Der Anfang des Werkes, den die Väter
> setzten, ist die Trauer."
> „Je mehr der Mensch Gott nahe kommt,
> desto mehr sieht er sich als einen Sünder."
> „Wenn der Mensch nicht in seinem Herzen
> spricht: ich und Gott allein sind in der Welt –
> dann kommt er nicht zur Ruhe."
> (Texte der Mönchsväter, ägyptischer Wüsten-
> eremiten, in den ersten Jahrhunderten)

> Patient: „Helfen Sie mir, ich bin so
> unglücklich. Ich habe schreckliche
> Minderwertigkeitskomplexe."
> Psychiater: „Aber nicht doch! Machen Sie
> sich keine Sorgen! Sie haben gar keine
> Minderwertigkeitskomplexe. Sie *sind*
> minderwertig!"

Warum sehen sie denn nicht erlöster aus, diese Erlösten? So hatte Nietzsche gespottet. Das Glück ist im Kopf, und der interpretiert jede Botschaft einmal als Leichtigkeit, einmal als Last. „Gott sieht das Herz" – Trost oder Drohung? Es ist voll böser Gedanken, voll egoistischer Wünsche und Gelüste, voll Liebe und Machtgier, voll Furcht und Haß. Gottes Blick standzuhalten ist nicht leicht. Vorbehaltlose Offenheit und Nächstenliebe zu verbinden noch schwerer. Infolge seiner entwicklungsgeschichtlich bedingten biologischen Anlagen ist der Mensch, seine Gefühlswelt, sind seine Bestrebungen und Affekte dafür nicht programmiert. Nur in Notsituationen entwickelt er Gruppensolidarität, nur für die Seinen Selbstlosigkeit. Eine verantwortungsvolle Aufmerksamkeit gegenüber dem andern zu verbinden mit dem Verzicht auf Urteil, Macht und Aneignung gelingt nur selten. Schaut der Mensch also mit Gottes Augen in sein Herz, so sieht er entweder Heuchelei oder den Kampf der Dämonen. Wie soll er da seiner Erlösung sicher sein?

Und die Mühseligen und Beladenen, die Armen und Trauernden, die nach Gerechtigkeit Dürstenden, die Verfolgten – das sind auch die Gewaltlosen, die Barmherzigen, die Friedlichen, alle die Seliggepriesenen der Bergpredigt, wer möchte, wer könnte sein Leben lang zu ihnen gehören, ohne etwas dagegen unternehmen zu wollen?

Glück gibt es vorwiegend an Übergängen und Grenzen, in Augenblicken der Ankunft oder des Absprungs. Die frühchristlichen Gemeinden waren adventistisch, das heißt auf die unmittelbar bevorstehende Ankunft des Gottesreiches und die Wiederkehr des Gottessohnes orientiert. Diese Hoffnung einerseits und die gefährdete Situation der frühen Gemeinden andererseits gaben ihnen Kraft und Glück, nur nach moralischer und religiöser Vollkommenheit zu trachten – und sich auf einen eventuellen Märtyrertod zu freuen.

Beide Voraussetzungen schwanden in der Folgezeit. Das Problem der Christen wurde, sich einzurichten im Vorläufigen, im Kompromiß mit der Welt, mit den Ansprüchen des „Fleisches", wie sie alle menschlichen Bedürfnisse nannten, zugleich mit ihrem Gewissen, dem Herz, das Gott sieht... Die Erlösung steht an fernen Horizonten, und die Sünden lasten auf der Brust. Wie die Weisheit des Buddhismus taugt die Botschaft des Christentums eher zum Sterben als zum Leben, eher für Mönche als für Menschen. Aber war es mit der Weisheit eines Epikur oder Epiktet anders? Kluge Römer, die mit dem Evangelium sympathisierten, wie Kaiser Konstantin, verschoben den Zeitpunkt der Bekehrung und der Taufe auf die Stunde vor ihrem Tod. Denn Christ zu sein und ein Sünder zu bleiben schien ihnen blamabel, aber unvermeidlich.

Die jüdisch-christliche Gotteserfahrung dreht die griechisch-hellenistische „Eudämonie", das zielgerichtete und geglückte Leben, grundsätzlich um; sie weist in die umgekehrte Richtung: zum Aufbruch ins Offene, an den unbebauten Rand der

Welt, den Steilhang des Seins, wo der Weltraumwind dem zum Sprung Entschlossenen verheißungsvoll ins Gesicht weht, wo er das vollkommene Glück als Helle, Leichtigkeit und Zukunft ahnt – ein unbequemer Platz allerdings, wo man nicht lange stehenbleiben kann.

Kafkas „Kleine Fabel"

„Ach", sagte die Maus, „die Welt wird enger mit jedem Tag. Zuerst war sie so breit, daß ich Angst hatte, ich lief immer weiter und war glücklich, daß ich endlich rechts und links in der Ferne Mauern sah, aber diese langen Mauern eilten so schnell aufeinander zu, daß ich schon im letzten Zimmer bin, und dort im Winkel steht die Falle, in die ich laufe."

„Du mußt nur die Laufrichtung ändern", sagte die Katze und fraß sie.

Diese kleine Geschichte ist jedermanns Schicksal im Zeitraffer. Sie demonstriert die Illusion geglückter Lebensführung, die Unmöglichkeit der Eudämonie – und die mögliche Chance, die nicht das Ziel, sondern die Erkenntnis des Weges gewährt. Nicht die Chance eines Anfangs, sondern die des Endes! Es lohnt sich, den Text genauer zu betrachten.

Der Raum, die Bühne für das Geschehen, wird im Monolog der Maus aus ihrer Sicht aufgebaut, eine irreale Bühne, wo die Grenzen zwischen äußerer und innerer Welt aufgehoben sind. Sie besteht nur aus Perspektive, aus in einem Punkt zusammenlaufenden Linien. Lange Mauern „eilen aufeinander zu", der Raum zwischen ihnen verengt sich, sie führen unausweichlich in das letzte Zimmer, in dessen Winkel die Falle steht.

Ein leicht faßbares Bild, ein Bild, das sich im Betrachten schon verändert; in der Dynamik seiner Veränderung ein Alptraum! Die Maus ist nicht Herr ihrer Bahn, sie kann sich dieser Dynamik nicht entziehen. Offenbar ist sie nicht einmal willens oder imstande, ihren Lauf zu bremsen. Sie läuft im Begreifen und Aussprechen ihrer Situation von der Vergangenheit in die Zukunft. Wieviel Zeit ist verstrichen zwischen dem „Ach" und dem Ende? Zwischen dem glücklichen Sehen der Mauern in der Ferne und ihrem beängstigenden Aufeinanderzueilen? Um die Maus herum schrumpfen Raum und Zeit, schwinden Möglichkeiten und die Freiheit; sie hat die Falle und damit letztes, unausweichliches und unabänderliches Festgefahrensein vor Augen. Sie ist in ihrer Welt gefangen.

Die Feststellungen der Maus spiegeln ihr Innewerden der Welt, das Innewerden ihres fast vollendeten Schicksalsweges und ihres Endes. Enge und Tod sind jedermanns Schicksal. Daß die Maus letztlich von der Katze gefressen wird, ist nicht die Folge ihrer Ohnmacht oder eines Fehlverhaltens. Sie hat Bewußtheit und Gefühl, die Maus: Angst vor der Grenzenlosigkeit, Glück der gefundenen Sicherheit und resigniertes Bewußtsein der wachsenden Einengung und Auswegslosigkeit.

Die Katze ist einfach da. Nicht im Blickfeld der Maus, die ja die Sackgasse, in die sie läuft, nur zu gut überblickt. Sie ist groß und überlegen, über und außerhalb der ganzen raum-zeitlichen Bühne, der Welt der Maus. Dem leitenden System der Mauern, des sich verengenden Raums und der rasenden Zeit ist sie nicht unterworfen. Sie hat Überblick.

Die Welt der Maus wird vor ihrer Gegenwart zur Versuchsbahn, zum Modell.

Aufgrund ihrer Übersicht gibt die Katze den einzig richtigen, einleuchtenden, logischen Rat: die Laufrichtung ändern. Im letzten Zimmer kann das nur noch Umkehr heißen. – Könnte die Maus das? Könnte sie zum gegebenen Zeitpunkt noch sich dem Sog der schrumpfenden Welt entziehen, könnte sie den Weg zurücklaufen, die Freiheit des Ursprungs wiedergewinnen, gegen die Strömung der fast abgelaufenen Zeit? –

Zum drastischen Beweis, daß Umkehr nicht mehr möglich ist, wird die Maus, kaum hat sie den Rat vernommen, auch schon gefressen.

Was ist nun damit bewiesen? Wie heißt die Lehre? Daß kaum ein Ratschlag zu Glück oder auch nur zur Rettung führt? Daß Einsicht meist zu spät kommt? Was hat die Maus denn falsch gemacht? Hätte sie sich für eine andere Richtung entscheiden sollen, eine andere Bahn, andere Mauern und schließlich eine andere Falle? Vielleicht – und das ist sicher Kafkas Meinung – hätte sie der Weite des Raumes standhalten und der Sicherheit der Mauern widerstehen müssen. Aber wie könnte man ohne etwas Geborgenheit, ohne etwas erfundenes Glück leben? Ja, wie kann man überhaupt leben, ohne seine Bahn zu laufen, bis zum Ende? Jeder sucht das Glück in festgemauerten und dauerhaften Sicherheiten und endet, eh er sich's versieht, festgefahren und verfahren in auswegloser Enge und Gefangenheit. Nur der Tod kann vor dieser letzten Konsequenz bewahren.

Aber es bleibt dieser unmögliche Imperativ, von außerhalb in die kleine Welt der Absicherungen und Gefangenheiten hineingesprochen. „Du mußt nur die Laufrichtung ändern." Zur „Umkehr" riefen die Propheten. „Kehret um, das Gottesreich ist nahe", predigte Jesus von Nazareth, Umkehr war die Voraussetzung für jede Bekehrung zu göttlicher Wahrheit. „Umkehren", das heißt sich aus den Verstrickungen dieser Welt lösen, ihre Sicherheiten gering achten, sich dem Unbekannten, Grenzenlosen ausliefern, um dem sicheren Verderben zu entgehen.

Sie predigten alle letztlich tauben Ohren. Der einleuchtenden Notwendigkeit steht die praktische Unmöglichkeit der Umkehr entgegen. Wann immer die Erkenntnis des verkehrten Weges hereinbricht, er ist kaum zu korrigieren.

Darum ist der Rat der Katze reiner Sarkasmus. Die Katze frißt die Maus, nicht weil diese ihren Rat mißachtet, sondern weil das Katzenart und Mäuseschicksal ist. Mit diesem Schluß ironisiert der Autor die metaphysische Substanz. Auch der Tod könnte Sackgasse sein. Der Weg der Maus jedenfalls endet im Bauch der Katze.

Die Offenbarung der Wüste

> „Die Wüste ist nicht leer, sondern offen"
> (Amos Oz, 1993)

Die Parusie, die Fülle der Zeit, die Endzeit, kommt nach der Apokalypse; sie stand für die kommenden Jahrhunderte am christlichen Horizont, besonders dann, wenn den Zeiten nicht zu trauen war. Das Trauma der Endzeit war mit dem platonisch-gnostischen Märchen von der Rückkehr der Seele zu ihrem Ursprung nicht zu entschärfen. Wie sollte man auch mit dieser verheißenen endzeitlichen Wiederkunft Christi umgehen? Sie verdrängen und umdeuten auf den unausweichlichen persönlichen Tod? Den neuen Himmel und die neue Erde vorausnehmen, herbeiführen, gewaltsam und schnell? Das Glück stand am Ende; die Ungeduld, dorthin zu kommen, angesichts der unerfüllbaren Forderung, reinen Herzens zu sein, ist verständlich.

Die Ungeduld, ans Ende zu kommen, die Flucht zu Gott, war eine Idee, deren Zeit am Ende des 3. Jahrhunderts gekommen war. Es war die Zeit schnell wechselnder Soldatenkaiser; jeder Machtwechsel zog Bürgerkriege nach sich. In den einst so weltoffenen, glänzenden römischen Städten führten Unfähigkeit und Korruptheit der kaiserlichen Verwaltungen, der beängstigende wirtschaftliche Niedergang, verbunden mit der Bedrohung der Grenzen, zu Verlust- und Abstiegsängsten der vormaligen Eliten. Die Notlage des Staates hatte den bürokratisierten und alles reglementierenden Zwangsstaat zur Folge und brachte eine „Apolitie der Besten", wie es Jakob Burckhardt nannte, mit sich.

Das Römische Reich war unregierbar, die Städte waren unbewohnbar geworden. Müll und Luftverschmutzung, Wohnungsnot, Enge und Obdachlosigkeit, Armut, soziale Verwahrlosung und steigende Aggressivität waren bitter zu spüren. Das vorwiegend christliche Kleinbürgertum reagierte vielfach mit Rückzug ins Familiäre, ins kirchliche Gemeindeleben, in die heile Welt der besseren Menschen. Ängstliche Engstirnigkeit und eifernde Moralität machten sich breit, verbunden mit Glücksfeindlichkeit und Intoleranz. Die Nähe Gottes wurde zum Terror. Man fing an, von der Hölle zu reden, die man doch in dieser Welt mit machtbesessener Liebe und Moral so trefflich herstellen kann. Gegenüber den Erlösten setzten sich die Buchhalter der Sünden und Verdienste durch. Eine schöne Bilanz macht manchen auch glücklich.

Die christliche Avantgarde hingegen, die Gebildeten und Intellektuellen, wurden angesichts der bedrückenden Verhältnisse zunehmend von Untergangs- und Sündenbewußtsein, von Weltverachtung ergriffen. Verbale Abwertung der irdischen Glücksgüter und Leibfeindlichkeit machten sich breit. Die Verfallsdaten geschichtlicher Ereignisse wurden immer kürzer, die Gegenwart schrumpfte, das Leiden an den Ereignissen und Unsicherheiten einer unglücklichen Zeit ließen das Unvergängliche, das Unverlierbare als einzig mögliches Glück erscheinen.

Nicht mehr Luxus und Geselligkeit, weltmännische Offenheit und urbanes Leben, nicht mehr Lebensfreude und Genuß, nicht mehr Bildung und Karriere waren „in", sondern die Abkehr, der Ausstieg.

Wüste und Mönchstum wurden die faszinierende Alternative zur Stadt.

Armut und Traurigkeit waren nicht zu besiegen, aber man konnte ihnen beikommen, indem man sie verklärte. Junge Intellektuelle aus gutem Hause kehrten den urbanen Plagen, der Unruhe, der unendlichen, leeren Rhetorik, der Geschwätzigkeit der Stadt den Rücken. Sie flohen vor dem unvermeidlichen Schuldigwerden gegenüber der Armut und der Liebe. Sie flohen in die Liebe zu „Gott allein" und in die freiwillige Armut der Mönchsklause.

Dort standen sie allein vor der Unendlichkeit, allein zwischen Sternenhimmel und Sand, allein mit ihrem Herzen voll dunkler Gefahren und ihrem Gott, der das Herz sieht. Sie bekämpften die Dämonen ihres Herzens und die Wünsche des „Fleisches" mit Hunger und strenger Askese, sie bekämpften tapfer alles, von dem sie glaubten, daß es vor Gott Sünde sei. Der eine oder andere wurde wahnsinnig oder ging zurück. Aber die meisten wurden alt; die Dämonen gaben auf, die rastlosen Gedanken schwiegen, das „Fleisch" vergaß seine Bedürfnisse, ihr Geist hatte gesiegt. Ihr Herz wurde heiter, leicht und leer. Sie waren glücklich!

Dieses Glück, das sie gefunden hatten, war so augenfällig und strahlend, so anders und frei, daß es immer mehr Menschen anzog, sie zu bestaunen oder ihnen nachzueifern, in die Wüste zu gehen, um glücklich zu werden, auch ein bißchen, um ihre Angehörigen und Freunde stolz auf ihren Heiligen zu machen. Der Wüstenmönch wurde zum Idol der Zeit. Der junge Aurelius Augustinus war tief beeindruckt von der Biographie des großen Wüsteneremiten und Heiligen Antonius, mit dessen Ringen mit der eigenen Zeitlichkeit und Leiblichkeit er sich identifizieren konnte.

Glück und Trauer des Heiligen Augustinus

Dieser Augustinus ist das Glück und die Trauer des Christentums; er *ist* das Christentum.

Seine Geschichte ist die von dem furchtbaren Paradox, von der Unmöglichkeit, Christ zu sein und glücklich zu leben, von der Schwierigkeit, umzugehen mit Gott, mit seinem Ernst, seiner Treulosigkeit und seinem Schweigen.

Augustinus, sein Leben und seine Theologie waren besonders intensiv geprägt vom Geist seiner Zeit; er impfte die Theologie der folgenden Jahrhunderte mit diesem Geist und mit seiner faszinierenden, glücklich-unglücklichen Persönlichkeit.

Eigentlich muß er als Experte für das Glück angesehen werden. Nicht nur, weil er wie viele andere ein Buch über das Glück geschrieben hat, sondern weil er mit ungewöhnlicher Leidenschaft und unstillbarem Lebenshunger Glück gesucht und an sich gerissen hat, alles was man für Glück halten kann: Reichtum, Ruhm und Einfluß, Liebe und Lust, Genuß und Freundschaft. Er wollte Glück, nicht nur ein fades, ruhiges Nicht-Unglück, ein egozentrisches Vermeiden aller Belästigungen, eine Mischung aus vernünftig ausgewählten kleineren Übeln, sondern das hellste, strahlendste, vollkommene, ewige Glück, das dem Menschen in dieser Welt nicht bestimmt ist, das es aber doch geben müßte, weil es denkbar ist.

Dieser unruhige, leidenschaftliche, vielseitig schillernde und hochbegabte Mann war nicht nur ein lebenshungriger Glückssucher, sondern auch ein wissenshungriger Erkenntnissucher: Er wollte die Wahrheit über das Glück finden, das Glück der Wahrheit.

Aurelius Augustinus wurde 354 als Sohn eines kleinen römischen Beamten in Thagaste, einem algerischen Dorf, geboren. Sein Vater war Heide; seine Mutter, willensstark und von großem, bindenden und bestimmenden Einfluß auf den Sohn, war Christin. Für den frühreifen Heranwachsenden verbanden sich zunächst die strengen Moralvorstellungen der christlichen Mutter mit der kleinbürgerlichen Engstirnigkeit und Enge seines Dorfes. Er brannte vor Ehrgeiz und Lebenshunger. Karthago, wo der 16jährige sein Rhetorikstudium aufnahm, bedeutete für ihn Befreiung aus Enge, Familie und Provinz.

In Karthago war damals Wüste noch Wüste und Stadt noch Stadt. Die Welle einer christlich-asketisch gefärbten „sexual correctness" oder repressiver Prüderie, die von der ägyptischen Wüste aus Rom und das Reich erfaßte, scheint den Westen Afrikas und dessen glänzende Metropole noch verschont zu haben, obwohl entsprechende Forderungen bereits unüberhörbar formuliert wurden. Kaiser Konstantin, der den pflichtbewußten christlichen Mittelstand zur Stütze seiner Herrschaft in Verwaltung und Heer gemacht hatte, verbot offiziell die Vergnügungen und Kostümfeste, genauer gesagt, die öffentlich inszenierte Promiskuität anläßlich der Feste zu Ehren heidnischer Gottheiten von verschiedenster internationaler Konvenienz, wie des Saturn, des Baal und wie sie alle hießen. Trotzdem bestimmten diese vergnüglichen Kulte und eine Nach-uns-die Sintflut-Stimmung das Treiben und Lebensgefühl der studentischen Jugend.

Ein erster Leistungsbeweis des 18jährigen heißblütigen Studentleins war denn auch die Geburt seines unehelichen Sohnes Adeodatus – der von Gott Geschenkte. Ein Geschenk, über das sich der junge, ziemlich mittellose Vater zunächst wenig freute. Später stellte er wie alle Väter fest, daß sein Sohn der schönste und gescheiteste Knabe weit und breit war.

Gemessen an dem heidnisch-römischen Sittenkodex waren die Liebschaften und Abenteuer, die Obsessionen und die Neugier des jungen Mannes nichts Ungewöhnliches. Später maß er selbst sie an der asexuellen Moral der Wüstenmönche, verurteilte seine „Sünden" heftig und malte sie so schwarz, daß der Glanz seiner Bekehrung besonders hell erstrahlte.

Augustinus war in Karthago sowohl ein Möchtegern-Lebemann als auch ein begabter, ehrgeiziger Student mit eisernem

Karrierewillen, gleichzeitig war er ein unruhiger, ja inbrünstiger Weisheits-, Glücks- und Gottsucher.

Einen ersten Hinweis auf die Weisheit, das Glück der Philosophen, hatte der 19jährige in Ciceros Schrift „Hortensius" gefunden; eine überwältigende Einsicht, die er in seiner Autobiographie, den „Confessiones", beschreibt: die Entdeckung des Geistigen.

„Im Verlauf der gewohnten Studienordnung, die auch ich einhielt, stieß ich auf das Buch eines gewissen Cicero, dessen Sprache, mehr als seinen Geist, fast jedermann bewundert. Das Buch trägt den Titel ‚Hortensius', und sein Inhalt ist eine Aufforderung, sich der Philosophie zu widmen. Und dieses Buch vollzog in meinem Herzen eine Wandlung: zu dir, Herr, wandte es meine Gebete, und neuen Inhalt gab es meinen Wünschen und Begierden. Mit einem Male brach sie in mir zusammen, all die eitle Hoffnung; mit einer Inbrunst über alles Maß sah das Verlangen meines Herzens nun nach deiner ewigen Weisheit, und ich begann mich zu erheben, um zu dir zurückzukehren.

Denn nicht des glatten Stils wegen, den ich um meiner Mutter Geld erlernen sollte – ich zählte damals neunzehn Jahre, und seit zwei Jahren war der Vater tot –, nicht des glatten Stils wegen las ich das Buch. Was es zu mir sprach, nicht wie es zu mir sprach, das hatte mich gewonnen."

Am Ende der Wörter

Augustinus hatte selbstverständlich Rhetorik studiert. Die Kunst und Technik, eventuell auch „die schwächere Sache zur stärkeren machen zu können", wie der Sophist Protagoras sagte, stand in hohem Ansehen und versprach ein gutes Einkommen. Als in der spätrömischen Kaiserzeit mit Rhetorik im politischen und juristischen Raum nicht mehr viel zu erreichen war, wurde sie im Kulturbetrieb und im Bildungswesen zum ästhetischen Spiel und Selbstbestätigungsritual der Intellektuellen, zu gesprochener Literatur. Der Rhetor stand an der Spitze des gesellschaftlichen Ansehens. Die Menschen hörten den Heldentenören der bunten Weisheiten begeistert zu, auf den Marktplätzen, in den öffentlichen Hallen, bei Festen in Villen und Palästen. Sie applaudierten allem und glaubten nichts.

In dieser spielerischen Sinnbehauptung und ebenso leichtfertigen Sinnzertrümmerung, in den Wortspielen einer längst floskelhaften Kultur, steckt ein beachtliches Unterhaltungs- und Glückspotential. Rhetorik ist ein Zeichen einer aufgeklärten, urbanen, laizistischen Kultur; sie verbürgt Leichtigkeit, Distanz und Toleranz. Mit der Rhetorik muß man die Sprachlichkeit der Vernunft anerkennen, sich mit ihrer Relativität und Vorläufigkeit arrangieren, sich im Provisorischen einrichten. Rhetorik beruht auf der stillschweigenden Voraussetzung, daß Sinn, daß Lebenssinn aus Worten gemacht wird und daß Worte auch von ihm befreien. Das schützt wirksam vor Enttäuschungen.

In der hellenistisch-römischen Ökumene machte sich aber damals ein wachsender Fundamentalismus und eine Sehnsucht nach unverrückbaren Wahrheiten breit. Eine Welle moralischer „Korrektheit" und geistiger Prüderie brachte die Rhetorik in Mißkredit. Die intellektuelle Avantgarde der Moralisten hatte Kulturfeindlichkeit und Einfachheit auf ihre Fahnen geschrieben. Wahrheit statt Worte! Ernst statt Spiel!

Augustinus war ein Kind und Günstling des Zeitgeistes. Dem Rhetorikprofessor, dem „Worteschacherer", wie er sich selber nannte, wurde das wohlklingende Geschwätz, das ihm so leicht von den Lippen und aus der Feder floß, zunehmend peinlich.

Außerdem konnte man auch damals mit Beredsamkeit und noch so umfassendem Wissen, mit geschliffener Intellektualität, nicht viel mehr als Bücher schreiben, in Gesellschaft glänzen oder andere in dieser brotlosen Kunst unterrichten. Augustinus verdiente denn auch sein Brot als geplagter Schulmeister, als Rhetorikprofessor, und nebenher, als Lohn des Ruhms, wurde er kaiserlicher Hofredner. Sein zwiespältiges Verhältnis zu seinem Fach und zu seiner Karriere offenbart folgende Episode, erzählt von seinem Biographen Possidius:

„Im Jahre 385 bekam der berühmte Rhetor in Mailand den ehrenvollen Auftrag, die jährliche Lobrede auf den Kaiser zu halten. Das war Valentinian II., ein 13jähriger Bub. Damals gab es drei Kaiser, dieser regierte in Italien; Mailand war die Hauptstadt. Die Söldner seines Vaters hatten ihn mit vier Jahren zum Kaiser ausgerufen. Für ihn regierte seine Mutter, gestützt von irgendeinem General. Augustinus würde Lügen, Höflichkeiten und Phrasen vortragen, die Menge würde applaudieren ... kurz, eine unrühmliche Komödie! Auf dem Weg zum Palast begegnete ihm in den Straßen Mailands ein betrunkener Bettler, der seinen Rausch genoß und die Vorübergehenden mit dummen Scherzen unterhielt.

,Seht einmal‘, sagte Augustinus zu seinen Freunden, ,um wieviel dieser Bettler glücklicher ist als wir. Wir lernen, daß wir müde werden, überantworten uns dem Ehrgeiz, plagen uns mit unserem Denken und streben mit alledem nach dem Glück, das dieser Mann durch ein paar Becher Wein, die er getrunken hat, in einem Maß gewinnt, an das wir nie reichen werden...

Ihr werdet mir einwenden, man müsse die Anlässe solcher Fröhlichkeit vergleichen. Er findet die seine im Wein, ich in der Liebe zum Ruhm, der als etwas Vornehmeres gilt. Aber wenn die Freude des Bettlers keine wahre Freude ist, so ist der Ruhm, den ich suche, kein wahrer Ruhm, wenn ich pathetische Lügen rezitiere.‘

Mit solchen Worten voller Selbstverachtung ging der Professor zum Palast, um die Lobrede auf einen Kaiser zu halten, der nie auch nur das geringste geleistet hatte.“

Was er glaubte oder verlachte

„Nichts ist im ganzen langen Laufe der Menschheitsgeschichte behauptet oder geleugnet worden, was nicht Augustinus behauptete oder leugnete, nichts geglaubt oder verlacht worden, was nicht auch Augustinus glaubte oder verlachte.“
(Hermann Hefele, Theologe, 1932)

In den Jahren zwischen seiner ersten Begegnung mit der Philosophie und seinem Übertritt zum Christentum im Jahre 386, wenige Wochen nach seinem 32. Geburtstag, hatte Augustinus nicht nur das äußere, vergängliche Glück erjagt und auch immer wieder in Händen gehalten, er hatte auch die Güter des Geistes mit Inbrunst gesucht. Begeisterungsfähig, vielseitig und sprunghaft, hat er sich eher gleichzeitig als nacheinander verschiedenen esoterischen und philosophischen Strömungen der römischen Spätzeit, so manchem Glauben und Aberglauben zugewandt. Er war zehn Jahre Manichäer gewesen, Mitglied einer gnostischen Sekte, die Gut und Böse wie Licht und Finsternis als konkret materielle und gleichwertige Erscheinungen ansah, die den Schicksalsweg der menschlichen Seele bestimmen. Auch hatte er jahrelang Astrologie betrieben.

In diesen Jahren wechselte er also von einer ersten Neigung zur Philosophie im Geist der Stoa zum Manichäismus, von diesem zum Skeptizismus, vom Skeptizismus zum Neuplatonismus und von diesem zum Christentum. In dieser Zeit hat er, der Glück- und Wahrheitsucher, der Alleswoller, sich ernsthaft und akademisch mit den wichtigsten Strömungen der spätantiken Philosophie auseinandergesetzt. An jede stellte er dieselben Fragen: Was ist Glück, wie erreicht man es, was ist der Weg, und wer ist glücklich?

Das Glück, erfährt er bei Platon, das ist die göttliche Idee des Guten und die Teilhabe der Seele an dieser Idee. Der Weg zum Glück ist das intellektuelle Erfassen dieser Idee, ist die Weisheit als höchste Tugend. Glücklich, schließlich, können nur sehr wenige sein, denn glücklich ist der Weise und Gerechte, in dem sich das Göttliche entfaltet... Wer zum Beispiel? Ja, Sokrates! Wer würde sich da nicht kleinlaut davonschleichen?

Aristoteles hingegen meint, das Glück sei eine Sache für viele, denn glücklich sei der Könner, der Tüchtige, der Tätige, der tut, was er gerne tut und was er gut kann. Der Weg dazu sei Tugend, womit er Fähigkeit und „Know-how" meinte, verbunden mit dem richtigen Maß in allen Situationen. All das sei lehr-, lern- und einübbar. Wir wissen, daß dies mit den Ansichten moderner „Happyologen" durchaus übereinstimmt.

Augustinus, der Hochbegabte, der berühmte Rhetor, der erfolgreiche Überreder, der unermüdliche Schriftsteller, Verfasser zahlreicher Schriften von höchster poetischer Qualität, er hätte nach dieser Definition glücklich sein müssen, so glücklich wie Aristoteles – aber er war es eben nicht. Zum einen hatte er einen ungeliebten Brotberuf; er beklagte immer wieder, wie unerfreulich es sei, unbegabten, uninteressierten, schlecht erzogenen Studenten das Schwadronieren beizubringen. Zum anderen zeigt die Geschichte von der Rede für das 13jährige Kaiserlein, für die sich der Herr Professor eigentlich schämte, daß die politischen und sozialen Verhältnisse für das Glück des Aristoteles, für das Glück des freien Könners, nicht günstig waren.

Das unruhige Herz

„Du hast uns zu dir hin geschaffen,
unruhig ist unser Herz, bis es ruht in dir."
(Augustinus)

Epikur hatte das Glück „Lust" genannt, er verstand darunter die harmlosen Freuden am Leben, vor allem aber Abwesenheit von Schmerz und Mangel, Gesundheit des Leibes und Ruhe der Seele. Der Weg dazu war Maßhalten, Zurückschrauben von Ansprüchen, Leidenschaftslosigkeit und bescheidenes Leben im Verborgenen. Damit mochte der eine oder andere ein paar Tage glücklich geworden sein. Nicht Augustinus! So ein idyllisches Glückchen oder Lüstchen, das bescheidene Genießen eines Un-Unglücks, die verklärte Resignation, entsprachen nicht seinem Temperament. Bescheiden, distanziert, mäßiger Genuß, Wegreden des Unglücks? Augustinus war niemals bescheiden, distanziert oder mäßig, weder im Genuß noch in der Verzweiflung, weder in seinen Wünschen noch in seinem Entsagen, nicht als Liebhaber noch als Gottsucher. Außerdem hatte er bei allem gerne Publikum. Er war eben leidenschaftlich, aber es wurde ihm auch immer klarer, daß er mit allem auf der Welt sich Leiden schaffen würde.

Das ikonographische Symbol des späteren Heiligen ist das brennende Herz. Er spürte es, wie eine Krankheit. Dieses unruhige, brennende Herz konnte er nicht durch kluges Gerede beruhigen. Seine rhetorische Schulung hatte ihn schließlich gelehrt, Leerformeln und Worthülsen zu erkennen, und sein scharfer Verstand machte ihn klarsichtig, hinter die verschiedenen Masken der Verzweiflung zu schauen.

Auch das Glück des Seneca, das Glück der Stoa, war nicht mehr als seine wortreiche Verneinung. Das Glück war alles und nichts: Gott, Natur und Ewigkeit, Tugend und Vernunft, Harmonie, Weisheit, Wahrheit... Bälle, mit denen man taschenspielerisch jonglierte, um schließlich den Ball „Glück" im Ärmel verschwinden zu lassen, um nicht sagen zu müssen, daß Glück nicht sei! All die kultivierten Intellektuellen der Kaiserzeit hatten mit verzweifelter Eleganz mit diesen Bällen gespielt. Glücklich war der Weise, aber genaugenommen nur der tote Weise.

Die Skeptiker oder Akademiker stellen fest, daß es über nichts auf der Welt, auch nicht über das, was wahr und gut sei, Gewißheiten gebe, sondern höchstens gewisse Wahrscheinlichkeiten. Augustinus hatte diese Lehre selbst vertreten, später stellte er ihr die Gewißheit des Bewußtseins entgegen, die Gewißheit zumindest der eigenen Existenz. Die Akademiker lehrten, das Glück sei die Suche nach der Wahrheit. Suche nach einer Wahrheit, die nicht zu finden ist! – Augustinus wollte nun Gewißheiten; er wollte nicht ewig suchen, sondern endlich finden, er wollte nicht nur einen Weg, sondern ein Ziel.

Die Lehre der Neuplatoniker über Glück und Lebensziel überzeugte ihn am meisten. Sie kam der Wahrheit des Christentums am nächsten. Plotin definierte das Glück als eine transzendente, das heißt jenseitige, aber wirkliche Idee, die Idee des Guten, das Gute an sich, und das ist Gott. Für den Menschen ist Glück die Vereinigung mit dem Göttlichen, von dem die Seele ihren Ausgang genommen hat. Der Weg des Menschen zum Glück ist die Rückkehr und Teilhabe der Seele am göttlichen Geist durch Kontemplation und Askese. Das war der Weg und die Offenbarung der Wüste. Endgültig glücklich ist, wer dieses Lebensziel erreicht hat, der Zurückgekehrte, der von Leib und Welt Befreite.

Der Weg zur Heiligkeit ist mit scheußlichen Banalitäten gepflastert! In seinen Mailänder Jahren hatte Augustinus kaum die Zeit und die Kraft gefunden, beim Nachdenken über das Glück, über seine Existenz, Konsequenzen für sein Leben zu ziehen oder wirkliche Gründe für seine Entscheidung zu finden. Er hatte Vorlesungen zu präparieren, zeitraubende gesellschaftliche Verpflichtungen, ehrenvolle Aufträge und ein sehr intensives Privatleben. Die Predigten des großen Bischofs Ambrosius, um dessen Freundschaft und Anerkennung er anfangs nur mit mäßigem Erfolg warb, hatten ihn zunächst nur wegen ihrer überwältigenden Rhetorik angezogen. Nun überwältigte ihn die Glaubensgewißheit des großen Mannes. Er wäre gerne Christ geworden, er fühlte sich überzeugt, wenn ihn nur nicht die hohen moralischen Anforderungen erschreckt hätten.

Sein Appetit auf Geld, Macht und Ansehen und besonders auf Frauen war groß gewesen, aber irgendwie hatte er mit 32 Jahren alles satt. Eine Lungenerkrankung war nur halbwegs überstanden. Zudem befand er sich in einer besonders eingeengten Situation. Er hatte eine Lebensgefährtin, die Mutter seines Sohnes, die treu und geduldig vorhanden war. Nun war seine Mutter Monica angereist, um das Leben ihres Sohnes endlich zu ordnen. Sie arrangierte eine Verlobung mit einem Mädchen aus gutem Hause und zwang ihn, wie das nur Mütter können, seine Lebensgefährtin wegzuschicken. Die junge Braut war hübsch und reich, aber leider erst zehn Jahre alt. Man mußte also noch zwei Jahre auf die Heirat warten. Inzwischen nahm er sich eine dritte Frau ins Haus. Die Situation deprimierte ihn wirklich: Er hatte Sehnsucht nach der Mutter seines Sohnes und ein schlechtes Gewissen gegenüber der Braut und überdies seine Mutter im Nacken.

Er war für damalige Verhältnisse nicht mehr jung. Es gab in der römischen Oberschicht eine sehr geachtete Gepflogenheit, daß Männer in diesem Alter sich von ihren Familien zurückzogen, um sich ganz den Interessen der Allgemeinheit zu widmen. Seit dem dritten christlichen Jahrhundert führte der gesellschaftliche Aufstieg in die Wüste. Die Zeit für einen befreienden Schritt ins große Hinaus war für Augustinus reif.

Seine Bekehrung war ein Entschluß zum Sprung. Als er in den Herbsttagen des Jahres 386 auf einem Bauernhof in Cassiacum bei Mailand mit seiner Mutter Monica, seinem Sohn Adeodatus und einigen Freunden ein paar freie Tage verbrachte und das berühmte Gespräch über das Glück führte – aus dem Protokoll entstand das spätere Buch –, hatte er sich zum Übertritt zum Christentum und zum Aussteigen entschlossen. Er wollte seinen Beruf an den Nagel hängen, seine Bindungen zu den drei Frauen lösen, ehelos leben und sich entweder in einer Art mönchischer Gemeinschaft oder für sich allein dem Geistigen oder Göttlichen widmen.

Glücklich ist, wer Gott hat

> „Als Schöpfer von Worten ist der Mensch
> das Wahnwesen schlechthin."
>
> (E. M. Cioran)

Im dem Buch „Vom glücklichen Leben" und auch in den „Bekenntnissen" verteidigt Augustinus das Glück seines neuen Lebens gegen das so intensiv genossene des alten. Er verteidigt es mit den rhetorischen Mitteln und den Argumenten der Stoa und mit dem Paradigma der platonischen Philosophie: dem Ausgang, der Rückkehr und der Teilhabe der Seele am göttlichen Geist. Glücklich ist, wer das unveränderliche, vollkommene, ewige und absolute Glück hat. Daraus folgt: „Glücklich ist, wer Gott hat."

Und wer hat Gott? Jeder, der Seele und Leben hat, der Bewußtsein hat, das Vermögen zu denken und Wahrheit zu erkennen. Jeder ist zu Gott hin geschaffen.

Der Weg zum Glück, der Weg zu Gott, ist Erkenntnis, die

philosophische und intuitive Erkenntnis dieses Weges, und ist vor allem die Liebe, das heißt der Entschluß und Wille, diesen Weg zu gehen. Erkenntnis, Liebe und Entschluß sind eines. „Wir erkennen in dem Maße, wie wir lieben." Dieser Weg des Glücksuchens, des Gottsuchens ist bei Augustinus eine Bewegung nach innen, von der sinnlichen Außenwelt zur Innenwelt des menschlichen Geistes, von dort zum „Innersten des Herzens", zu Gott. Wer liebt, kann bei der Suche nach dem Geliebten nicht in die Irre gehen. So meinte er den Satz: „Liebe und tue, was du willst."

Gott im Inneren, in der Tiefe des eigenen Bewußtseins suchen – welche Geborgenheit und welche Gefahr, welche Hingabe und welche Hybris! In diesem Büchlein über das Glück hat also der geniale Konvertit die platonische Philosophie mit dem Christentum in Einklang gebracht und darüber hinaus die Gewißheit des Bewußtseins als Ausgangspunkt der Erkenntnis formuliert – vor Descartes, vor Kierkegaard, vor Husserl!

Am Ostersonntag nach jenen Tagen in Cassiacum ließ sich Augustinus zusammen mit seinem Sohn Adeodatus von Ambrosius taufen. Er hatte sich also in die Hände des lebendigen Gottes fallen lassen; er stand am Ende der Welt. – Aber das Leben ging weiter.

Augustinus schreibt und schreibt. Er ordnet und durchdenkt in seinen Schriften die philosophische Überlieferung der Jahrhunderte und baut sie ein in das System der neuen christlichen Theologie.

Im selben Jahr, im Jahr seiner Taufe, stirbt seine Mutter. Im August des folgenden Jahres kehrt er heim nach Thagaste, er verkauft sein kleines väterliches Erbe, gibt den Erlös den Armen und begründet mit wenigen Freunden eine erste klösterliche Gemeinschaft. Sein geliebter Sohn Adeodatus stirbt.

Dem Weltmann Augustinus wurde sein Wunsch nach Ruhe und mönchischem Leben, wurde die Sehnsucht nach der Geborgenheit der Wüste nicht erfüllt. Die junge Kirche braucht ihn. Man drängt ihn zur Priesterweihe; bald ist er Bischof von Hippo. Die weiteren 40 Jahre seines Lebens verbrachte er in rastloser organisatorischer, diplomatischer und schriftstelleri-

scher Arbeit, mit heftigen Kämpfen gegen Sekten und zweifel-
hafte Interpretatoren der christlichen Lehre.

Und sein Glück? Seine Gewißheit? Sein Gott?

In seinen ersten Jahren in Hippo, 397–398, schrieb Augustinus
seine Autobiographie, seine „Bekenntnisse". Eines der erstaun-
lichsten und hinreißendsten Bücher der Weltliteratur. Dieses
Buch ist ein einziges Gebet zu Gott, ein Rechenschaftsbericht
über seinen Lebensweg. Gott ist der Angesprochene und ist
der Spiegel, der ihm die Erlebnisse seiner Jugend in ihrer wahren Bedeutung zeigt. Ein sprachgewaltiges, drängendes, fast
manisch-atemloses Gebet, in dem aller Wille und alle Liebe,
zu denen ein Mensch fähig ist, gebündelt und auf Gott gerichtet sind.

War er glücklich, solange er schrieb, solange er sprach? Trieb
ihn zu solch erstaunlichem Gebet auch die geheime Angst,
wenn er innehielte, könnte er hören, hören müssen, wie Gott
schwieg?

Glücklich ist, wer Gott hat. – Wer kann sich je des schweigenden, des verhüllten Gottes sicher sein? Wer kann ihm je genügen? „Gott ist eine große, weite Wüste", hat der Mystiker
und Heilige Johannes vom Kreuz geschrieben. Augustinus
hatte für die Wüste optiert. War Gott seine Wüste?

Augustinus hatte den großen Sprung gewagt; er stand un-
behaust im Weltallwind vor ihm, dem Ganzanderen, dem
Ungeheuren, dem Schweigenden. Er verpackte ihn in seine
Liebe, in sein Gebet, in seine Hingabe, in sein Herz. „Ich
habe dich erkannt, so wie du mich erkannt hast", steht am
Anfang des zehnten Buches der „Confessiones". Der schreckliche Irrtum aller Frommen. Augustinus vergaß, daß er selbst
es war, der den Part Gottes sprach. Er baute Gott, seinem
Glück, ein Gehäuse aus Worten und Geschichten, die er für
ihn erfand, um den Unerklärlichen zu erklären. So erfand er
sein Glück.

„Augustinus ist das, was man einen ‚gläsernen Menschen'
nennen kann. Er ist durchsichtig... In seinen Schriften entblößt
er sich bis zur Selbstentäußerung. Bedenkenlos läßt er alle Hül-

len seines Herzens fallen. Wo andere verhüllen oder verschweigen, läßt er in die Abgründe seines Herzens schauen." Das ist der Grund, warum wir bei ihm beispielhaft in den Abgrund des christlichen Glücks und der menschlichen Gotteserfahrung schauen können.

Mauern eilen aufeinander zu

Augustinus war in die Stadt verbannt; er mußte leben und arbeiten für die Kirche und die Menschen in dieser Welt. Er kämpfte, redete und schrieb. Seine Arbeitsleistung war ungeheuer. Er wurde alt, klarsichtig und unduldsam. Längst hatte er gelernt, was auch Hiob lernen mußte: daß es in diesem Leben kein verläßliches Glück geben kann, auch nicht das Gefühl, „Gott zu haben", und daß man mit Gott nicht reden kann „wie mit einem Freund". Das Glück ist einzig bei Gott, vor dem der Mensch nur durch die Gnade, vielleicht, bestehen kann.

Aus seiner Einsicht machte Augustinus zwei folgenschwere Thesen: die von der Erbsünde und die von der Gnadenwahl. Sie haben besonders das lutherische Christentum bis tief in unsere Zeit geprägt.

Es geht um die Einsicht von der vollkommenen Unzulänglichkeit jedes Menschen aufgrund seiner spezifisch menschlichen Verfaßtheit als biologisches und moralisches Mängelwesen; „Sündhaftigkeit" nannte man das, als Psychologie und Evolution noch nicht erfunden waren. Und es geht um die Erfahrung der unberechenbaren, freien, übermächtigen Gnade oder Heimsuchung Gottes, die mit unwiderstehlicher Gewalt und voller Wucht den trifft, den sie sich aussucht. Augustinus spielte auch mit Gedanken von der Kehrseite dieser Gnadenwahl, der Prädestination, der entsprechend der eine zum Heil berufen sein könnte, ein anderer eben nicht. Der Mensch wäre dann nur Marionette in Gottes Hand. Hus, Luther, Calvin, später Pascal haben sich auf ihn berufen.

Nun gibt es kaum eine Meinung oder Behauptung, die der ehemalige Rhetor nicht im Laufe seines Lebens mit Vehemenz und Eloquenz vertreten hätte. Seine immer unter äußerster Anspannung und Zeitdruck entstandenen Schriften bestehen aus Widersprüchen, Kehrtwendungen, Entwürfen und Dementis. Alles offene, ungeschützte Bekenntnisse, ungeprüfte geniale Gedanken, unüberarbeitete Notizen. Er liebte es, während des Denkvorganges zu schreiben und Extrempositionen auszuleuchten. Die zunehmend schrift- und überlieferungsgläubige Nachwelt schnitzte aus seinen Worten, die eben Worte waren, Zäune und Keulen.

„Das dunkelste Geheimnis, das es für unseren Verstand geben kann, das Mysterium der Erbsünde, ist der einzige Schlüssel zum Verständnis unseres Wesens... Nichts bereitet uns ein so unerträgliches Ärgernis als diese Lehre; aber ohne dieses Geheimnis, das unbegreiflichste von allen, sind wir uns selbst unbegreiflich." (Blaise Pascal, Mathematiker und Philosoph 1623–1662) Das ist also das Ärgernis, die unglückselige Verfassung des Menschen, das Gute zu schätzen und das Böse zu tun; sein Sosein ganz einfach, das er in Zeugung und Geburt empfängt und weitergibt, zusammen mit aller Trauer, Enttäuschung, Liebe und Gewalt, die Eltern ihren Kindern vererben, in endloser Wiederholung. Und doch zu Gott hin geschaffen! Unglücklich und ohne Ausweg schuldig. „Was ist das, was in uns hurt, lügt, stiehlt und mordet?" fragt Büchners Woyzeck.

Sünde und Melancholie

Der britannische Bischof Pelagius kannte weder das alte gnostische Märchen von den bösen Mächten und Dämonen und von der im Leib gefangenen Seele, noch hatte er Verständnis für den schwarzen Fatalismus und die Melancholie der untergehenden römischen Kultur, und schon gar nicht konnte er im Menschen, das heißt immer, in sich selbst, so viel an unbeherrschbaren, bösen Trieben finden; er hatte wohl auch nicht Zeit und Lust, so tief zu graben. Also glaubte er an das Gute im Menschen und lehnte die Erbsünde ab, als dumme Ausrede für jede Kapitulation und Flucht aus der Verantwortung.

Augustinus bekämpfte den Pelagius mit erbitterter, kaum erklärbarer Heftigkeit. Er verweigerte dem penetrant Gutwilligen sogar ein einziges, dringend erbetenes Gespräch. Es war aber auch unsäglich! Eine Zivilisation versank gerade in Blut, Rauch und Barbarei, und da kam dieser Engländer und fragte, wo denn bei alldem das Positive bliebe.

Was machte den einstigen Rhetor der Liebe so lieblos? Vielleicht fühlte er, wollte es aber nicht wahrhaben, daß man diesen einfachen Glauben an Willensfreiheit, Disziplin und Vernunft, an die Fähigkeiten des Menschen und an den guten Willen, mit dem doch alles zu regeln sei – daß man diese lebenserhaltenden Utopien besser bestehen lassen sollte. Andererseits wußte er mit trauriger Klarsicht, daß die unverbesserliche Beschaffenheit des Menschen, daß die Existenz dieses jeweiligen windigen Ich vor einem furchtbaren, freien und schweigenden Gott eine Katastrophe sei und daß die einzige Konsequenz aus der Erbsünde, wie er die ganze Misere nannte, die totale Verneinung des Lebens und des Glücks sein müßte.

Er wußte, daß er Recht hatte, und er wußte zugleich, daß die ganze bestürzende Wahrheit über Gott und Mensch verborgen bleiben mußte.

Augustinus hatte in der leibfeindlichen hellenistischen Tradition und auch infolge seiner persönlichen Biographie und des Konflikts zwischen den libertinen Werten seiner Jugend und der rigorosen Ideologie der Wüste die Sexualität, die Sünde des „Fleisches", als das „nicht zu Beherrschende" im Menschen wahrgenommen. Er sah in ihr, in der Liebe wie im Tod, das Wirkliche der menschlichen Verfallenheit. Er wußte: Glück ist erfüllte Liebe. Aber Liebe ist Gier. Gier nach Besitz, nach Macht, nach Anerkennung, nach Vereinnahmung und Beherrschung des Geliebten. Augustinus nannte das die „Erbsünde"; Buddha nannte es die „Wurzel des Leidens".

„Müde erwartet alles das greisenhafte Ende der Welt. Schon beginnt die Zeit am letzten Tage... Ganz Gallien raucht als einziger Scheiterhaufen... Doch was soll ich den Leichenzug der hinsinkenden Welt beschreiben, der ohne Unterbrechung seine gewohnte Bahn zieht?" So schrieb ein gewisser Orientus um 450 über die Endzeitstimmung in Rom.

Im Jahre 410 war das Weströmische Reich von Alarich, dem Gotenkönig, erobert worden. 430 war die Bischofsstadt Hippo Regius in Nordafrika von den Vandalen belagert – überfüllt mit Flüchtlingen, mit Leid, Not und Verzweiflung. Augustinus starb, 76 Jahre alt, in der belagerten Stadt.

Sein Biograph Possidius berichtet über seine letzten Tage. Da ihm die Ärzte verboten hatten, sich mit dem Lesen von Büchern zu überanstrengen, ließ er sich die Bußpsalmen Davids mit großen Buchstaben auf Pergamentblätter schreiben und sie an der Wand gegenüber dem Bett anbringen, um sie immer vor Augen zu haben. Und indem er sie wieder und wieder las, weinte er unaufhörlich...

Als man an seiner Leiche die Psalmen anstimmte, brüllten betrunkene Vandalen an den Mauern von Hippo wie wilde Tiere.

Augustinus hatte die Unzuverlässigkeit und Leere des erfahrbaren irdischen Glücks erkannt; er hatte es konsequent verworfen und auf das einzig verläßliche Glück gesetzt, auf Gott. Mit den Jahren wurde ihm auch das verdächtig. Fragwürdig ist der Mensch, schwach und anfällig sein Glaube, fragwürdig sind Gott und seine Gnade. Das Ende war Trauer.

Ist die Frohbotschaft Glück oder Drohung? Auch das ist im Kopf. Mag die melancholische Sicht der Dinge nun am Spiel der Endorphine liegen, an der Düsternis einer trostlosen Zeit oder an der Klarsicht des Alters, die den Riß durch die Welt als unheilbar erkennt. Die Melancholie steht am Ende; auch bei Konfuzius oder bei Platon ist sie bezeugt.

Nach Aristoteles gehört Melancholie, was immer er darunter verstand, zur Wesensverfassung der Philosophen. Und Theophrast, sein Schüler, hat in seiner Schrift „Charaktere" behauptet, alle außergewöhnlichen Menschen in Politik, Dichtung, Philosophie und Künsten seien Melancholiker gewesen.

Thomas von Aquin, eigentlich der große Vermittler zwischen Aristoteles und der christlichen Lehre, zählt, wie schon

Johannes Cassianus, einer der frühen ägyptischen Mönchsväter, die Melancholie zu den sieben Hauptsünden. Und Dante hat für die traurigen Wissenden sogar den fünften Kreis seiner Hölle reserviert. Warum? Der große Kirchenlehrer war Architekt eines Hauses, in dem Gott wohnte und in dem jeder seinen Platz hatte, sich dementsprechend betätigen konnte und sollte und ein wenn auch unvollkommenes Glück genießen, ein unvollkommenes Glück, das aber Gott endlich in ein vollkommenes verwandeln würde.

In diesem Haus regierten Gerechtigkeit und Vernunft, dort ließ es sich leben, denn Gott war verläßlich, er war reine Vernunft, er hielt sich an seine eigenen Spielregeln.

Ein Haus besteht aus Mauern, aber zwischen ihnen ist Sicherheit. Es war in mancher Beziehung eine gut durchdachte Utopie – und in Utopien ist Melancholie ein Zeichen falscher Haltung und Einstellung zum Rechten und Guten und darum schlichtweg verboten.

Das unvollkommene Glück

„Die Glückseligkeit gibt es in diesem Leben,
nicht in einem anderen."
Eine der 219 Thesen, die der Bischof von
Paris, Etienne Tempier, 1277 als Irrlehren
verurteilte und verbot.

Als der Kanzler der Pariser Universität und Bischof von Paris
am 7. März 1277 die 219 von ihm zusammengestellten Thesen
als Irrlehren verbot und deren Verteidigern die Exkommunika-
tion androhte, war Thomas von Aquin gerade drei Jahre tot.
Diese Thesen betrafen das gesamte aristotelische Gedankengut
der Zeit, wie es im 13. Jahrhundert über die jüdisch-arabische
Kultur nach Paris und das Abendland gekommen war. Auch
Gedanken des gemäßigten, immer auf Ausgleich bedachten
Aristotelikers Thomas wären, auf ihre letzte Konsequenz hin
zugespitzt, unter diesen Bann gefallen.

Eine Philosophie, die einen Zusammenhang zwischen Vernunft und irdischer Glückseligkeit herzustellen suchte, wurde
nach dieser Verurteilung für mindestens zwei Jahrzehnte zum
Schweigen gebracht. Dies zeigt, wie „modern", neu und zu-
kunftsweisend das thomistische System der Philosophie und
Theologie damals gewesen ist. Es mußte sich behaupten gegen
den älteren Augustinismus und Platonismus, den Thomas mit
Aristoteles in einer kühnen Synthese in Einklang gebracht
hatte, und gegen einen neuen, einseitigen und radikalen Aristo-
telismus und Rationalismus, der Welt und Gott, Glauben und
Wissen, Kirche und Staat wieder trennte.

Was Kirche und Gesellschaft damals brauchten, war ein geistiges Haus im Hier und Jetzt, ein Denkgebäude zur Rechtfertigung einer Art bürgerlichen Glücks, eine Metaphysik des
Handelns und Tuns in der Zeit, eine Theologie für Bürger,
nicht nur für Mönche.

Das 13. Jahrhundert war die Zeit, in der die ersten Universitäten entstanden. Das städtische Bürgertum gewann an wirtschaftlicher Macht und politischem Einfluß, die europäischen Nationalstaaten begannen sich zu entwickeln. Die Welt war nicht mehr nur eine symbolische Spur zu Gott, sondern reale Lebenswelt. Auch die Kirche hatte sich in dieser Welt eingerichtet mit Reichtum und Macht.

Dagegen gab es mächtige Bewegungen der Frommen, Fanatiker und Enthusiasten, die auf das verheißene Gottesreich pochten, es nicht erwarten konnten, sondern herbeiführen wollten, die die unbequeme Wahrheit hinausschrien, daß der Mensch immer Fremdling, Wanderer, Unbehauster sein müsse auf Erden, vor allem nicht gebunden an Macht und Besitz. Diese „Armutsbewegungen" wurden von der Kirche verdammt und bekämpft, ohne daß man ihnen überzeugende oder gar christliche Argumente hätte entgegensetzen können; so wie die Kirche heute die genuin christlich-messianische „Theologie der Befreiung" ablehnt, weil diese bestehende Machtverhältnisse gefährdet. Die neugegründeten Bettelorden des Dominikus und des Franziskus bemühten sich, den Protest innerhalb der Kirche fruchtbar zu machen und auszutragen.

Der Kampf zwischen kaiserlicher und päpstlicher Macht spitzte sich zu, der Islam trat fordernd ins abendländische Bewußtsein, die vernunftorientierte antike Weltanschauung trat in Konkurrenz zum Glauben. Die mittelalterliche Gesellschaftsordnung war in Gefahr, sie brauchte eine Theorie, ein Haus aus Worten, in dem die Seelen zur Ruhe kamen.

Der stumme Ochse

Thomas war der Sproß eines mächtigen Grafengeschlechtes normannischer Herkunft in Süditalien. Der Vater gehörte zum Hofadel Friedrichs II. Seine Söhne waren dafür bestimmt, die Macht der Familie zu mehren und zu festigen. Adeliger Tradition gemäß wurde der Fünfjährige zur Unterrichtung und Erziehung in das berühmte Benediktinerkloster Monte Cassino gebracht. Er studierte in Neapel und Paris und entschied sich dann, zum Entsetzen seiner Familie, für das Kloster. Der ruhige, freundliche, auffallend schwere junge Mann, dem die Kommilitonen den Spitznamen „der stumme Ochse" gegeben hatten, wußte seinen Willen durchzusetzen.

Mit neunzehn Jahren trat er in den Dominikanerorden ein. Auf dem Weg dorthin hatten seine Brüder einen drastischen Versuch gemacht, ihn von seinem unstandesgemäßen Vorhaben abzubringen. Sie überfielen ihn, nahmen ihn gefangen und sperrten ihn in einen Turm. Durch die einzige Öffnung nach oben wurden Speis und Trank und – so wird erzählt – auch ein hübsches Mädchen heruntergelassen. Vergeblich. Thomas rückte freundlich zur Seite, das war alles. Er war weder ein heißblütiger junger Augustinus noch ein alter Wüsteneremit Antonius. Aber er wollte sich einfach zu keinem Glück zwingen lassen, schon gar nicht von älteren Brüdern.

Der Prediger- und Bettelorden der Dominikaner gab ihm die Möglichkeit, Unvereinbares zu vereinen: die Radikalität eines an den Maßstäben des Evangeliums ausgerichteten Lebens und die Vernunft im Diesseitigen, Glauben und Wissen, das vollkommene und das unvollkommene Glück.

Thomas von Aquin studierte und diskutierte in Köln bei Albert dem Großen, der das Verhältnis von Glauben und Vernunft noch mit dem Satz charakterisiert hatte: „Ich glaube, weil es absurd ist." Zweimal lehrte Thomas einige Zeit an der Universität Paris, dem geistigen Mittelpunkt des damaligen Europa. Er leitete die Ordenshochschule in Rom, Päpste zogen ihn als Berater an ihren Hof. 1272 kehrte er mit dem Auftrag, eine weitere Hochschule aufzubauen, in seine Heimat nach Neapel zurück. 1274 starb er 52jährig auf dem Weg zum Konzil in Lyon. Ein ungeheuer tätiges, immer angespanntes, rastloses Leben! Es ist nicht verwunderlich, daß Thomas mit Aristoteles darin übereinstimmte, daß Glück hauptsächlich Verwirklichung im Tätigsein sei.

Sein größtes und bekanntestes Werk war die „Summe der Theologie", die mit der Methode sachlicher Gegenüberstellung des Für und Wider das gesamte Wissen und alle Fragestellungen der Zeit abhandelt. Dieses Lebenswerk war so großartig, daß der sympathische Professor bereits zu Lebzeiten „princeps philosophorum", Philosophenfürst, genannt wurde. Für die katholische Kirche gilt er bis heute noch als nicht überholt; 1879 wurde er zum offiziellen katholischen Kirchenphilosophen erklärt, und jeder Theologiestudent muß und kann noch heute aus seinen Schriften lernen, wieviel unvollkommenes Glück dem Christen zusteht.

Summe der Theologie

Und so war dieses allgemeine, katholische Haus für die Jahrhunderte gebaut. Es ruht auf zwei Grundsteinen: Augustinus-Platon und Aristoteles.

Von ersterem führen die Treppen ins Vertikale, vom zweiten die Gänge in der Horizontalen. Die Stockwerke sind die hierarchische Ordnung des Seins, von der anorganischen Natur über Pflanze, Tier, Mensch, Engel zu Gott; dem zugeordnet sind Körperlichkeit, Leben, Sinneswahrnehmung und Vernunft. Gott ist reine Vernunft, an ihr hat die menschliche Geistseele Anteil. Wie die Seele dem Leib übergeordnet ist, so in horizontalen Analogien das himmlische Glück der Gottesschau dem irdischen der Tätigkeit, das kontemplative Leben dem aktiven, das Kloster der Stadt, auch das mit Gott verbundene Tun dem nur profanen. Alles hat seinen Platz auf einer Stufe dieser Ordnung des Seins, in diesem Platz erfüllt sich sein Sinn, auf seiner Stufe kann jegliches Sein sich vollenden, entsprechend seinem Wesen, das auf dieses Ziel hin gerichtet ist. Für das vernunftbegabte Wesen Mensch ist Glück vor allem die Freude an dieser Wohlgeordnetheit. Das ist aristotelisch.

Der Mensch bleibt mit Augustinus „zu Gott hin geschaffen" und findet sein vollkommenes Glück nur in Gott. „Nur Gott macht satt." Alle Stufen dieses Daseinsaufbaus sind Voraussetzung für das Glück; von Gott kommt die Erfüllung.

Aber das „unvollkommene Glück", das irdische Glück ist nicht etwa nichts; man darf es schätzen. Leiden ist nicht Segen,

Gnade und Prüfung, wie die offizielle Tröstung lautete, sondern ein Mangel. Voraussetzung für das irdische Glück ist Gesundheit, aber auch Ehre, Reichtum und Erfolg – alles was sich der Mensch so wünscht... Die beste Voraussetzung für das Glück im gegenwärtigen Leben ist eine frei gewählte Tätigkeit, und zwar um so mehr, je kontinuierlicher und ungestörter sie sein kann. Das war ein Grund für die große Anziehungskraft des Klosters für alle, die geistig arbeiten wollten. Dort war man herrlich ungestört.

Die Freiheit Gottes – das Risiko Gott

Die theologische Anerkennung des „unvollkommenen Glücks" war gefährlich und revolutionär. Ebenso das Einbauen Gottes in die Wohlgeordnetheit und Vernünftigkeit der Seinsstufen. Rationalismus und Aufklärung waren wiedergeboren. Klein noch, aber sie würden wachsen. Und Gott, der Ganzandere, der Verborgene, Unerklärbare, Freie war berechenbar geworden, gefangen in seinen eigenen Gesetzen, im Kosmos der Vernunft. Seine entsetzliche Unerforschlichkeit und Willkür waren hinwegphilosophiert, dem gnädigen Zufall, den er zulassen konnte, die Berechtigung entzogen. Gott war gefangen, gezähmt, unschädlich gemacht.

Der erwähnte Tempier, der sich mit seiner Liste zu verurteilender Thesen hilflos, und natürlich in der rationalen Argumentation unterlegen, gegen den Zeitgeist stemmte, hat sich für die Nachwelt Schimpf und Makel des Anti-Aufklärers, Fortschrittverhinderers und Glückvernichters zugezogen.

Aber er hatte instinktiv eine Gefahr gespürt, die Gefahr der Gefangenschaft, der Unfreiheit Gottes und der Menschen in den Gitterkonstruktionen der angeblich einen und unentrinnbaren Vernunft.

Diese Summe des heiligen Thomas von Aquin, sein großes Lebenswerk, war eine gewaltige Konstruktion. Sie war ein kunstvolles und großzügiges Haus, es gab das Gefühl der Sicherheit und des Schutzes, gegen den kalten Weltraumwind, gegen eine bleierne und undurchdringliche Wirklichkeit, gegen das furchtbare Mysterium Gottes, gegen den Sog des Nichts. Es gab das Gefühl der Geborgenheit und des möglichen kleinen Glücks, den zaghaften Glauben, daß die Welt letztlich gut sei, so wie sie ist. Aber Sicherheit macht nur glücklich für den kurzen Augenblick, in dem man sie erlangt!

Zwischen den Gittern der Vernunft

> „Ich werde die menschlichen Handlungen und Begierden ganz so betrachten, als ob es sich um Linien, Flächen und Körper handelte..."
>
> (Spinoza, Ethik)

> „Der Irrsinnige ist nicht ein Mensch, der die Vernunft verloren hat; vielmehr ist er der Mensch, der alles verloren hat, nur nicht die Vernunft. Die Aussagen, die ein Irrsinniger macht, sind stets erschöpfend und, vom rein rationalen Standpunkt betrachtet, auch einwandfrei... Sein Geist beherrscht einen vollkommenen, aber zu engen Kreis... Er wird durch keine humoristische Anwandlung gehemmt, durch keine Regung der Nächstenliebe, durch keinen Einwand der eigenen Lebenserfahrung..."
>
> (Chesterton)

Das Gegenteil einer Wahrheit ist meist nicht die Unwahrheit, sondern eine andere Wahrheit. Das Gegenteil der Vernunft ist nicht Unvernunft, sondern eine andere Vernunft. Es gibt einen heiligen Wahnsinn des Glaubens; es gibt einen heiligen Wahnsinn der Vernunft. Es gibt das Glück des Wahns. Spinoza war ein Heiliger der Vernunft.

Am 27. Juli 1556 wurde der 24jährige Baruch („der Gesegnete") wegen „schrecklicher Irrtümer" mit folgendem schauerlichen Fluch aus der Amsterdamer Synagoge ausgestoßen:

„Nach dem Urteil der Engel und der Aussage der Heiligen verbannen, verfluchen, verwünschen, verdammen wir Baruch d'Epinosa...

Er sei verflucht bei Tag und verflucht bei Nacht, verflucht sein Hinlegen und verflucht sein Aufstehen, verflucht sein Gehen und verflucht sein Kommen...

Hütet euch: daß niemand mündlich noch schriftlich mit ihm verkehre, niemand ihm die geringste Gunst erweise, niemand unter einem Dach mit ihm wohne, niemand sich ihm auf vier Ellen nähere, niemand eine von ihm gemachte oder geschriebene Schrift lese."

Wie lebt ein Mensch nach solch dramatischer, schrecklich-schöner und höchst intoleranter Verfluchung? Glücklich! Spinoza war gesegnet von seiner Genialität, seinem geringen Ehrgeiz und seinem Wahn. Er brauchte keine Nähe. Er lebte ehelos wie viele große Philosophen und genoß das vollkommenste, das extremste Philosophenglück.

Dabei war er durchaus kein Asket oder Moralist, auch kein einsamer Sonderling; er wollte nur seine Gedanken völlig logisch und lupenrein vernünftig entwickeln und zu Papier bringen und im übrigen seine Ruhe. Er hatte für einige Jahre eine Lebensgefährtin, von dieser auch ein Kind. Und er gab auch gerne zu, daß es dem Weisen zieme, „sich mit Maß an wohlschmeckenden Speisen und Getränken zu laben und zu stärken, ebenso an Wohlgerüchen, an der Lieblichkeit grünender Pflanzen, an Schmuck, Musik, körperlichen Spielen, Theatern und anderen derartigen Dingen". Er selber lebte in völliger Zurückgezogenheit und großer Bedürfnislosigkeit in dörflichen Hinterzimmern, verdiente seinen Lebensunterhalt durch das Schleifen von optischen Linsen, publizierte nur unter Pseudonym. In seinem Siegelring soll das Wort „Caute" (Vorsicht) gestanden haben; in seiner Situation und Zeit eine Grundlage für das kleine Glück.

Aber Spinoza korrespondierte mit Gleichgesinnten und Gelehrten seiner Zeit. Es war das „Zeitalter der Vernunft"; Spinoza war ihr Protagonist. Von seiner unerhörten und doch völlig unfanatischen Radikalität sprach die europäische Avantgarde mit wonnigem Schauder.

Vier Jahre vor seinem Tod wurde ihm eine ehrenvolle Berufung auf den Lehrstuhl für Philosophie in Heidelberg angeboten. Er lehnte höflich ab: „Sie sehen, geehrter Herr, daß nicht die Aussicht auf ein größeres Glück mich schwankend macht, sondern die Liebe zur Ruhe, welche ich mir einigermaßen erhalten zu können glaube, wenn ich mich öffentlicher Vorträge enthalte." Diese Ruhe und sein leidenschaftsloser Starrsinn erlaubten dem durch den Glasstaub schwer tuberkulosekranken Denker, sein Lebenswerk, die „Ethik", zu vollenden. Er starb mit 44 Jahren.

Von Jorge Luis Borges stammt ein schönes Portraitsonett auf Spinoza, darin heißt es: „Von Mythen und Metaphern ganz befreit,/ Harten Kristall er schleift: Unendlichkeit/ Atlas des Schöpfers aller Seiner Sterne."

Dieses seltsame Lebenswerk Spinozas ist nichts weniger als eine Ethik, das heißt, eine Handlungslehre, ein Richtungsgeber, sei es in der Bewegung zu Gott oder in der Bewegung zur tätigen Vollendung der eigenen Daseinsvorgabe. Aber Spinoza wollte sie gleichwohl als eine Wegweisung zum Glück verstanden wissen. Dieser Weg führt more geometrico, das heißt in der streng mathematischen Denkmethode des Descartes, zum größten, vollkommensten und weitesten Glück, und das ist Gott. Gott aber ist die Natur, deren Wesen ist ihre rationale Gesetzmäßigkeit.

Aber all das sind nur Worte, mit denen Spinoza eigentlich mathematische Formeln meint. Wie die Stoiker baut er sein System nicht auf Analogien und Beziehungen, nicht auf Wirkungen und Entwicklungen, sondern auf vollkommene Gleichsetzungen. Das immer auszuwägende und spannungsreiche System aus Gott, Mensch und Welt implodiert; es implodiert zur reinen Idee der Immanenz. Ein Kristall von makelloser, reiner, leerer Schönheit.

Die mathematische Vernunft, Gott, Natur, Seele oder Ich – alles ist eines. Null ist gleich null ist gleich unendlich – was soll's? Glück ist Erkenntnis, ist Liebe zur Erkenntnis, ist das Erkannte, ist das Gedachte, das Denken selber... Glück ist die intellektuelle Liebe zu Gott, amor Dei intellectualis, und Gott ist… alles ist eines, das Weltall dreht sich um das more geometrico denkende Ich.

Alle Dinge, alle Ideen sind Erscheinungsweisen der einzigen, ewigen, unendlichen Substanz, außerhalb der es kein Sein gibt und keinen Gott. Je mehr wir die Einzeldinge erkennen, desto mehr erkennen wir Gott; erkennen und lieben sind eines, die intellektuelle Liebe zu Gott ist ein Teil jener Liebe, mit der Gott sich selber liebt. Alles ist determiniert, es gibt keine Freiheit, kein Gut und Böse, kein Schlecht und Gut. Alles ist eines. Das ist Spinozas Glück.

Ein paar spinozische Sätze zum Glück: „Alles was in der Natur ist, ist natürlich." – „Die Freude ist unmittelbar nicht schlecht, sondern gut; die Trauer hingegen – auch Mitleid – ist unmittelbar schlecht."– „Die Heiterkeit kann kein Übermaß haben, sondern ist immer gut, dahingegen ist der Trübsinn immer schlecht."

Nicolaus Cusanus hat das Zusammenfallen der Gegensätze im Unendlichen, das heißt in Gott, gelehrt. Bei Spinoza fallen sie zusammen im Hier und Jetzt, in seinem Kopf, der ist auch Gott. Darum kann er glücklich sein. „Abgesehen davon", schreibt er, „daß diese Lehre das Gemüt ganz friedlich stimmt, hat sie auch noch den Nutzen, daß sie uns lehrt, worin unser höchstes Glück oder unsere Glückseligkeit besteht."

Es gibt Momente einer meditativen Erfahrung, die diejenigen, denen sie gewollt oder ungewollt zuteil wurden, entweder als mit Worten nicht zu fassen erklären, oder als Gefühl der völligen Einheit von Ich, Welt und Gott, eine universale Art der Vernünftigkeit, der Sinnvollheit, der befriedigenden Geordnetheit… jedenfalls der Ungeschiedenheit; diese Erfahrung wird als unbeschreiblich glücklich empfunden. Eine tragfähige Grundlage für eine Philosophie? Eine spezifische Möglichkeit des menschlichen Gehirns und seiner Vorgänge? Wahn oder Offenbarung – dieses Glück?

Die Lehre Spinozas wurde im 18. Jahrhundert, besonders in Deutschland, begeistert aufgenommen; die universalen Gleichsetzungen erlaubten jegliche Identifikation, die Weite und Leere jede Interpretation. An die Stelle der Vernunft konnte man Wille und Gefühl setzen – was immer man wollte. Bei der Gleichsetzung von Gott, Natur und Mensch konnte man von jeder Seite ausgehen. Welch ungeheurer Reiz! Man konnte von Null ausgehen und die Unendlichkeit finden, man konnte die Welt erschaffen.

Wenn alles eines ist, so ist das Ich auch alles. Die emotional-voluntaristische Philosophie des Idealismus und der frühen Romantik führte sich auf Spinoza zurück. Jeder konnte sich einen Spinozisten nennen. Lichtenberg meinte damals: „Wenn die Welt noch eine unzählbare Zahl von Jahren steht, so wird die Universalreligion geläuterter Spinozismus sein."

Die Utopie der vollkommenen Welt

> „Glaub unsereinem, dieses ganze ist nur
> für einen Gott gemacht…"
> (sagt Mephisto in Goethes Faust)

Glück kann also Ordnung sein; die göttliche Vernunft in allem ist diese Ordnung; sie bewirkt, daß alles in Ordnung ist und eigentlich nichts dem Glück im Wege steht als die eigene Uneinsichtigkeit. Das ist das erfundene Glück der Philosophen. Glück war es nach Thomas, die Ordnung zu erkennen, sich an ihrer Schönheit und an dem eigenen Platz in ihr zu erfreuen. Glück ist auch Verheißung, die Verheißung der Seligkeit, und der sichere, gnädige Weg zu Gott, von dem wir zumindest annehmen, daß er uns hört. Denn ein Gott ohne Ohren ist kein Gott, sagte Ludwig Marcuse. Glück ist schließlich Selbstverwirklichung in angemessener und gekonnter Tätigkeit. Jedes Glück wird in Augenblicken zum flüchtigen Gefühl, zum Gefühl des Flugs, der Leichtigkeit, der Helle, der großen Harmonie und Aufhebung der Gegensätze – durch Geist oder Endorphine oder einfach durch Leere im Kopf.

Bei Spinoza wurde das System der Positionen und Beziehungen, wurde der lebendige Ordo zum System mathematischer

Gleichungen und diese zu Gleichsetzungen im Unendlichen; sie implodierten zur unausweichlichen immanenten Unendlichkeit. Es war eine Spielart der Utopie der Moderne: eine vollkommene Welt ohne Risiko, Zufälligkeit und ohne wählbare Alternative. Die Welt für Kafkas Maus. Kann man sie glücklich nennen? Ist sie einigermaßen glücklich? Wenn nicht, wer ist schuld? Der ewige, um sich selbst kreisende Schöpfergott? Wer versprach überhaupt, daß diese Welt gut sei?

Der Philosoph, Physiker und Mathematiker Gottfried Wilhelm Leibniz schrieb 1710 eine „Theodizee", das heißt Rechtfertigung Gottes; Rechtfertigung gegen den Vorwurf, diese Welt sei ihm nicht so besonders gut gelungen. Leibniz sprach von einer „prästabilisierten Harmonie", einer Harmonie des Alls im Ganzen und im Individuellen. Und er nannte diese Welt kühn – unter Berücksichtigung der auch Gott bindenden ewigen Wahrheiten – „die beste aller möglichen Welten". Wer etwas an ihr auszusetzen hat, versteht eben ihre Ordnung nicht.

Erschütterungen

Diese Utopie der Aufklärung: die vollkommene Welt eines gütigen und vernünftigen Weltregenten wurde am 1. November 1755 um 9.30 Uhr, am Allerheiligentag zur Zeit der feierlichen Gottesdienste, gründlich erschüttert. Ein schweres Erbeben zerstörte Lissabon. Einstürzende Kirchen begruben die Gläubigen und Frommen; Qual und Tod trafen nach verschiedenen Berichten 20 000–60 000 Opfer. Ein Jahrhundertereignis, das die Welt und das Bewußtsein veränderte. Unendlicher Stoff für Journalisten, Theologen, Philosophen und Schwätzer. Eine Welt war zerbrochen, und man versuchte in einer Flut von Druckerzeugnissen, Stellungnahmen und Erklärungsversuchen, sie zu flicken. Aber die Wahrnehmung des Ereignisses hatte neue Einsichten und Fragestellungen zur Folge; sie ermöglichte, längst gehegte Zweifel zu artikulieren.

Die fromme Ideologie, die Wunschvorstellung eines mit

menschlichem Maß vernünftig begreifbaren, gütigen und gerechten Gottes geriet ins Wanken. „Ein Vater, der seine Kinder umbringt, ist ein Ungeheuer... Wenn man sich Gott so gütig und gerecht vorstellt, wie ein Vater und ein König sein sollen, gibt es keine Möglichkeit mehr, ihn zu rechtfertigen." So schrieb der Jesuitenzögling und radikale Aufklärer Voltaire, der zeitlebens seine Lehrer liebte, aber die Kirche haßte, in seinem „Dictionnaire philosophique". Der junge Goethe war, wie er in seinen Lebenserinnerungen „Dichtung und Wahrheit" rückschauend schrieb, „zum erstenmal im Tiefsten erschüttert".

„... Der Knabe, der alles dieses wiederholt vernehmen mußte, war nicht wenig betroffen. Gott, der Schöpfer und Erhalter Himmels und der Erden, den ihm die Erklärung des ersten Glaubens-Artikels so weise und gnädig vorstellte, hatte sich, indem er die Gerechten mit den Ungerechten gleichem Verderben preisgab, keineswegs väterlich bewiesen. Vergebens versuchte das junge Gemüt sich gegen diese Eindrücke herzustellen, welches überhaupt um so weniger möglich war, als die Weisen und Schriftgelehrten selbst sich über die Art, wie man ein solches Phänomen anzusehen habe, nicht vereinigen konnten."

Manchem Zeitgenossen kam der furchtbare und ängstlich abgewehrte Verdacht, diese Welt sei gar nicht für den Menschen und um seinetwillen gemacht und es gebe keine göttliche Instanz, bei der man sich für fehlendes Glück und unverdiente Schicksalsschläge beschweren könnte. Die Einsicht des Hiob!

Die Happy-end-Philosophen der Aufklärung, die, wie auch Kant, wenn es um Gerechtigkeit und Glück ging, Gott als den Joker aus dem Ärmel zogen, Gott, der letztlich und endlich, wenn auch dem kurzen menschlichen Verstande nicht sofort, aber grundsätzlich doch einsichtig und erklärlich, alles in Ordnung zu bringen habe – diese dummdreisten Verfüger über Gott waren zumindest fragwürdig geworden.

Voltaire schrieb damals ein sehr erfolgreiches und verbreitetes Gedicht, nicht nur über die offenbare Fehlkonstruktion der Welt, sondern vor allem über die verlogene Utopie, die dümmliche Alles-ist-gut-Philosophie. Es war eine vernichtende Kritik des erfundenen Glücks.

„Wird aus Unglück im Chaos", fragt er die Beschwichtiger, Erklärer und Kalkulateure der Katastrophe mit bitterer Provokation, „von euch nicht zuletzt / ein allgemeines Glück doch zusammengesetzt?"

Auch die Utopie der vollkommenen Welt, der beruhigenden Berechenbarkeit Gottes, der Garantie für den vernünftigen Ablauf des Lebens mit kleinem Glück ist Selbstbetrug. Sie ist Flucht vor dem allgegenwärtigen Risiko, vor dem vernichtenden und errettenden Zufall, vor dem sicheren Tod oder dem verheißenen Leben. Gott, der nicht mit sich reden läßt, ist das Risiko; er ist vielleicht auch der Königsweg aus dem unglücklichen Glück der Mauern, hinaus aus der Welt der Maus.

Doch der Anruf oder Einbruch Gottes, des Unvorstellbaren, Ganzanderen, befreit, erlöst den, der ihn zuläßt; er erlöst ihn von dem Wahn, über sich selbst verfügen zu können oder zu müssen, erlöst ihn von der Verfallenheit an sich selbst, von der Beschränkung, sich nur aus der eigenen Menschlichkeit heraus zu begreifen. Er befreit ihn von dem Zwang, sein Glück zu erfinden. Es könnte ein Ruf sein, zum wissenden, lachenden Leben, wenn der Mensch danach geschaffen wäre, vielleicht ist es ein Ruf zum weisen, lächelnden Tod.

Der Anruf Gottes führt jedenfalls über eine Grenze. Man kann ihm nicht folgen und ihn auch nicht vergessen. Eine niemals heilende Wunde. Man kann nach ihm nicht weiterleben, nicht wie vorher und anders auch nicht. Man kann nicht leben mit dem Allmächtigen, mit seiner fordernden Botschaft, zugleich mit dem eigenen Sinn- und Glücksverlangen und angesichts des Zustandes der Welt, der menschlichen Kondition und der windigen Fragwürdigkeit des Selbst.

Darum versuchen wir, erfolglos, aber unaufhörlich, Gott unschädlich zu machen, um ein bißchen glücklich zu sein – indem wir ihn einwickeln in die Gesetzmäßigkeiten und Identitäten, die wir ihm und dem Kosmos zuschreiben, in das Netz von Eigenschaften, die wir uns für ihn ausdenken, in die Formeln und

Beschwörungen, mit denen wir zu ihm beten, die unverbindlichen Worte, mit welchen wir ihn uns vom Leibe halten, in die mythisch-gnostischen Märchen. Wir erfinden Gott wie unser Glück.

Mit Gott im Geschäft

> „Der Mensch ist das Prokrustesbett der Gottheit."
> (Friedrich Hebbel)
> „Ohne die Religion wären wir etwas fröhlicher."
> (Diderot)

Die besseren Christen freilich versuchen, Gott ernst zu nehmen und mit ihm ins Geschäft zu kommen. Hierfür werden rituelle Bekehrungswiederholungen zelebriert, als hätte man den Herrn gerade erst kennengelernt, Sünden werden bereut und betrauert, die man unausweichlich immer wieder begeht, es werden Psychospiele inszeniert, mit Reue und Leid, Askese und Kontrolle.

Verzicht auf Vergnügen und Genuß hilft sparen und eignet sich gleichzeitig für die Anlage eines Kontos im Himmel, wo dann das aufgesparte Kleinglück Zinsen trägt. Bestätigung der Einzahlungen und eines reservierten Logenplatzes dort erfolgt nach calvinistisch-puritanischer Ansicht durch Erfolg und Ansehen auf Erden. Das fromme Glück der inneren und äußeren Ehrbarkeit, des irdischen und himmlischen Kontostandes, erweist sich im Alltag als sauertöpfische Freudlosigkeit.

So wurde die christliche Seligpreisung der Armen in einigen Spielarten des Protestantismus in die orthodoxe Bestätigung der Erfolgreichen verkehrt, und das im Namen dessen, der die selige Sorglosigkeit predigte, der auf die Lilien auf dem Felde und die Vögel des Himmels verwies, die nicht säen und nicht ernten und die Gott im Himmel dennoch nähre! Diese „innerweltliche Askese" und ihre strenge Moral und Pflichtethik, diese Verbindung von Himmel und Erde, von Gott und Geschäft, sowohl in ihrer puritanisch-individualistischen als auch in der pietistisch-altruistischen Ausprägung, erkannte Max Weber als Motor für Kapitalismus und wirtschaftlichen Fortschritt.

Diese bürgerliche Utopie von der möglichen und wünschenswerten Verbindung von Glück, Gott und Geld konnte Zweifler, Mystiker und Denker schwermütig machen, aber ihre Ergebnisse waren staatstragend, nützlich und erfreulich und sogar dem Gemeinwohl dienlich. Aber wehe dem, der sich dabei nicht ernsthaft glücklich schätzte. „Die Glückseligkeit ist nichts zum Lachen!" soll im 19. Jahrhundert ein gewisser Richard Whaterley, Bischof von Oxford, gedroht haben.

Nichts zum Lachen? Glück ist ein kurzes, herrliches Gefühl. Wir machen daraus eine dauerhafte Interpretation, eine Erfindung. Dieses Glück erfordert dann Entschluß und Willen zu seiner Wahrnehmung. Man erfindet, was man finden muß: Lebenssinn, Sicherheit und Zukunft. Das Glück und die Obrigkeit erfordern eben den Entschluß zur Zufriedenheit.

Glück mag ein anthropologisches Faktum sein, es wird durch normative Legitimation zurechtgebogen.

Glück verordnen alle fundamentalistischen Systeme, alle Utopien. Der Unglückliche ist ein Dissident.

Melancholie – das Gegenglück

„... denn die Pointe der Verzweiflung
ist gerade, daß Gott da ist."
„Schwermut ist Weltlichkeit."
(Kierkegaard)

Für die Melancholie, für das Unglücklichsein, war Sören Kierkegaard, Philosoph und protestantischer Theologe, der 1813
bis 1855 in Kopenhagen lebte, besonders begabt. Er ist der
moderne Experte für dieses Phänomen. Von seinem Vater waren eine starke Veranlagung zur Depression, ein beachtliches,
durch innerweltliche Askese erworbenes Kaufmannsvermögen
und die pietistische Frömmigkeit, verbunden mit dauerndem
Sündenbewußtsein, auf ihn gekommen. Das Vermögen gab ihm
Zeit und Unabhängigkeit, um als etwas exzentrischer Privatier
zu leben und zu schreiben und sich mit der eigenen Befindlichkeit zu befassen.

Ebenso wie sein pessimistischer Zeitgenosse Schopenhauer
bekämpfte er nicht nur die Orthodoxie der christlichen Konfessionen, sondern auch die eine und unbedingte Wahrheit in
der Philosophie, vertreten durch Hegel, dessen Lehre damals
die philosophischen Lehrstühle beherrschte. Dieser Hegel vermittelte einmal wieder beruhigende Gewißheiten von Einheit,
Ganzheit und Vernunft, er vermittelte für alle von Kants Ver-
nunftkritik verunsicherten Jungintellektuellen wieder absolu-
tes Wissen: die universale Vernunft, den Weltgeist oder das
göttliche Selbstbewußtsein und seine dialektische Entfaltung
in der Geschichte – als Rechtfertigung für alle Unerträglich-
keiten.

Kierkegaard kritisierte die „Unangemessenheit der Philosophie als reiner Theorie des absoluten Geistes zur existierenden Wirklichkeit und zur wirklichen Existenz des Menschen". Er kritisierte die Anmaßung und Verblasenheit dieser Art erfundenen Glücks.

Kierkegaard verurteilte auch die protestantische Kompromißtheologie für clevere Christen in dieser Welt: „So viel ist gewiß: ist der derzeitige Zustand der Kirche christlich, so kann das Neue Testament für Christen nicht länger Wegweiser sein; denn die Voraussetzung, worauf es ruht, das bewußte gegensätzliche Verhältnis zur Welt, ist weggefallen"; aber „die Menschen haben ja doch von jeher einen Ausweg zu finden gewußt, um sich beschwerliche Probleme vom Halse zu schaffen, den einfachen Weg: sei ein Schwätzer – und sieh, alle Schwierigkeiten verschwinden!"

Der Christ kann nicht in der Welt leben und muß es doch; er kann nicht mit Gott leben und auch nicht ohne ihn. Die Welt ist unheilbar gebrochen, sinnlos, absurd. Kierkegaard setzte als erster die Positionen der Existenzphilosophie des 2o. Jahrhunderts.

Er durchschaute alle Fluchten, alle Erfindungen von Glück: das Philosophengeschwätz, die Theologenklitterungen, das distanzierte ästhetische Spiel mit den irdischen Unmöglichkeiten in Kunst und Literatur, vor allem gerade die zeitgenössische romantische Ästhetik mit ihren ironischen Brechungen und Auflösungen der unausweichlichen und unausstehlichen Welt. Der Melancholiker ist ein Durchschauender, der jeden Selbstbetrug zurückweist, weil er überzeugt ist, daß es doch Wahrheit gibt.

Während damals die Philosophen Beruhigung durch Identitäten herzustellen suchten: All-Einheit von Gott, Natur, Geist und Mensch – erprobten die romantischen Literaten das schmerzliche Spiel mit dem Nichts. Dieses Nichts, das der Mensch in dieser Welt ebensowenig ertragen kann wie Gott.

Schon zu Beginn des 19. Jahrhunderts hatte Jean Paul – selbst durchaus nicht melancholisch, sondern eher ein vergnüg-

ter Spieler – in seiner „Vorschule der Ästhetik" gegen eine ge-
fährliche Tendenz der Zeit geschrieben: gegen Fichtes Verabso-
lutierung des denkenden Bewußtseins, gegen die allen Ernst
und alle Unmittelbarkeit preisgebenden ästhetischen Rettungs-
spiele der Romantiker. Rettung vor dem, was Kierkegaard als
Angst und Langeweile, Schwermut und Verzweiflung beschrieb, als die „Krankheit zum Tode". Jean Paul nannte diese
verzweifelten Spieler „poetische Nihilisten" und „merkwürdi-
ge Bekenner der Vernichtung". Ihre „gelockerte Phantasie"
spiele sich selbst aus in der gesetzlosen, weil entgöttlichten
Willkür des Zeitgeistes, „der lieber ichsüchtig die Welt und das
All vernichtet, um sich nur freien Spiel-Raum im Nichts auszu-
leeren". Erkannten sie das Nichts als wunderbaren Fluchtweg
zum Glück, zum heidnischen Lachen des Demokrit?

Kierkegaard kannte die Versuchungen dieses Spiels. Dieser
radikale Existentialist und Melancholiker wurde berühmt
durch sein zweibändiges Hauptwerk „Entweder – Oder". Das
ist eine Aufforderung zur Entscheidung, eine Aufforderung,
die jeden normalen Menschen unglücklich macht. Das Sowohl-
als-Auch gehört zum menschlichen Leben. Das Unvereinbare
ist seine unvermeidliche Tragik. Kierkegaard empfiehlt das
„Entweder", nämlich die vorbehaltlose, vollkommene Preisga-
be des Selbst an Gott, das Leben im „Religiösen", das hieße
auch im Paradoxen. Und das Oder? Vermutlich die Melancholie, die, wenn man sie ernst und nicht ästhetisch-literarisch
nimmt, eben die „Krankheit zum Tode" ist.

Kierkegaard hatte das Glück, mit 42 Jahren zu sterben.

Das Gegenteil von Glück ist – die Melancholie.

Beide, Glück und Melancholie, sind Gefühl, Einsicht, Entschluß und Wille zu einer bestimmten Wahrnehmung. Beide
sind in gewisser Weise Erfindung oder Interpretation von
Mensch und Welt. Beide haben eine medizinisch-biologische,
eine anthropologisch-philosophische, eine psychologische und
eine soziologische Komponente, mit der sie jeweils denunzia-
torisch von der Gegenposition her erklärt werden können. Beide sind ein erfahrbares und von jedermann oft erfahrenes Ge-

fühl, sowohl der Flow wie auch die Depression. Der Glückliche fühlt sich darüber hinaus zu guter Zeit vielleicht teilhaftig an Gott, zumindest an einer göttlichen Ordnung, an einem allgemeinen Sinn. Das gibt ihm die Kraft zum Vertrauen, zu Entschluß und Tat, zum freiwilligen Leben in dieser Welt.

Für den Melancholiker ist, wie es der pietistisch-melancholische Philosoph Kant formulierte, Gott oder ein umfassender, erkennbarer Sinn ein Postulat, das heißt, etwas, was man unbedingt bräuchte, jedoch nicht hat. Der Melancholiker fühlt sich in den meisten Stunden getrennt und abgerissen davon. Gott und ein Sinn sind ihm nicht gegenwärtig und nicht erreichbar. Das liegt, er weiß es selbst, sowohl an der verzweifelten Konstruktion der Welt als auch an seiner eigenen Unzulänglichkeit.

Dem Melancholiker fehlt die Fähigkeit zu glauben, daß Gott an ihm ein besonderes Interesse haben könnte, und wenn, daß er den Herrn auf die Dauer angemessen unterhalten, beziehungsweise seinen Ansprüchen genügen könnte. Er hat vielleicht die Erfahrung gemacht, daß Arbeit und Anstrengung Endorphine und damit positive Gefühle auslösen können, aber er glaubt deswegen noch lange nicht, daß seine Buchhaltung oder sein Klavierspiel, die Bilder, die er malt, oder das Papier, das er beschreibt, die Menschheit reicher, klüger und besser machen würden. Er glaubt weder an seinen eigenen Nutzen noch daran, daß irgend etwas seinen oder den Zustand der Welt nachhaltig verbessern könnte.

Die Lust zur Tätigkeit erstickt bei ihm in pessimistisch gefärbter Grundsatzreflexion, in Lähmung und Langeweile. Das distanzierte Verhältnis des Melancholikers zu den lieben Mitmenschen und zu jeglicher nützlichen Tätigkeit bewahrt ihn zwar davor, Unheil oder Unfug anzurichten, macht ihn aber für Utopisten und Staatsbürger wertlos und verdächtig. Dem momentan Glücklichen sind Sicherheit und Zukunft als Chance zur Veränderung gleich wahrscheinlich, dem Melancholiker Unsicherheit, Leere und Stau der Zeit überall greifbar. Lebenssinn, Freuden und Erfüllung im großen und ganzen nimmt der Glückliche wenigstens des öfteren wahr, die Unmöglichkeit von alldem erkennt sein Widerpart. Gleichgültige Unverletzlichkeit ist seine kugelsichere Weste; auf die Zufriedenheit als Mischung aus falschen Erinnerungen und unbegründeten Hoffnungen ist er entschlossen zu verzichten.

Die Geschichte des Glücks kann und müßte auch als Geschichte der Melancholie geschrieben werden: das immer wieder erfundene Glück gegen die immer wieder vorweggenommene Enttäuschung.

Man hat die Melancholie in der Neuzeit religiös, das heißt als Gottferne, als „Weltlichkeit" (Kierkegaard) und Zweifel erklärt, in unserem Jahrhundert soziologisch als die Reaktion des Eigenverantwortung und Tätigkeit erstrebenden Bürgers auf die Tatsache mangelnder Freiheit und Entfaltungsmöglichkeit in einer als repressiv empfundenen Gesellschaft (Lepenies). Man erklärt sie heute vorwiegend als psychische Verfaßtheit oder Stoffwechselstörung im Gehirn, jedenfalls als behandlungsbedürftig, und man erklärt sie in Diktaturen zur abartigen Asozialität.

In der heidnischen Antike war die Melancholie jedenfalls eine honorige und geachtete Befindlichkeit. Man war geneigt zu glauben, daß sie ein Aspekt der Weisheit, der Altersweisheit sei, Ergebnis geschärfter Wahrnehmung, Klarsicht. „Sunt lacrimae rerum", an allen Dingen haften Tränen, sagte Vergil – eine Wahrnehmung der Welt unter der dünnen Oberfläche, wo alles kompliziert und traurig wird.

Das 17. und 18. Jahrhundert, die Zeit des Rationalismus und der Aufklärung in der Neuzeit, des krampfhaft optimistischen Glaubens an die Vernunft, trug Trauer und Melancholie als ihr Gegenteil, als die Kehrseite ein und derselben Medaille, als einen gefährlichen, reißenden Unterstrom in sich. Das Zeitalter Shakespeares, das Elisabethanische Zeitalter, nahm die tragische Struktur der Welt und die Melancholie so stark wahr, daß man diese Verfaßtheit geradezu als die „Elisabethan Malady" bezeichnete und sie mit einem gestörten Gottesverhältnis erklärte. Die Verbreitung und zunehmende Artikulierung der Melancholie war ein Zeichen für die Brüchigkeit der Utopie von der vollkommenen Welt.

Im 18. und 19. Jahrhundert wuchsen die Schwermutsstimmung und ihre Wahrnehmung immer stärker an. Melancholie wurde einerseits als ein psychiatrisch-negatives, andererseits als ein literarisch-positives Phänomen angesehen. Gegenüber einem platten und rigiden Kleinbürgerrationalismus galt sie entweder als Abweichung oder als Überwindung.

Gewiß hat man in der griechischen Antike unter Melancholie anderes verstanden als im christlichen Mittelalter oder in der Zeit des Pietismus. Die der Genialität zugeordnete Einsicht in die Fragwürdigkeit dieser angeblich vernünftig-göttlich geordneten Welt ermöglichte nach der Trauer auch die befreite Leichtigkeit der Ent-Täuschung. Das Lachen des Demokrit, das gelöste Lächeln des Buddha, die freie Heiterkeit eines Laotse sind Ausdruck einer Genesung, der Befreiung von einer existentiellen Illusion. Für den Christen kann die Seligkeit nicht zum Lachen sein und ihr Verlust erst recht nicht. Die Melancholie des Christen ist die trauernde Wahrnehmung dieses Verlustes einer Gewißheit; sie ist eine offene Wunde, die nur Gott heilen kann.

Zeit der Schauspieler

> „Wir haben das Beste unserer Zeit gesehen!
> Ränke, Herzlosigkeit, Verrat und alle
> zerstörenden Umwälzungen folgen uns
> rastlos bis an unser Grab."
> „Dulden muß der Mensch / sein Scheiden
> aus der Welt wie seine Ankunft / Reif sein
> ist alles."
>
> (Shakespeare: König Lear. 1608)

Die Philosophen erfanden das Glück und das Reden darüber. Die Dichter sahen den Riß in der Welt; sie legten den Finger darauf, verfolgten die Spur.

Melancholie ist die Brille der Dichter. Die Darsteller der Utopien, der Dome, der Synthesen und Summen sind deren Baumeister. Die Darsteller der Windpaläste, Lebenslügen, Traurigkeiten und Zusammenbrüche sind Narren, Clowns und vor allem die Schauspieler.

Die Tragödien des Äschylos und Sophokles zeigten bestürzende Wahrheiten, zerrissen Illusionen, bewiesen, daß guter Ausgang immer unmöglich ist. Dieser Realismus, diese Klarsichtigkeit findet sich wieder in den Dramen Shakespeares. Der tragische Konflikt liegt bei ihm im Menschen selbst. Gegen die utopische Vernunft stehen die Leidenschaft und Irrtümer, stehen die Irrationalität und Absurdität der ganzen Welt. Es gibt kein gutes Ende; nichts könnte dazu führen.

Die Entlastung, die Befreiung, liegt bei Shakespeare – ähnlich wie in der Antike und doch etwas anders – im Wesen des Theaters, im Spiel. Leben als Theater, Leben als Traum, das wurde zur Metapher einer verzweifelten Zeit.

Die griechische Tragödie sagte: Sieh her, so ist das mit den Göttern und mit den Menschen, so ist die Welt, wirf die Verblendung ab, bilde dir nichts ein, erkenne deine Grenzen, erfinde dir kein Glück, sei ein Wissender. Das große Theater der Renaissance und des Barock, mit seinem hoffnungslosen Realismus, umschwebte die schönste Trostformel der Melancholie: Sieh, das Leben ist eine Bühne, nichts Wirkliches, Theater nur, du mußt es nicht wirklich ernst nehmen, nicht verzweifeln. Das beste daran ist, daß es einen Anfang und ein Ende hat. Mit der Wiedergeburt der Antike trat auch das tragische Weltgefühl wieder auf. Shakespeare war ein erster Wiedervermittler des heidnisch-antiken, gegenchristlichen Weltgefühls und vielleicht ein heimlicher Bekenner des Nichts.

Shakespeare, besonders „König Lear", hat die deutsche Literatur des 18. und 19. Jahrhunderts entscheidend beeinflußt.

Jean Paul hat seine „Rede des toten Christus vom Weltgebäude herab, daß kein Gott sei" (in „Siebenkäs", 1. Fassung 1796) zunächst „Des toten Shakespeare's Klage" genannt. Diese Rede, ein Traumgeschehen, ist „der furchtbare Traum des Nicht-mehr-glaubens", der Gottleere des Weltalls. „Wie ist jeder so allein in der weiten Leichengruft des All", heißt es darin.

1835 läßt Georg Büchner seinen Danton sagen: „Die Welt ist das Chaos. Das Nichts ist der zu gebärende Weltgott... Das

Nichts hat sich ermordet. Die Schöpfung ist eine Wunde, wir sind die Blutstropfen, die Welt ist das Grab, worin es fault." Redeweisen der Melancholie!

Das Nichts ist die Namenlosigkeit Gottes.

Geschichtsphilosophie contra Melancholie

Auch die Betrachtung der Weltgeschichte hat ein melancholisches und ein utopisches Paradigma. Beide umkreisen das Glück.

Wer von Geschichte, von ihrem Sinn oder ihrem Ziel spricht, spricht damit eine kollektive Erwartung aus: daß nämlich irgendwann und im ganzen alles besser werden würde. Nicht der Kreis und die ewige Wiederkehr ist das Zeichen für ihre Bewegung, sondern der Pfeil, der kühn zum Himmel zeigt. Das war die messianische Erwartung des Gottesreiches, der Sieg der Guten, die Endzeit Gottes oder – in aufgeklärt-säkularisierter Form – der glückliche Endzustand einer freien humanen Gesellschaft ohne materielle Not und Ungerechtigkeit; die Zeit eines anderen, besseren, eines neuen Menschen.

Zumindest sei doch mit der historischen Entwicklung, zumindest schrittweise, meinen die Utopisten, eine allgemeine Verbesserung der Lebensumstände, eine vernunftgemäßere Ordnung der Dinge zu erreichen. Aber diesem allgemeinen Ziel müßten sich individuelle Wünsche und private Glücksansprüche eben unterordnen. Wer hingegen an die Zukunft nicht glaubt, weil er konkretes Glück in Vergangenheit und Gegenwart erst einmal finden will, wird melancholisch darüber und beharrt auf dem privaten, kleinen Glück. Individuelles Glück mag es im Unbedeutenden, im Ungeschichtlichen, im kleinen erfüllten Augenblick ja geben, nicht aber in der Geschichte.

Hegel sagte es mit großer Geste: „Die Weltgeschichte ist nicht der Boden des Glücks. Die Perioden des Glücks sind leere Blätter in ihr..." Wenn ein Individuum nicht Anteil am Allgemeinen der Weltordnung hat, kann es seine persönlichen Interessen ihr gegenüber auch nicht als Anspruch formulieren, hat es aber diesen Anteil als „historisches Individuum", dann fallen seine Interessen sowieso mit der vernünftigen Weltordnung zusammen. Wenn übrigens, wie Hegel meint, die Geschichte eine Offenbarung und Rechtfertigung Gottes, die Entfaltung des Weltgeistes ist, kann das Glück des einzelnen nicht zu ihrem Maßstab gemacht werden. „Die wirkliche Welt ist, wie sie sein soll", das gilt es zu erkennen, du Mensch und preußischer Untertan!

Der Melancholiker zieht die Vernunft der Geschichte in Zweifel, darum ist er der Gegner des Geschichtsphilosophen. Sein trübseliger Blick sucht Glück und erhält diese Forderung ganz unvernünftig aufrecht. Er verweigert die Antwort auf die „Frage, wem, welchem Endzwecke, die ungeheuersten Opfer gebracht worden sind". Hegel widmet der Aburteilung des Melancholikers in den „Vorlesungen über die Philosophie der Geschichte" eine längere Passage.

Jacob Burckhardt, der skeptische Basler Historiker, knüpfte etwa 40 Jahre später in den „Weltgeschichtlichen Betrachtungen" zwar an Hegel an, sah aber in „höheren Notwendigkeiten" keine Legitimation mehr für vergangenes, gegenwärtiges oder zukünftiges Leiden. „Dem Tod des einzelnen kann von keinem übergeordneten Prinzip her Sinn zugeschrieben werden."

Das fehlende Glück in der Weltgeschichte, das ist sinnloses Leiden, verhindertes Leben, vorzeitiger Tod für Unzählige, für die überwältigende Mehrheit der Einzelleben, ein jedes für sich doch schlechthin einmalig und unersetzlich, ein jedes voll Sehnsucht nach Leben und Glück. Die Melancholie des Historikers angesichts der Unlösbarkeit und Unerlösbarkeit des Menschen und seiner Probleme findet – so Jacob Burckhardt – Bestätigung und Trost nur in der Erkenntnis: „Statt des Glücks wird das Ziel der Fähigen nolentium volentium die Erkenntnis."

Das Glück der Distanz, der Guckkasten-Perspektive, die winzige Entlastung für den melancholischen Weltbetrachter, ist natürlich auch illusorisch. Adorno schreibt in den Minima Moralia: „Der Distanzierte bleibt so verstrickt wie der Betriebsame; vor diesem hat er nichts voraus als die Einsicht in seine Verstricktheit und das Glück der winzigen Freiheit, die im Erkennen als solchem liegt."

Glück der Gedächtnislosigkeit

> „Nur wer nicht in der Zeit, sondern in
> der Gegenwart lebt, ist glücklich."
> (Wittgenstein)

Nietzsche sah im historischen Bewußtsein die verdrängte Melancholie einer Endzeit, die an der Gegenwart verzweifelt. Dagegen setzte er das unhistorische Glück des Vergessens, das Glück der reinen Gegenwart; gegen das Zeichen des Pfeils, der Entfaltung und Entwicklung zum Besseren, das stoische Zeichen des Kreises, der Wiederkehr des ewig Gleichen. Denn solange die Zeit als Zusammenhängendes angesehen wird, meint Nietzsche, kann sich das Glück nur in den Utopismus flüchten.

Jean Baudrillard (Jahrgang 1929), Philosoph der verführerischen Ironie der Moderne, zeichnet die entsprechende postmoderne und posthistorische Perspektive: Durch die modernen Informationstechnologien kommt es zu einer derartigen Beschleunigung und Atomisierung der Ereignisse, daß Geschichte gar nicht mehr dazu kommt, sich abzuspielen, „sie verpufft in ihrer unmittelbaren Wirkung und erschöpft sich in ihren eigenen Schaueffekten, sie fällt auf sich selbst zurück und implodiert in Aktualität". Diesen Zustand reiner Aktualität erfindet Baudrillard als Zustand des Glücks.

Nun ja, eine Theorie der Moderne ist nach Baudrillard nur durch Radikalisierung aller Hypothesen möglich. Also Sciencefiction des endgültigen Sinnverlusts! Er proklamiert das Glück eines Wesens, das nicht weiß, „was Gestern, was Heute ist, springt umher, frißt, ruht, verdaut, springt wieder, und so vom Morgen bis zur Nacht und von Tage zu Tage, kurz angebunden mit Lust und Unlust, nämlich an den Pflock des Augenblickes und deswegen weder schwermütig noch überdrüssig". (Nietzsche: Vom Nutzen und Nachteil der Historie für das Leben)

Das erinnerungslose Glück des Tiers, es ist auch das „wunschlose Unglück" der Armen, weil, wie Camus schreibt, „die Welt der Armen kein Gedächtnis hat... Das Herz nutzt sich ab, durch Arbeit und Sorgen, es vergißt schnell unter der Last der Müdigkeit. Die verlorene Zeit gibt es nur bei den Reichen."

Pursuit of happiness

Es gab, vor und nach Hegels raumgreifender Geschichtsphilosophie von der Entfaltung des Weltgeistes, zwei auf den ersten Blick überzeugende Vorschläge, konkretes Glück in die Geschichte zu integrieren.

Da war vor allem die amerikanische Unabhängigkeitserklärung vom 4. Juli 1776 mit ihrem berühmten ersten Satz, ihrer Überzeugung nämlich, „daß alle Menschen gleich geschaffen sind, daß sie von ihrem Schöpfer mit gewissen unveräußerlichen Rechten ausgestattet sind und daß hierzu gehören: das Leben, die Freiheit und das Streben nach Glück". Streben nach Glück... was immer die Väter der amerikanischen Verfassung darunter verstanden, was sie glaubten, wer zu „allen Menschen" gehöre, und ganz abgesehen von der Bitterkeit der nie gelungenen Verwirklichung – der Satz ist unerhört.

Die entschiedene Diesseitigkeit dieses Anspruchs, doch oder gerade in die göttliche Welt- und Wertordnung des calvinistisch geprägten Protestantismus eingebunden, war rigoros, neu und gefährlich, noch viel gefährlicher als der Satz des Thomas von Aquin, daß es eine irdisch-weltliche Glückseligkeit, wenn auch in beschränktem Umfange, gebe.

Denn dieses Glück, diese Glückseligkeit, ist rücksichtslos dynamisch. Sie wird vom Menschen erworben, an sich gerissen, verteidigt. Und zwar von jedem Individuum in freier Verantwortung für sich und die Seinen. Er kann das Glück nicht von Gott, von der Welt, vom Schicksal oder der Gesellschaft erwarten. Man erwirbt es durch ausgreifendes Wirtschaftsverhalten, durch Einsatz für ein geordnetes Gemeinwesen der Erfolgreichen, durch Tugend, das heißt durch innerweltliche Askese. Der Unglückliche bleibt selber schuld. So lasen die Nachkommen der Pilgerväter das Neue Testament!

Diese billige Synthese von aufgeklärtem Christentum und diesseitiger Glücksmoral muß an ihren logischen Dissonanzen zerreißen. „Entweder-Oder!"

Größtes Glück der größten Zahl

Um 1800 hatte der Engländer Bentham eine sehr demokratische und realitätsnahe Glückstheorie entwickelt, die mehr mit einfacher Arithmetik als mit Religion und Moral zu tun hatte, das „hedonistische Kalkül", dessen sich die Verantwortlichen in Staat und Gesellschaft befleißigen sollten, nämlich ganz einfach das größtmögliche Glück für die größtmögliche Zahl herzustellen. Das größtmögliche Quantum Lust oder Pläsier, wobei nicht zwischen Ochsenglück und Edlerem unterschieden wird. Letztlich – dieser schöne Gedanke geht auf Shaftesbury zurück – sei Sympathie die Quelle des größten Vergnügens, sie bringe den Menschen ganz natürlich dazu, die Interessen der Mitmenschen zu berücksichtigen.

Der englische Philosoph, Psychologe und Soziologe John Stuart Mill, etwa 50 Jahre später, schloß sich in bezug auf das Glück der Meinung Benthams weitgehend an, wollte aber doch gewisse Unterschiede in der Qualität sehen. Er meinte, daß es doch „besser sei, ein unbefriedigter Sokrates zu sein als ein befriedigtes Schwein". Wir brauchen uns auch nur Pieter Brueghels bekanntes Bild „Schlaraffenland" zu vergegenwärtigen, um uns darüber klar zu sein, daß die vollgefressene, träge, fette Ruhe zwischen weich wabbernden Mauern aus Hirsebrei natürlich nicht das ganze Glück sein kann. Glück hat etwas mit Aktivität zu tun, das wissen wir von Aristoteles und von der Werbung der Bodybuilding-Institute und der Volkshochschulen her. Aber sollte man vorschreiben, was der einzelne sich darunter vorzustellen hat?

Zuckererbsen für jedermann

Mit dem ersten Auftritt der Proletarier in der Juli-Revolution von 1830 wurde der Ruf nach Gleichheit und gerechterer Verteilung der Güter erstmals unüberhörbar in Europa. Graf Saint-Simon hatte diese sozialistische Forderung zugunsten der „zahlenstärksten und ärmsten Klasse" noch als erneuertes Christentum gepriesen. Heinrich Heine, ein inbrünstiger Verehrer des sozialistischen Grafen, hat das einzufordernde Menschheitsglück phantasievoll, poetisch, ironisch im ersten Kapitel von „Deutschland, ein Wintermärchen" (1844) beschrieben, im selben Jahr, als Karl Marx den „Dialektischen Materialismus" erfand. Er plädiert dabei im Sinne des Entweder-Oder für eine radikale Verselbständigung des irdischen Glücks:

„Es wächst hienieden Brot genug
Für alle Menschenkinder,
Auch Rosen und Myrten, Schönheit und Lust
Und Zuckererbsen nicht minder.
Ja, Zuckererbsen für jedermann,
Sobald die Schoten platzen!
Den Himmel überlassen wir
Den Engeln und den Spatzen."

Das ist nicht nur ernsthaft sozialistisch-demokratisch gemeint. Brot selbstverständlich – aber Zuckererbsen, das ist schon „Lebensqualität", und gar Rosen und Myrten, Schönheit und Lust...!

Was Heine da im Sinn hatte, war gewiß nicht der „eindimensionale Mensch", den Herbert Marcuse beschrieb und der zum Kultbuch und zur Argumentationshilfe der revolutionären 68er Studenten wurde.

„Wozu brauchen wir eine Revolution, wenn wir keinen neuen Menschen kriegen?" hatte Herbert Marcuse provozierend gefragt. Dieser neue Mensch sollte durch veränderte soziale Verhältnisse entstehen und durch eben diese neu geschaffenen Verhältnisse glücklich sein. Nur – welcher neue Mensch verändert die Verhältnisse? Die Professoren der „Kritischen Theorie" vielleicht? Jedenfalls sollte der neue Mensch vieldimensional sein, kein Zuckererbsen kauender Hedonist, der die Verkümmerung des Menschen in dieser Gesellschaft gar nicht mehr wahrnimmt. Er muß unterwiesen werden, seine Bedürfnisse und Genüsse zu qualifizieren, er muß wahre und falsche Interessen unterscheiden, und er muß lernen, daß Glück etwas Wahres und Objektives ist.

Die Studenten der 68er Jahre, die strengen Utopisten des wirklichen Glücks in der westlich-kapitalistischen Überflußgesellschaft, wurden folgerichtig und infolge des Bildungsbooms zumeist Lehrer – und nach einigen Jahrzehnten verbittert oder melancholisch vor einer fröhlichen Zuckererbsen-Generation, die – gleichgültig gegen alle Theorie – Schönheit und Lust einfach konsumieren wollte. Ist das das Ende der Utopie der Moderne?

Ende der Utopie der Moderne?

Ja, die großen Projekte der Vernunft, der Gerechtigkeit und des Friedens haben sich als unzulänglich und undurchführbar erwiesen. Schlimmer noch, sie haben gezeigt, wie gründlich sich noch so gut Gemeintes oder gut Erfundenes in sein Gegenteil verkehrt, sobald es anfängt, real zu existieren. Nach dem Zusammenbruch der sozialistischen Jahrhundertutopie muß es jeder wissen. Angesichts der von Krisen und Konflikten erschütterten Welt zeigen sich die philosophischen Systeme, das immer wieder erfundene Glück, nach Helmut Plessner als „grandioser Schadenersatz" für die Unlösbarkeit der Probleme, die sie selber darstellen.

Darf das ein Grund sein für postmoderne Spiele mit dem Gedanken ihrer Überflüssigkeit? Für ein auch theoretisches Über-Bord-Werfen der moralisch-politischen Substanz der Aufklärung, von der wir in Politik und Gesellschaft zum Glück noch immer zehren? Wenn Utopie Nirgendland ist und Geschichte nicht mehr als die Sinngebung des Sinnlosen, was begründet und sichert noch das öffentliche Verständnis universaler Rechte und Pflichten und das private Verständnis gemeinsamer Werte?

Zerfall der Utopien ohne ständige, wenn auch bescheidene, freiheitlich-vernünftige Erneuerungsversuche, Verzicht auf Sinngebung, Rückzug auf das Zuschauer-Guckloch vor der Mattscheibe, das Glück möglicher Fluchten aus der Negativität der Zeit, all das kann zu Schlimmerem und Schlimmstem führen: zum Rückfall in die Barbarei, in geschichtslose Animalität, zu grausamen, archaischen Stammesriten. Die Gespenster kommen näher, aus allen Windrichtungen und aus unserer Mitte.

Die immer wieder und überall stattfindende „Tragödie im Sittlichen" (Hegel) ist kein Grund, das Sittliche aufzugeben. Wir müssen an den gebrechlichen Grundlagen der modernen demokratischen Kultur festhalten, selbst wenn ihre Chancen verkommen. Die Aussicht auf Erfolg, selbst seine schiere Unmöglichkeit, ist, wie wir aus Camus' „Sisyphos" wissen, kein Kriterium für das eigene Tun und Entscheiden.

Es gibt das „Glück des Standhaltens" (Adorno). Und wir müssen – es bleibt uns keine andere Wahl –, wir müssen den Stein rollen. Keine Philosophie und keine geschichtliche Vernunft kann uns dafür irgend etwas versprechen, schon gar nicht Sicherheit.

Lebensphilosophie und Salatkopftheorie

> „Die Vernunft ist natürlich die Sklavin
> der Leidenschaften."
>
> (Paul Feyerabend)

Die schwierige Ehe zwischen griechischem Rationalismus und christlicher Verkündigung, der Tochter aus jüdischem Messianismus und hellenistischem Mythos, war großartig und blieb ehrwürdig, auch als sie langsam aufhörte zu bestehen. Denn die Gleichsetzung von göttlicher und menschlicher Vernunft, von Gott, Kosmos und dem menschlichen Selbst, hatte irgendwann die Folge, daß diesem Selbst sowohl Gott als auch die Vernunft in dieser Welt abhanden kamen. Spinozas „Abenteuer der Immanenz" (Yovel), der alles umfassenden Null-ist-gleich-unendlich-Gleichungen, wurde umgedeutet zum alles, zum Welt und Gott umfassenden Ich, in dessen Tiefen alles Wesentliche zu finden sei, wurde umgedeutet zum Abenteuer der Identität.

Das Abenteuer der Identität

Seit dem 18. Jahrhundert konstruierte jede jugendbewegte Studentengeneration mit dem Wortschatz der Mystik und des Pietismus aus dem „Gott im Inneren der Seele" das geniale, selbstherrliche Ich, aus der demütigen Ergebung des Willens seine unbeschränkte Autonomie. An Stelle des pietistisch-frommen Herzens und Gefühls wurden die Leidenschaften salonfähig.

Glück und Unglück waren nicht hier oder dort zu suchen und zu finden, sie kamen nicht vom Himmel oder von der Erde, sondern beide aus dem eigenen Ich. Glück und Verzweiflung liegen also, bei Licht besehen, grundlos und unbegreiflich im Menschen selbst, aber leider nicht im Kopf, sondern irgendwie viel tiefer. Und so leidet der arme Tropf, wie Franz von Baader formulierte, „die tantalische Qual der entzündeten Selbstsucht", womit die seltsam irrationale Sucht gemeint ist, mit sich selbst identisch zu sein.

Die Unzulänglichkeit der Seele für das Glück wurde und wird immer noch mit den Mustern des alten gnostischen Märchens erklärt, dem Märchen vom geraubten Glück, der ursprünglichen seligen Einheit, den bösen, dämonischen Mächten, die diese Einheit zerrissen haben, und der endlichen Erlösung zum ursprünglichen, unversehrten Selbst – dem Glück.

Dieses Märchen bleibt die Konkurrenz zur Utopie von der gottgefälligen oder vernünftigen, jedenfalls vom Menschen einzurichtenden glücklicheren Welt, es bleibt auch Konkurrenz zur Religion.

Für die unstillbare Sehnsucht der Leute, zum eigenen und heilen Selbst zurückzufinden, zu einem vagen und sehr illusorischen Glück, bieten sich zu allen Zeiten Führer und Erlöser an – Gläubige vielleicht, Geistesgestörte mit Charisma, Geschäftstüchtige, Machtsüchtige, Sektenführer, Seelenfänger. Sie versprechen das Glück aus dem wiederhergestellten, ganzen und unbegrenzt mächtigen Selbst. Sie finden Anhänger und Gläubige, auch unter den Gebildeten. Populärpsychologie und Esoterik, vermischt mit jeglichem Hokuspokus, sind gegenwärtig – man schaue nur in irgendeinen Buchladen – ein hervorragendes Geschäft. Glück- und Ichsucher mit gehobenen Ansprüchen über dem Ochsenglück lassen sich dergleichen erstaunlich viel kosten.

Je selbstbewußter und bestimmender der Rationalismus in allen Lebensbereichen auftritt, um so breiter und tiefer fließt der unterirdische Strom der geheimen Irrationalität. Das vom Verstand nicht Erfaßbare, zweifellos ist es das meiste.

Der romantische Philosoph Schelling nennt das Irrationale „an den Dingen die unbegreifliche Basis der Realität, das was sich mit größter Anstrengung nicht in Verstand auflösen läßt, sondern ewig im Grunde bleibt. Aus diesem Verstandlosen ist im eigentlichen Sinne der Verstand geboren."

Möglich, nur wenn man grundsätzlich in dieser Tiefe ansetzt, wird man die banalen Rechenaufgaben des Lebens niemals lösen. Aber man erfährt vielleicht das Glück, sie heroisch zu verachten.

Die rationale Struktur der Welt – Vernunft im Kopf und Vernunft im Kosmos, ein und dieselbe Vernunft in allem –, an der Albert Einstein noch konsequent festgehalten hatte und die er letztlich doch nicht vollkommen rational begründen konnte, diese Rationalität ist eine Grundvoraussetzung für die Philosophie. Ein Denker, der sie zur Disposition stellte, hätte zumindest bis zur Mitte des vorigen Jahrhunderts Schwierigkeiten mit der Angabe seiner Profession gehabt.

Wovon reden Sie? Vom Leben! Welcher Schule oder Richtung gehören Sie an? Ich bin freier Philosoph! Das wirkte auf deutschen Gesellschaften im 19. und frühen 20. Jahrhundert sehr interessant und progressiv. Man lehrte „Freie Philosophie" und war natürlich „freireligiös". Man nahm seine Gewißheiten aus dem Selbst und aus dem Leben. Das alles nannte man „Lebensphilosophie".

Die „Lebensphilosophie" führt ihren Elan auf die jungen Genies um Herder und Goethe in ihrer Sturm-und-Drang-Periode zurück, und diese trugen ihren Spinoza, so wie sie ihn verstehen wollten, in der Westentasche. Sie schwärmten von seiner wunderbaren Immanenzphilosophie und seinen herrlichen Gleichsetzungen, denen sie noch weitere hinzufügten: Gott ist Natur, ist Vernunft, ist Leben, ist Schöpferkraft, ist Genie, ist Glück, ist Selbst... Goethe war jung, gesund, verliebt, als Dichter erfolgreich, als Doktorand der Rechte weniger, aber was kümmert das ein Genie. Jedenfalls fühlte er mit jeder Faser seines Seins: Leben ist Glück. Natürlich war damit nicht das Glück des lebendigen Hundes gemeint, wie bei Kohelet, sondern ein intensives, bewußtes, selbstherrliches, explodierendes Leben in voller Freiheit und Schöpferkraft.

Der neue metaphysische Grundbegriff war also „Leben".

„Die Energie des Geistes ist Leben", hatte Aristoteles so schön gesagt. Aber Geist war um die Jahrhundertwende ziemlich „out". Dilthey nannte ihn noch die höchste Stufe des Lebens, Bergson nannte ihn ein Mittel im Dienst des Lebens, und Klages fand, er sei genaugenommen der Widersacher des Lebens – das „Gegen-Glück".

Der Aufstieg der Biologie im 19. Jahrhundert und die Tatsache, daß Leben immer eine biologische Wirklichkeit ist, machte „Entwicklung" zum wichtigsten Merkmal von Leben und Glück.

Die lebensphilosophische Auffassung von Leben, Mensch und Glück könnte man – mit gebotenem Respekt natürlich – als „Salatkopf-Theorie" bezeichnen: Jedes „Selbst", jedes Individuum, ist für sich ein wunderbarer, unverwechselbarer Salatkopf, der sich aus eigenen, unversiegbaren Quellen speist; Wunder, Heil und Vollendung sind in seinem Samen angelegt. Er kann und muß sich entfalten, sich verwirklichen zum möglichst makellosen, unverbildeten Selbst, mit allen Wundern und Freuden im eigenen Herzen. Die Welt mit ihren Einwirkungen und Zumutungen, die müßte ihn nur in Ruhe lassen, um mögliche Traumata – durch Hagelschlag, Dürre, Schneckenfraß und die Köchin – zu vermeiden.

Solches entspricht genau dem zeitgenössischen Ideal einer objektfreien „Selbstverwirklichung".

Auch Schopenhauer und Nietzsche werden, weil nicht leicht einzuordnen und weil ihre Aussagen von jedermann leicht und falsch zu verstehen waren, zur Lebensphilosophie gezählt. Bitten wir die beiden doch eben mal zu unserem Salatkopf; er ist noch ein zartes Pflänzchen und bemüht sich nach Kräften, an die Sonne zu kommen.

Eine winzige realistische Möglichkeit für ihr Zusammentreffen wäre im Jahr 1860 gewesen, sagen wir im Frühjahr, denn im September starb Schopenhauer 72jährig. Nietzsche war gerade 16: um Schopenhauer zu treffen, wäre er weit gegangen. Ein schmächtiger, blasser Junge, man sah ihm den Pfarrerssohn und die vereinnahmende Fürsorge von Mutter und Schwester an. Er war einige Jahre als Stipendiat in dem berühmten Internat Schulpforta gewesen, nun bereitete er sich an einem Gymnasium für die Reifeprüfung vor. Er hatte es nicht leicht, versuchte es vorerst mit Bravheit. Pfarrer wollte er aber nicht werden.

Hätte Schopenhauer, ein mürrischer, unliebenswürdiger alter Herr mit einem gewaltigen „Stierkopf", ihn gefragt, was er denn werden wolle, so hätte der junge Friedrich in diesem Traum vielleicht ahnungsvoll und selbstbewußt geantwortet: Religionsstifter – und gemeint: Gott.

Was aber hätten die beiden als Summe ihrer profunden Überlegungen über Leben und Glück zu unserem Salatpflänzchen gesagt? Das läßt sich leicht erraten. Schopenhauer hätte geknurrt. „Bleib doch drin in der Erde! Alles Unangenehme, das mit Sicherheit auf dich zukommt, ist die Folge davon, daß du unbedingt leben, wachsen und dich auch noch ausbreiten willst. Es lohnt sich wirklich nicht, ein Salatkopf oder sonst ein Wesen zu sein. Alles Gemüse ist gleich; alles Lebendige wird gefressen!"

Der junge Nietzsche hätte beschwörend gesagt: „Los, ring dich durch, breite dich aus, sonst bist du feige, minderwertig, nicht wert zu leben, und du wirst zu Recht ausgerupft! Versuche, ein Über-Salat zu werden! Glück ist das Gefühl, daß die Blätter wachsen, ich meine, daß die Macht wächst. Jedes starke Leben trägt seinen Sinn in sich!" Dann hätte er sich erschöpft ins Gras gesetzt.

Erfahrung am eigenen Leib

Nein, Arthur Schopenhauer war kein Melancholiker, er trauerte nicht um verlorene Jugendblütenträume, er hatte ein fast penetrantes Selbstbewußtsein, war kaum entflammbar durch irgend jemanden oder irgend etwas, und auch sein Selbst entzündete sich selten – soweit bekannt. Seine Geistesverwandten waren eher die Aufklärer des 18. Jahrhunderts, Voltaire zum Beispiel, der im „Candide" den dümmlichen Optimismus lächerlich machte, oder d'Alembert, der vom „malheur de l'existence" sprach.

Romantiker war Schopenhauer in der Hinsicht, daß er in der

Musik – allein – Glück finden konnte. Aber dieser Schopenhauer hat den Begriff „Pessimismus" zur Selbstbezeichnung seiner Metaphysik gemacht, sich selbst damit als Pessimisten bezeichnet, wiewohl er damit eher Realismus, Skeptizismus und Illusionslosigkeit meinte: „Pessimistisch", schreibt er, ist die Einsicht in die Unvereinbarkeit der „ewigen, ursprünglichen unabänderlichen Ordnung der Dinge" mit der Existenz von „Schmerz und Tod". Aufgrund dieses Widerspruchs lautet seine Konsequenz, daß diese Welt „eigentlich nicht sein sollte". Im Grunde bedürfe es „nur der Aufrichtigkeit, um das Gegenteil des Optimismus zu erkennen".

Auch seine Herkunft und sein Bildungsgang machten Schopenhauer eher zum Realisten als zum Metaphysiker. Er hatte wenig Lust, die schwarze Katze, die nicht da ist, zu fangen. Er wollte über das Leben nachdenken, sagte der junge Arthur einmal zu Wieland, vor allem darüber, „daß es eine mißliche Sache sei". Sein Vater war Großkaufmann, seine Mutter die berühmte Schriftstellerin Johanna Schopenhauer. In ihrem Hause verkehrten Goethe und Wieland und alles, was damals in Weimar Rang und Namen hatte. Der diskutierwütige Junge nahm an ihren Gesellschaften teil und wurde der Mutter zuliebe mit geduldigem Wohlwollen ertragen. Nach dem Willen des Vaters besuchte er nicht das Gymnasium, sondern absolvierte eine Kaufmannslehre. Seine umfangreiche Bildung erwarb er sich auf mehrjährigen Reisen durch Mittel- und Westeuropa; so kam er mit einer fundierten Weltkenntnis zur Philosophie, im Gegensatz zu den meisten seiner Zunftkollegen. Später holte er das Abitur nach, studierte zunächst Naturwissenschaften, dann Philosophie.

Goethe schrieb ihm zum Abschied von Weimar ins Album: „Willst du dich deines Wertes freuen, / So mußt der Welt du Wert verleihen." Genau das konnte und wollte der junge Mann nicht: nämlich Glück erfinden.

Schopenhauers Definition des Glücks griff einerseits auf Epikur zurück: Abwesenheit des Schmerzes und dazu noch nicht allzu langweilig, das wär's schon. Andererseits nahm er die Lehre Sigmund Freuds vorweg: Glück ist die Befriedigung eines Bedürfnisses, beziehungsweise das ständige Fortschreiten von Begierde zu Erfüllung und neuer Begierde. Somit ist Glück immer nur die Aufhebung eines Mangels – „alles übrige ist Schimäre"!

Sein erstes geniales Hauptwerk hat Schopenhauer 1818 als 30jähriger vollendet: „Die Welt als Wille und Vorstellung." Mit der Einsicht, daß die Welt Ansicht und Interpretation des jeweiligen Subjekts sei, knüpfte er an Kants „Kritik der reinen Vernunft" an. Mit der Behauptung, die Welt sei Wille, oder der Wille sei das Wesentliche an ihr, hat er nach Arnold Gehlen eine „kopernikanische Wende" herbeigeführt und steht am Beginn „der neuesten Philosophie".

Dieser Wille ist nach Schopenhauer dem Menschen nicht in seiner Vorstellung gegeben, sondern nur in der Erfahrung des eigenen Leibes. Diese anthropologisch-psychologische Wendung – sie erinnert an Überlegungen des Aurelius Augustinus in den „Confessiones" – war damals wieder unerhört. Es war die Absage an die rationale Überzeugung von einem vernünftigen Weltgrund. Zunächst wurde sie kaum zur Kenntnis genommen. Es war nämlich etwas darin enthalten, was die Leute nicht hören wollten. Denn was er Wille nannte, meinte zunächst und konkret die Triebe: „Diesem allen zufolge, sind die Genitalien der eigentliche Brennpunkt des Willens und folglich der entgegengesetzte Pol des Gehirns, des Repräsentanten der Erkenntnis."

Schopenhauer war davon überzeugt, daß letztlich Erkenntnis und Intellekt gegenüber dem Willen, der Sexualität, den Leidenschaften sekundär sind. Sigmund Freud hatte denn auch in Schopenhauer seinen Vorläufer gesehen und sich gewundert, daß die Einsicht, daß der Mensch nicht nach der Vernunft handelt, so schwer zu akzeptieren ist. 1920 schrieb er: „Der Philosoph Arthur Schopenhauer hat bereits vor geraumer Zeit den Menschen vorgehalten, in welchem Maß ihr Tun und Trachten durch sexuelle Strebungen – im gewohnten Sinne des Wortes – bestimmt wird, und eine Welt von Lesern sollte doch unfähig gewesen sein, sich eine so packende Mahnung so völlig aus dem Sinne zu schlagen!"

Nun, die Erklärung ist einfach: Schopenhauer wurde spät bekannt; dann war er ein viel zitierter Modephilosoph und sein Pessimismus der Gesprächsstoff der Salons. Er war leicht zu lesen, aber das verführte niemanden dazu, dies auch wirklich zu tun. Man wußte ja ungefähr Bescheid.

Im zweiten und dritten Band seines Hauptwerkes expliziert und präzisiert Schopenhauer seine Lehre vom Willen; dabei nimmt er die alten brahmanischen und buddhistischen Lehren wieder auf. Der Wille an sich liegt außerhalb von Zeit und Raum und Kausalität; er ist grundlos, ursachlos, ziellos und erkenntnislos. In Raum und Zeit, in den Individuen zeigt er sich als Wille zum Leben und ist damit die Ursache allen Leidens. Das alleinige Wesen des Willens ist das Streben, dem kein erreichtes Ziel ein Ende macht. Es gibt daher keine endliche Zufriedenheit, und es gibt kein Glück.

„Tat twam asi" – Das bist du!

Schopenhauer schildert beredt und ausführlich das Leiden allen Lebens in allen seinen Formen und Betätigungen. Aus diesem Leiden gibt es keinen anderen Ausweg als die Verneinung des Willens zum Leben und den Übergang ins Nichtsein, ins Nirwana. Diese Verneinung geht aus dem Sich-Wiedererkennen in jeder fremden Erscheinung und seinem Leiden hervor.

Buddhas Mahnung „Tat twam asi" – Das bist du! bewegt zu Gerechtigkeit und Mitleid und trägt zu ein wenig Milderung des Leidens in der Welt bei. Das ist nach Schopenhauer die menschenfreundliche Botschaft Buddhas und die einzige Grundlage der Moral.

Und wie stand es mit Arthur Schopenhauers Glück? Nicht schlecht. Ein in sich ruhender, sehr deutscher und sehr bürgerlicher Buddha.

Der eigenwillige Hagestolz, der leicht Streit bekam, vermied einfach alles, was Ärger machen konnte. Er lebte zurückgezogen vom ererbten Vermögen, das er bis zu seinem Tod verdoppelt hatte. Nach dem Erscheinen seines Werkes, das unbeachtet blieb, machte er Reisen, lebte eine Zeit in Berlin und ab 1833 endgültig in Frankfurt am Main. Dort hat ihn Karl Gutzkow so gesehen und beschrieben:

„Daß Schopenhauer ganz in Frankfurt am Main lebte, das erfuhr ich erst, als ich den Mann mit dem Stierkopf und seinem großen weißen Pudel um die Tore Frankfurts rennen und seine Mittagsmahlzeiten auslaufen sah. Er besuchte dasselbe Lesezimmer wie ich, stocherte sich die Zähne, führte mit seinem draußen auf dem Roßplatz wartenden Pudel mimoplastische Unterhaltungen durchs geschlossene Fenster, blätterte ein wenig in der Times, holte sich dann eine Prise vom Sekretär. Die Beinkleider waren im Sommer von gelbem Nanking, das Oberkleid ein schwarzer Frack, eine hochgehende, an der oberen Öffnung gezackte Weste, weiße Halsbinde und ein Quäkerhut – den Abschluß gab der oben geschilderte Kopf auf breitem Nacken. Ein Backenbart war anfangs grau, allmählich weiß."

Rückzug in die Ungeschiedenheit

> „Das Ich fordert, daß es alle Realität in
> sich fasse und die Unendlichkeit erfülle."
> (J. G. Fichte)

> „Es gibt nur zwei Dinge: die Leere
> und das gezeichnete Ich."
> (Gottfried Benn, 1953)

Die metaphysische Einsamkeit des Ich gegenüber dem All und seiner Leere, die Einsamkeit gegenüber dem Nichts, die Unvereinbarkeit zwischen Gott und Welt, zwischen Ich und den anderen, zwischen Ansprüchen und Trieben, mit aller Verworrenheit und Anarchie im eigenen Herzen – empfinden wir in trüben Stunden als Tragödie, wenn uns sonst nichts fehlt.

Das Glück, so träumen wir dann, wäre die Einheit, die Überwindung aller Trennungen, das Zusammenfallen aller Gegensätze im Unendlichen oder im Anfang. Und wir machen uns auf den Weg „ins Reich der Ungeschiedenheit", wie Laotse lehrte. Dieses Glück ist, wenn auch nicht herstellbar, so doch in kurzen Augenblicken erfahrbar, vor allem in mystischer Meditation. Es wird als eine Art Erleuchtung, als großer Zusammenhang, als Einfachheit, Klarheit und Einheit beschrieben. Wir brauchen nicht zu entscheiden, ob wir dies der Chemie im Kopf oder der Metaphysik des Seins zuordnen wollen. Aus diesem möglichen Glücks- und Einheitserlebnis nimmt das gnostische Märchen vom gestohlenen und wiederzugewinnenden Glück seine Gewißheit, ebenso die Sage vom Paradies und vom goldenen Zeitalter, der Glaube an die glückliche Arglosigkeit der Natur oder an die selige Unschuld der Kindheit, darauf gründen populäre psychoanalytische Aufforderungen zur Regression bis hin zum befreienden „Urschrei".

Diesem Rückweg in die Ungeschiedenheit entspricht das idealistische Philosophenglück der großen, umfassenden Gleichsetzungen, entspräche auch die umfassende Weltformel, die Physiker und Mathematiker mit Hingabe, aber erfolglos suchten. Die romantische „idealistische" Philosophie hat das intellektuelle Spiel mit gleichen Bällen, mit Ich und Welt und Gott, mit All und Nichts, mit schweren und leeren Worten, mit Sinn und Unsinn betrieben. Nicht so sehr mit demokritischer Freiheit und Heiterkeit, eher mit deutscher akademischer Bedeutungsschwere.

Son dio – bin Gott!

„Gott ist tot!" – Nietzsche
„Nietzsche ist tot!" – Gott
(Graffiti in der New Yorker U-Bahn)

Nietzsche war ein großer Schreibtisch-Sieger. Er war ein messerscharfer und überlegener Zeitkritiker, ein fröhlicher Spieler mit allen Bällen unsterblicher Utopien und Universalien, ein Umwerter aller Werte: Unglück in Glück, Böse in Gut, Schwäche in Kraft... er war Entlarver und Auf-den-Kopf-Steller. Er begeisterte eine Generation in Europa, die Ödnis und Ergebnislosigkeit des Denkens endlich durch etwas ganz anderes, durch einen wilden Irrationalismus ersetzen wollte, blassen Geist durch pralles Leben.

Nietzsches Einsichten, die er, wortgewaltig wie kaum einer, in radikalen und genialen Aphorismen formulierte, sind paradox, widersprüchlich und der Wahrheit erschreckend nahe, vorurteilslos erhellend und verdummend zugleich.

Mit dem Pessimismus Schopenhauers und seiner zahlreichen Nachahmer, mit dem romantisch-buddhistischen Nihilismus rechnet er ab. Er erkennt den Pessimismus als eine Art Hedonismus, der mit dem übermächtigen Leiden auf der Welt argumentiert, als ob Lust und Unlust wichtig wären: „Wer das Leiden als Argument gegen das Leben führt, gilt mir als oberflächlich, mithin unsere Pessimisten. Insgleichen wer im Wohlbefinden ein Ziel sieht." Und über die Liebe zum Nichts: „Es gibt auch eine gewisse, exzentrisch werdende Bescheidenheit, welche das Gefühl der Leere selber wieder wollüstig empfinden läßt: ja einen Genuß an der ewigen Leere aller Dinge, eine Mystik des Glaubens an das Nichts..." Nietzsche selbst ist dieser Mystik, der Gleichsetzung Gottes und des Nichts, nicht verfallen; allerdings einer anderen: Gott ist für ihn diese Welt, genauer, der Mensch, nicht jeder, freilich, nur der „Übermensch", das ist letztlich Er – Nietzsche!

Die Philosophiegeschichte, mit Sokrates und Platon beginnend, und die großen Erlösungsreligionen sind ihm nicht mehr als Ausdruck von Schwäche und Dekadenz: schwächliches Leidvermeiden, Mitleids- und Herdenmoral, erfundenes Glück der billigeren Sorte...!

Es gibt für Nietzsche doch die Seligkeit des Schmerzes und des Unglücks, sie zu lieben ist wahres Glück und wahres Leben für große Geister: „Man hat mir etwas vom ruhigen Glück der Erkenntnis vorgeflötet – aber ich fand es nicht, ja, ich verachte es, jetzt wo ich die Seligkeit des Unglücks der Erkenntnis kenne."

Nietzsche hat mit großer Geste aufgeräumt mit zwei Behauptungen, Irrtümern oder Ideologien über das Glück: erstens, daß es ein Ziel und damit verfolgbar und erreichbar sei, durch Vorsicht und Vernunft – zweitens, daß es schon mit der einfachen Abwesenheit von Unglück und Langeweile definiert sei, „das erbärmliche Behagen, das Glück der meisten!"

Glück war für Nietzsche etwas Wunderbares, Zeitloses, eine Realität am Rande aller überschreitbaren Wirklichkeiten. Es fällt herab auf den Glücklichen, ergreift ihn, trifft ihn, wie der Pfeil des anderen, der Pfeil der Gottheit. Dieses Glück war seine Frömmigkeit.

Glück ist bei Nietzsche immer die Begleiterscheinung beim Auslösen einer Kraft. Das hieße physikalisch wie auch psychologisch: Glück entsteht beim Übergang von einem Zustand in den anderen; es ist ein Grenzerlebnis. Solcher Übergang ist schmerzlich, je schmerzlicher, desto glücklicher, meint er. „Erst der große Schmerz ist der letzte Befreier des Geistes", steht in der Vorrede zur „Fröhlichen Wissenschaft", und in den Dionysos-Dithyramben heißt es: „O komm zurück / mein unbekannter Gott! Mein Schmerz! / mein letztes Glück!"

Und Glück ist Leben, ist Steigerung des Lebens, Überhöhung des Lebens, Ausweitung des eigenen Lebens gegenüber anderen, Glück ist Macht: „Was ist Glück? – Das Gefühl davon, daß die Macht wächst…"

Als Tier wäre der Mensch wieder glücklich: „Die Instinkte bekämpfen müssen – das ist die Formel für décadence: solange das Leben aufsteigt, ist Glück gleich Instinkt." Und seinen Zarathustra läßt er sagen: „Zur Verachtung des Irdischen hat man euren Geist überredet, aber nicht eure Eingeweide: die aber sind das Stärkste an euch…!"

Wir wissen, was dergleichen in beschränkten Köpfen angerichtet hat. Ist Nietzsche dafür verantwortlich zu machen oder der Geist, der sich bei ihm die Worte suchte? Jedenfalls war Nietzsche ein Gefühl-ist-alles-Mensch; damit steht er in der Tradition des Irrationalismus, der geistreichen Geistfeindlichkeit. Glück ist Stimmung, die Stimmung des „Großen Mittag", ist Ekstase, ist Hinaustreten aus Zeit und Raum in irgendeine Ewigkeit.

Der Schmerz und das Glück, der Gott und das Nichts, das Ich und der Wahn – sie haben bekanntlich Nietzsche, den Leidenden, den Genialen, eingeholt. Seine Geisteskrankheit kündigte sich 1888 an; er war 44 Jahre alt. Der Übergang in einen anderen Zustand… Briefe aus diesem Jahr lassen die Achtung der Griechen vor der Wahrheit des Wahns, dem Geschenk der Götter, verstehen.

„Ich rechne die Heiterkeit zu den Beweisen meiner Philosophie", schrieb er an Strindberg. Und im letzten Brief an Jacob Burckhardt: „Ich gehe überall hin in meinem Studentenrock, schlage hier und da jemanden auf die Schulter und sage: siamo contenti? son dio, ho fatto questa caricatura…" (Nun, zufrieden? Bin Gott, habe diese Karikatur gemacht…) Und: „Was unangenehm ist und meiner Bescheidenheit zusetzt, ist, daß im Grunde jeder Name in der Geschichte ich bin." Weiter bekennt er in diesem Brief, daß er es vorgezogen hätte, Basler Professor zu bleiben statt Gott zu werden, er es aber nicht gewagt habe, seinen „Privat-Egoismus so weit zu treiben, um seinetwegen die Schaffung der Welt zu unterlassen".

Identitätsphilosophie fürs Herz

„Suleika:
Volk und Knecht und Überwinder
Sie gestehn zu jeder Zeit,
Höchstes Glück der Erdenkinder
Sei nur die Persönlichkeit;

Jedes Leben sei zu führen,
Wenn man sich nicht selbst vermißt;
Alles könne man verlieren,
Wenn man bliebe, was man ist.

Hatem:
Kann wohl sein! So wird gemeinet;
Doch ich bin auf anderer Spur:
Alles Erdenglück vereinet
Find ich in Suleika nur.

Wie sie sich an mich verschwendet,
Bin ich mir ein wertes Ich;
Hätte sie sich weggewendet,
Augenblicks verlör ich mich.

Nun mit Hatem wärs zu Ende;
Doch schon hab ich umgelost:
Ich verkörpere mich behende
In den Holden, den sie kost."

(Goethe, West-östlicher Divan)

Das Ich, das Selbst, Persönlichkeit, bleiben, was man ist, Identität mit sich selbst... Metaphysische Begriffe, so abstrakt wie das
Sein, so leer wie das Nichts. Daraus entsteht Identitätsphiloso-
phie fürs Herz, Fluchtideologie ins Innen. Ein säkularisierter
Kinderglaube, den Suleika da zitiert und den die „Überwinder"
dem „Volk und Knecht" nur allzu gerne zugestehen. Ein
„höchstes Glück" endlich, das niemand nehmen kann und das
so kratzfest und resistent ist, daß mit ihm „alles zu verlieren"
und „jedes Leben zu führen" möglich sei. In Wahrheit ist das
erste, was man unter starkem Leidensdruck verliert, eben dieses
Selbst! Ein irrationales und daher nicht widerlegbares Glück.
Der Glaube daran ist bis heute ungebrochen. Im Gegenteil!
Dieser Glaube überspült die abendländische Tradition und
westliche Zivilisation in immer neuen, immer höheren Wellen.

Hatem/Goethe hält dagegen. Seine „andere Spur" des
Glücks: „alles Erdenglück vereinet" findet der Liebende in der
Geliebten. Im Augenblick des Sich-Verlierens erlebt der Liebende, was moderne Glücksforscher den „Flow" nennen; das
ist sicher etwas, ja etwas Konkretes.

Zweitens: Das Ich bestätigt und erlebt sich im Du, es verliert
sich in der Verlassenheit. Auch dagegen weiß Hatem Rat: Er
gibt sein Ich auf und schlüpft ohne Prestigeverlust in ein anderes... „Tat twam asi"?

Was Identität ist, was ihre Gewißheit oder ihr Verlust mit
Glück zu tun haben, ist ein weites Feld und ein unbekanntes
Land, so schwierig zu ergründen wie das Innere der Erde unter
unseren Füßen. Trotzdem hat seit dem 19. Jahrhundert das Ich-

Bewußtsein für den Menschen und sein Glück eine ungeheure Bedeutung erlangt.

Im Gegensatz zur Aufklärung wurde dieses Ich, das Selbst, die Individualität, Subjektivität oder die Persönlichkeit nun als etwas aufgefaßt, was von Person zu Person verschieden sei. Man begann, die eigene Identität nicht mehr in seinen Taten und Leistungen, in seinen Beziehungen und gesellschaftlichen Rollen zu suchen und sie dementsprechend zu definieren, sondern in seinem „individuellen Bewußtsein". Es muß ja, so will es ein modernes Dogma, dort etwas Einmaliges, Einzigartiges geben, von Treue zu sich selbst gehalten und völlig frei, das heißt, aus dem Salatkopf-Samen heraus sich selber Zweck, Sinn und Warum.

Der letzte Mensch

> „Nur Aufmerksamkeit ist von mir gefordert,
> eine Aufmerksamkeit, die so vollständig ist,
> daß das ‚Ich' verschwindet."
>
> (Simone Weil, Cahiers 2)

Die Faszination eines „innersten Selbst" erstickt die Aufmerksamkeit gegenüber allem anderen. Sie führt zu dem Zwang, ständig die eigenen Empfindungen zu ergründen, zu formulieren, sie in ihrer Banalität zu polieren, und rückschauend abgeschlossene und vergangene Empfindungen zu einer befriedigenden Definition des Selbst zu montieren. Die Erinnerung an den inneren Werdegang wird zum eigentlichen Leben; dieses Leben ist der eigene Entwicklungsroman, den der unterbeschäftigte Bürger unbedingt schreiben oder zumindest lesen will, denn in jeder Biographie wird sich der so Einmalige selbst erkennen. Vergangenheitsbewältigung als Obsession, die Autobiographie als Lebenssinn – besonders glücklich macht das nicht. Denn das Ich wird durch die Nabelschau bewegungslos und hartschalig wie ein Klotz; die Pfeile des Geistes oder der Liebe prallen ab. Es ist todunglücklich, denn gibt es etwas Öderes und Unerfreulicheres als den Umgang mit sich selbst? Oder etwas Befremdlicheres und Entfremdenderes als die paradoxe Mission, das Phantom der eigenen Wirklichkeit zu erjagen? Man versuche es und schaue lange genug in den Spiegel; man wird sich irgendwann nicht mehr erkennen.

Auch das Selbst ist Nirgend-Land und bleibt es trotz aller Psychoanalyse. Es ist Utopie und Illusion, es ist Erfindung, die seltsamste Erfindung von Glück! Keiner Ent-Täuschung zugänglich und keiner Transzendenz, verhindert sie die Grenzerfahrung des Überschreitens, des Sich-Verlierens und gerade damit das vielleicht mögliche Glück.

Das Archaische in der Moderne

„Vom Ende der Melancholie zur
Selbstinszenierung des Subjekts"
(So kennzeichnet Sigrun Anselm in ihrem
gleichnamigen Buch die Wandlung des
bürgerlichen Individuums im 19. und 20. Jh.)

Die begeisterte Aufnahme der Gedanken Nietzsches zu Beginn unseres Jahrhunderts galt sowohl dem als tragisch interpretierten Genie als auch seiner Vision des Übermenschen mit
konsequentem Willen zu Glück und Macht; und sie galt der
wortgeformten Sehnsucht nach explosiver Ausweitung des
Ich.

Mit dem Begriff des tragischen Genies hat die Tragik einen
neuen Inhalt gefunden: Tragisch ist der heldenhafte Untergang
eines Helden, der es verschmäht, sich mit dieser schnöden Welt
zu arrangieren.

Nietzsche selbst hat Melancholie und Zweifel, hat Trauer
und Mitleid energisch verdrängt, zugunsten einer eindrucksvol-
len Inszenierung des Selbst und Ich, durch Erfinden eines
neuen Menschen, Weltenschaffers oder Zerstörers, eines übermächtigen Primitivlings, der durch seinen Willen die Welt um-
formt und die Tragik austritt. Mit dem Ende von Tragik und
Melancholie konnte das Archaische in der Moderne wieder
Fuß fassen.

Eine Generation von Intellektuellen mit dem „Zarathustra"
in der Tasche war geneigt, diese Flucht nach vorne und in eine
neue Primitivität anzutreten, indem sie vorwegnahm, was sie
ängstigte: Einsamkeit, Wahn und Tod. Der romantische Held
wurde eine Leitfigur des Jahrhunderts.

Dieser Held handelt und scheitert nicht entsprechend äußeren, irgendwie kalkulierbaren Gegebenheiten, sondern aus eigenem Antrieb, gelenkt von einer inneren Stimme, eben seinem
Selbst. Wer so ein Held sein will, verfolgt kompromißlos seinen Weg, wohin er auch führt, beziehungsweise er bleibt auf
dem einmal gewählten Standpunkt stehen, er bleibt sich selber

treu. Das ist das Heldenhafte und Romantische – das Wahnhafte an ihm.

Seine Irrationalität gilt unter Gleichgesinnten als edel, als Idealismus, als Reinheit der Motive; sie ist ein Wert, ein höherer als Glück. Sein Untergang hat Größe, denn er scheitert, ohne seine Ideale verraten zu haben. Als Überzeugungstäter mit Gesinnungsethik darf er an Vernunft und Moral nicht gemessen werden, er darf „jenseits von Gut und Böse", jenseits der menschlichen Zivilisation stehen.

Schmerz und Tod, sagt der Held, sind sein Glück. Aber er tut's auch darunter. Wenn diese verächtliche, schwächliche Welt ihn nur wahrnimmt, ist er schon glücklich. „Unser Ideal ist: Leben auf der Grenze zum Tod!" Das sagte ein 19jähriger russischer Nationalist in einer ZDF-Reportage im Juni 1994.

An Stelle des rationalen Strebens nach Vernunft und Harmonie tritt die Vision von Heroismus und Märtyrertum, von Ehre, die Treue ist, vom Glück der Selbstopferung für eine vage, überindividuelle, kollektive Identität. Sie wird am Ende unseres Jahrhunderts wieder unbefangen artikuliert – von Stammtischbrüdern, Bandenkriegern, nicht nur in den Krisengebieten unserer bedrohten Welt. Nach Haltung und Gefühlsqualität ist das eine säkularisierte Form von christlichem Platonismus: Der Lohn des Helden, der irdischen Erfolg verachtet, ist die Himmelfahrt und vielleicht eine winzige Verewigung.

Diese ungeistigen Nachfahren Fichtes und Nietzsches mit ihrem steinzeitlichen Gefühlsleben haben wie die homerischen Helden Zugang zum Glück als archaischen Rausch von Leben und Macht, von Töten und Todesgefahr, als wunderbare Momente des Wahns, ganz abgesehen von sonstigen Räuschen. Die Biochemie im Hirn ist nicht vernünftig, nicht moralisch, ihr nachzuhelfen ist gefährlich. Sie ist das uralte einfache Glück der einfachen Helden.

„Ein wenig Gift ab und zu, das macht angenehme Träume. Und viel Gift zuletzt zu einem angenehmen Sterben." Auch das schrieb Nietzsche, aber er verachtete das Angenehme wie die Träume. Er verachtete die „letzten Menschen", in denen wir uns erkennen.

„Jeder will das gleiche. Jeder ist gleich: wer anders fühlt, geht freiwillig ins Irrenhaus."

„Man arbeitet noch, denn Arbeit ist eine Unterhaltung; aber man sorgt, daß die Unterhaltung nicht angreife."

„Man ist klug und weiß alles, was geschehen ist, so hat man kein Ende zu spotten."

„Man hat sein Lüstchen für den Tag und sein Lüstchen für die Nacht: aber man ehrt die Gesundheit."

„,Wir haben das Glück erfunden' – sagen die letzten Menschen und blinzeln."

In unserer heutigen mediennivellierten Unterhaltungsgesellschaft und gleichzeitig erfolgs- und durchsetzungsorientierten Risikogesellschaft ist der letzte Mensch, der Zeitgenosse, das selbstinszenierte Subjekt, ein kleinbürgerlicher Ellenbogenkämpfer, zugleich aber sensibler Egomane, immer überanstrengt durch die „Sorge um sich" und die Bemühungen um die Stilisierung seines Selbst.

Melancholie endet mit der Selbstinszenierung des Individuums. Melancholie ist das Bewußtsein von der Unauflösbarkeit und Unvermeidbarkeit der Tragik, sie beruht auf der Einsicht, daß Glück fast immer ein erfundenes ist. Wer zu einfach ist, um dies zu begreifen, zu schmerzempfindlich oder zu verwöhnt, um es zu ertragen, der folgt Verheißungen. Verheißungen von Befreiung und Verwandlung, von möglichem Neubeginn, wenn sich das Leben oder das Selbst anders erweisen als die Erfindung.

Verwandlung erhofft man insgeheim, wenn man dem Mythos folgt statt dem Logos, dem Leben oder dem Tod statt dem Denken. Man erhofft sie im Rausch statt in der Klarheit, in Grenzerlebnissen, in der Gefahr, in der das Selbst bestätigenden und verändernden Tat. Vor allem erhofft man sie von einem Außen, einem anderen, von einem erfundenen Partner, einer erfundenen Gemeinschaft.

Jeder will das gleiche

„Die Individualisierung ist kein individuelles, sondern ein kollektives Schicksal."

(Ulrich Beck)

Das verwandelnde Erlebnis ist heute auch ohne todesverachtenden Einsatz zu haben, bescheidener, risikolos, im kommerziell organisierten Abenteuer, in vorgeformten Träumen. Die Werbung verspricht Glück, Freiheit, Abenteuer und Größe für den identitätsuchenden Zeitgenossen, wenn er eine Markenjeans trägt und eine bestimmte Zigarette raucht.

„Die Sucht, mit sich selbst identisch zu sein" äußert sich paradoxerweise als Sucht, im anderen sich selbst zu finden. Die anderen, die Lebenden und die Toten, die Nächsten und die Fernsten, die Wirklichen und die Erfundenen, sie alle dienen nur der permanenten Selbstbestätigung; in ihnen sucht man, „was man selbst ist, was man selbst war, was man selbst sein möchte" (Sigmund Freud).

Das ist schließlich das banale Ergebnis der „expressionistischen Revolution der Moderne", die Folge des „Aufstandes der individuellen Vernunft gegen die allgemeine Vernunft" (Joseph de Maistre): das sterile Kreisen der Gedanken und Gefühle aller Individuen in den westlichen Gesellschaften um das Problemchen ihrer Identität. Identität – das „höchste Glück der Erdenkinder", wirklich das seltsamste in der Geschichte der Menschheit erfundene Glück! – Und weil dieser Identitätsanspruch auf die gleichzeitige Anerkennung durch andere angewiesen ist, versinkt diese Moderne in den sanften egalitären Glückswogen einer angepaßten Masse.

Selbstverwirklichung

> „56% der 16- bis 30jährigen, so eine Gewis-
> Umfrage, geben ‚Selbstverwirklichung‘
> als Lebensziel an, ebenso viele ‚Freizeit‘.
> 32% streben nach ‚Sozialprestige‘, 10%
> nach Macht."
>
> (DER SPIEGEL, 19. 9. 1994,
> „Die Deutschen von morgen")

> „Wie ein riesiger Treppenhaus-Klatsch hat
> sich das Gerede über Glück und Unglück,
> Depression und Beziehungsstörungen,
> Körpervergessenheit und seelische
> Abgründe auf die westliche Welt gelegt."
>
> (DER SPIEGEL, 25. 7. 1994)

Glücksfinder und Wegweiser, Umwerter, Problemlöser und Erlöser findet man heute nicht mehr unter Philosophen, sondern unter Psychotherapeuten. Diese haben, auf der Woge des Zeitgeistes reitend, als neues Lernziel und neuen moralischen Wert an die Stelle der „Solidarität", dem Schlagwort der 68er, die „Sorge für das Selbst" und die objektlose „Selbstverwirklichung" gepredigt.

Der Psychotherapeut Carl Rogers zum Beispiel, ein Hauptvertreter dieser sogenannten „Humanistischen Psychologie", hat für seine Therapieform, die Gesprächstherapie, eingeräumt, daß sie sich der herrschenden Ideologie angepaßt habe. Er bezeichnete sie als „ein Produkt ihrer Zeit und ihres kulturellen Hintergrundes… Ich habe eine Idee aufgenommen, deren Zeit gekommen war. Diese Idee war die Selbstverwirklichung."

Diese humanistischen Selbst-Theorien haben die 70er Jahre zur sogenannten „Me-Decade" gemacht, zum Zeitalter des Ich. Eine ganze Generation machte sich in Selbsterfahrungsseminaren und ähnlichen Veranstaltungen auf die Suche nach ihrem Selbst, ihrem Glück, ihrer Last; sie suchten Verwirklichung, was immer das sein sollte, und Verbesserung dieses Selbst. Denn, so lautete die Botschaft: Nur wer zu sich selbst gefunden hat, wer seine Bedürfnisse kennt und sie nicht länger anderen unterordnet, nur wer sich durchzusetzen weiß, kann ein psychisch gesundes und stabiles Mitglied unserer Gesellschaft werden. (Ursula Nuber)

Eine Generation von Lehrern und Pädagogen, leidenschaftliche Therapiekonsumenten und Therapierer, gaben diese Botschaft weiter. Ein großer Teil der Schul- und Erziehungsprobleme Jugendlicher bis in die 90er Jahre hinein sind noch auf diese zählebige Ideologie vom Glück der Selbstverwirklichung zurückzuführen. Ein Umschwung kündet sich an; er ist die Folge davon, daß die egozentrischen Eltern, die diese Erziehungsmaxime genossen haben, ihrerseits durchaus nicht gewillt und fähig sind, auf Selbstverwirklichungsansprüche und individuelle Bedürfnisse ihrer Kinder Rücksicht zu nehmen.

Im Jahre 1986 erschienen Michel Foucaults Bücher: „Der Gebrauch der Lüste" und „Die Sorge um sich". Der Spurensucher in der „Archäologie des Wissens" hatte dort keine Entwicklung zu einer humanen und moralischen Identität der Gesamtheit selbstbewußt gewordener Individuen entdecken können, eher die immer gewalttätigen Abgrenzungen und Ausgrenzungen an den zerfasernden Rändern aller historischen Gesellschaften, ewige moralische Nullsummenspiele. Seine „zeitgemäße" Subjektphilosophie ist daher eine Absage an jegliche Utopie. Sie beruht auf der vorchristlichen und vorleibfeindlichen Glücksethik der Antike, auf ihren angeblich lehrbaren und lernbaren Techniken des Selbst und der Formung des Subjekts. In diesen Studien zur antiken Sexualethik findet er eine „Ästhetik der Existenz", die auf dem toleranten Prinzip der individuellen Selbstsorge gründen sollte. Er empfiehlt sie als Methode nachmoderner Lebenskunst, als zeitgemäßes Glück.

Zeitalter des Narzißmus

Wenige Jahre vor dieser philosophischen Kanonisierung einer Zeiterscheinung veröffentlichte der amerikanische Historiker und Soziologe Christopher Lasch ein vielbeachtetes Buch über das „Zeitalter des Narzißmus", den Kult um das Ich, als bedrohliche Tendenz innerhalb unserer Zivilisation.

Der romantische Held des 19. Jahrhunderts war Literat und Künstler, er war noch Gestalter seines Desperadotums. Die zeitgenössische Version ist ein problembeladener Egomane, ein Helden-Konsument.

Der Kult um das Ich, um den eigenen Körper, das Outfit, den Lebensstil, um die Möglichkeiten zur Selbstbestätigung in Beruf und Freizeit, hat sich inzwischen zu einer „kollektiven Besessenheit" gewandelt, so diagnostiziert DER SPIEGEL vom 30. 5. 1994 in dem Artikel „Tanz um das goldene Selbst", wie der Soziologie-Professor Ulrich Beck diese Zeiterscheinung der radikalen Ich-Bezogenheit nennt. „Aus der Marxschen Welt kollektiver Kombattanten ist eine Leibnizsche Welt kollektiver Ignoranten geworden, der fensterlosen Monaden, die die Außenwelt, wenn überhaupt, nur über Klischee und Stereotypen wahrnehmen." (Stefan Breuer, FAZ, August 1992)

Der Soziologe Gerhard Schulze interpretiert in seinem 1992 erschienenen Buch „Die Erlebnisgesellschaft" das neu entstehende Verhältnis von Individuum und Gesellschaft vorwiegend als Gruppen- und Milieubildung. Er stellt vor allem zwei neue Schichtungs- und Milieumuster fest: das Unterhaltungsmilieu der Unterschicht und das Selbstverwirklichungsmilieu der vorwiegend mittleren Statusgruppen mit der Lebensphilosophie des Narzißmus. Er beschreibt die Erscheinungsweisen dieses Milieus folgendermaßen:

„Es dominiert in den Studentenkneipen, bevölkert die Bistros, Cafés, Bars, drängt sich in die Kinos, Jazzkonzerte, Kleinkunsttheater, beherrscht das Feld des Freizeitsports, flutet durch die Boutiquen, überzieht die Welt mit kollektivem Individualtourismus. Das Bedürfnis nach Originalität und Werten führt zu Empfänglichkeit für neue Zeichen: Moden, Sportarten, Musikstile, Redensarten, Ansichten. Aus dem gleichen Motiv heraus ist die innere Segmentierung des Milieus besonders ausgeprägt. Es schließt Alternative ein und Yuppies, Weiblichkeit alten und neuen Stils, Aufsteiger und Aussteiger, Konsumsüchtige und Abstinente."

Vermutlich war noch nie und nirgends das Glück so leicht und so vielen zugänglich. Es ist überall und nirgends, für jedermann etwas; es ist in unzähligen Sonderangeboten zu haben, aber leider schal und banal, Massenware eben, nichts Besonderes.

Martin Heidegger hat schon 1927 in „Sein und Zeit" festgestellt, daß wir uns dem „man" nicht entziehen können: „Wir genießen und vergnügen uns, wie man genießt; wir leben, sehen und urteilen über Literatur und Kunst, wie man sieht und urteilt; wir ziehen uns aber auch vom ‚großen Haufen' zurück, wie man sich zurückzieht…" Man sucht und findet Glück, wie „man" es eben sucht…

Darum zappeln die Selbstverwirklicher ständig zwischen versuchtem Glück und Überforderung, zwischen krampfhafter Originalität und unvermeidlicher Vermassung. Jeder ein Narziß, der eben nicht glücklich sein kann. Denn das ist der Mythos, das Märchen von Narziß:

Als Narziß geboren wurde, fragte seine Mutter den berühmten blinden Seher Theiresias, ob ihr Sohn alt werden würde. Dieser antwortete: Nur, wenn er sich nicht selbst kennenlernt. Da versuchte man zu verhindern, daß er sich selbst erblickte.

Aber der Junge war von außerordentlicher Schönheit und daher der Liebling aller Nymphen, von denen sich die Echo am heftigsten in ihn verliebte. Sie fand durchaus keine Gegenliebe und grämte sich darüber so, daß sie so abnahm, daß nur noch die Stimme von ihr übrigblieb.

Auch das rührte Narziß nicht. Da beschlossen die Götter, ihn zu bestrafen.

Narziß sah sich selbst zum ersten Male in dem Wasser eines klaren Baches, aus dem er trinken wollte. Er verliebte sich in seine eigene Gestalt, und da die Befriedigung seiner Leidenschaft unmöglich war, welkte er ebenso dahin wie die arme Echo.

Da hatten die Götter endlich Mitleid und verwandelten ihn in eine Blume, in die einfache und wohlriechende Narzisse.

In den USA ist kürzlich ein Buch erschienen von Elisabeth Wurtzel: „Verdammte schöne Welt", 1994. Die junge Autorin spricht für ihre Generation und für ihre Schicht, für die Jungen, Schönen, Reichen und Gescheiten, wenn sie im Vorwort zur deutschen Ausgabe schreibt: „Wir leben in einer großen kollektiven Mißstimmung." Depression ist mittlerweile zum Leitmotiv der Pop-Kultur geworden. Narziß ist unglücklich, weil er Narziß ist.

Zeit des Recycling

„Die Geschichte ist ein Monster, das noch
nach seinem Tode weiterwächst. Sie ist aus
der zyklischen Ordnung herausgetreten, um
in diejenige des Recycling zurückzufallen."
(Jean Baudrillard in LETTRE
INTERNATIONAL 24, 1994)

Es ist aus der Mode gekommen, vom Glück zu reden, zu unergiebig ist der Schutt der Tradition, das Jahrtausende alte Kreisen der Worte über dem Glück. Man spricht von Selbstverwirklichung und Lebensqualität, von sozialer Gerechtigkeit und Zukunftsperspektive; vorwiegend spricht man vom Vergnügen. Have fun! Man spricht von Lüsten und Lüstchen auf irgendwas und, wenn man höher greift, von der Freude am Rechten, Guten und Schönen, und man meint damit mitunter die Lust auf Macht. Nicht nur das Wort „Glück" als angebliches Ziel für alle menschlichen Bestrebungen ist aus der Mode gekommen, sondern auch die Philosophien, die großen Denkgebäude über dem Glück, auch das Philosophenglück ihrer großen Baumeister.

Glück wird allerdings immer noch erfunden, vielleicht mit geringerem geistigen Aufwand und häufig mit den Versatzstükken der Vergangenheit.

Fassen wir zusammen: Es gibt das Glück bei Gott und das Glück dieser Welt, beides ist unvereinbar. Thomas von Aquin sagt zwar vorsichtig und unauffällig ketzerisch „sowohl als auch"; Kierkegaard jedoch meinte radikal und konsequent „entweder-oder", der Pessimist Schopenhauer löste die Antinomie mit einem „weder-noch". Und Albert Camus, der große Humanist in unserem Jahrhundert, sagte: „Mein ganzes Reich ist von dieser Welt."

Das Glück der Heiden, der Aufklärer und Skeptiker, das Glück „dieser Welt" ist bescheiden. Da ist die Lust, da sind die eher asketischen Freuden des Epikur, sein Kleinreden von Angst, Schmerz und Tod, da sind die Tapferkeit und die Freude an der eigenen Tugend, an der eigenen Würde bei dem römischen Stoiker Seneca, da ist das Glück des bloßen Lebens unter der Sonne, das Glück des lebendigen Hundes bei Kohelet, dem Israeliten. Leid und Tod aufgewogen gegen dieses bißchen Glück, das ergibt eine trostlose Bilanz und gibt den Pessimisten recht.

Man kann nicht leben, ohne Glück zu erfinden: eingebettet sein in eine schützende, sinnvolle kosmische Einheit, glauben an Sinn und Ziel der Geschichte, an die Utopie des besseren Menschen in einer besseren Gesellschaft, an die unantastbare Würde, festhalten an den windigen Illusionen des Selbst...

Kultur beruht auf erfundenem Glück und Vergessenmachen der Misere, beruht auf dem Bewahren der Geschichtlichkeit, dem Bewahren der Namen und Schicksale, beruht auf Sinngebung und Interpretation.

Das Glück erfindet man mit Namen, durch Umbenennen der Dinge, durch Umwerten der Werte. Man setzt den Stolz gegen fehlendes Glück, den Schmerz an dessen Stelle, und auf den Platz des verborgenen Gottes die erfundene Natur und das vergöttlichte Selbst.

Vergeblichkeit der Alternativen

„Ihre Weltanschauung ist gesammelt aus den Erfahrungen ihrer Jugendgenossen vergangner Jahrzehnte. Den Skeptizismus haben sie aus den Sechzigern, den Mangel an Illusionen aus den Fünfzigern, den Radikalismus aus den Siebzigern, den Hedonismus aus den Achtzigern – aber die Visionen dieser Jahrzehnte, die sind erledigt. Die jungen Deutschen der Neunziger leben unter dem Fluch (mit dem Segen), von der Vergeblichkeit aller großen Alternativen überzeugt zu sein."
(DER SPIEGEL, 19. 9. 94, „Jugend 94")

Wie könnte es über das Glück etwas Neues geben, neue Worte, neue Offenbarungen? Es ändert sich doch auch der Mensch kaum, und wenn, dann nur in erdgeschichtlichen Zeiträumen. Dem Vertrauen der großen griechischen Denker auf die nachvollziehbare Rationalität des Kosmos und auf das konstruierbare Glück stehen immer noch nur die Lehren der Weltreligionen, des Buddhismus, des Judentums und Christentums und des Islam gegenüber. Wer sich vom einen abwendet, hat nicht viel mehr als die Möglichkeit der Hinwendung zum anderen – sonst drohen ihm Solipsismus, Wahn oder Verblödung.

Neue Ansichten wachsen sehr langsam in der Menschheit. Auch das westlich-abendländische Denken beruhte auf fast allen Wissensgebieten eher auf dem Wiedererwecken von Traditionen, auf Renaissancen, auf immer neu kommentierten Zitaten als auf Neuerungen und Paradigmenwechsel. Der Rückgriff auf schon Gesagtes, Gedachtes, Geschriebenes ist geisteswissenschaftliche Methode; auch wer über das Glück denkt, fängt bei den Anfängen des Denkens an – und findet schon alles gesagt.

Kant hat der griechischen Philosophie nachgerühmt, sie habe ihre Idee mit einer Konsequenz entwickelt, die unerhört sei in der Moderne. Kant selbst war trotz ebenso unerhörter Konsequenz und Klarheit seiner Verknunftkritik in der Frage des Glücks kleinmütig-melancholisch und bürgerlich-pietistisch im Sowohl-als-Auch befangen, denn er wußte auch nichts Besseres als die Hoffnung, daß Gott den Braven, den Tugendhaften letztlich vielleicht doch, irgendwie und irgendwann, glücklich machen werde.

Griechische Mythologie und Gnosis, die auf kosmische Weltanschauung gegründeten Spekulationen der Naturphilosophen, Zynisches, Stoisches und Epikureisches bestimmen bei Nietzsche, bei Freud, bei Heidegger oder bei Foucault, genannt oder ungenannt, das Sprechen vom Glück, das Spielen mit Aussagen über das Glück, die sich so leicht jeder, auch der modernen oder postmodernen Wirklichkeit anpassen.

Der Brite Georg Henrik Wright, Freund Wittgensteins, Vertreter der naturwissenschaftlich-analytischen Philosophie, hat in seinem 1963 erschienenen Buch über die Arten des Glücks

wieder im wesentlichen das aristotelische Ideal des Glücks her-
ausgestellt, als die aktive Freude dessen, der tun darf, was er
gerne tut, was er gut kann, und der dies so vollkommen wie
möglich tut. Darüber hinaus sind nach Wright Urteile über das
Glück stets Werturteile; in bezug auf momentanes, gegenwärtiges, erfahrenes Glück ist jeder Richter in eigener Sache. Auch
gut erfundenes Glück ist für jeden und für sich eine wunderbare Sache und Quell der Freuden. Erfahrenes und erfundenes
Glück sind im Konkreten nicht zu trennen.

Ein Kapitel Happyologie

> „Sorgen und Kummer habe ich erlebt, wie
> sie eben keinem erspart bleiben, aber als
> Philosoph, glaube ich, habe ich keine
> unglückliche Stunde verbracht."
> (Karl Popper, in einem Interview 1993,
> am Abend eines Philosophenlebens)

> „Das Glück existiert nicht, und das Glück
> des Menschen existiert noch weniger."
> „Tatsächlich hat die Menschheit keine
> Zwecke."
> (Michel Foucault, 1985 in einem
> Interview, kurz vor seinem Tod)

Aber natürlich gibt es das Glück! Das nicht nur erfundene,
sondern auch erfahrene Glück, das so wirklich und so vergänglich ist. Es gibt die Gefühle der Freude, der Befriedigung, der
Begeisterung bis hinauf zum „Flow", dem Gefühl des „Abhe-
bens", wenn mit dem Ich die Erdenschwere abfällt. Es gibt
Freuden für den, der bereit ist, sich zu freuen, trotz allem. Es
gibt den Genuß angenehmer und vergnüglicher Dinge, wie
Voltaire das Glück definiert, und es gibt die minutenkurze
Herrlichkeit der „Befriedigung hoch angestauter Bedürfnisse",
das Glück nach Freud, aber es gibt auch das Gefühl der Zufriedenheit für den, der rückschauend und planend sein Leben po-

sitiv zu interpretieren und Gutes im Gedächtnis zu bewahren vermag. Wir genießen Gefühle der Lust und der Befreiung von Last. Wir können die Wunder der Natur und die Werke der Kunst beglückt wahrnehmen. Wir freuen uns über Erfolg und Zuwachs an Erkenntnis, Kompetenz und Macht. Es gibt auch in den schlimmsten Situationen Augenblicke, wo wir es gut finden, zu leben unter der Sonne ...

Was „Happyologen" mit den Methoden der Biochemie und der Demoskopie an Erkenntnissen über das real existierende und doch so schwer zu fassende Phänomen Glück zusammengetragen haben, ist bekannt und dennoch erstaunlich:

Über 2000 chemische Substanzen gibt es, deren Zusammenspiel im menschlichen Hirn über glückliche oder traurige Empfindungen entscheiden. Die Ereignisse oder Stimuli, die sie auslösen, dürften noch zahlreicher, verschiedener und unbestimmbarer sein. Momente höchster Seligkeit sind selbstverständlich sehr selten. Für die subjektive Einschätzung der eigenen Befindlichkeit als mehr oder weniger glücklich, für jedermanns private Erfindung seines Glücks, sind häufigere und wiederholte Glücksmomente geringerer Höhe viel wichtiger, da das Gedächtnis sie eher vergegenwärtigen kann. Die Verfallszeit der jeweils ausgeschütteten Glückssubstanzen wie der Endorphine im Gehirn ist kurz; Halbwertzeit etwa fünf Minuten, dann ebbt das Gefühl ab – wir wissen es.

Die „Befriedigung hoch aufgestauter Bedürfnisse" ist als Glücksauslöser dem raffiniertesten Genuß überlegen, darum sind Menge und Intensität subjektiver Glückserlebnisse und dementsprechend die Bilanz der Zufriedenheit auch unabhängig von Reichtum oder Armut.

Liebe und Sexualität sind die erfolgreichsten Animatoren und Glücksauslöser im Menschenhirn, allerdings nützen sich gerade diese Stimulatoren besonders schnell ab, es kann die bleierne Ödnis und ein zum Scheitern prädestiniertes Zwangsmiteinander daraus werden oder die Umwandlung gelingen. Die Umwandlung zu dem schönen, ruhigen Glück, das Epikur der freundschaftlichen Gemeinsamkeit von Menschen zugeschrieben hat.

Fußgänger der Luft

„... Komm fort! Zum Kerker fort!
Da laß uns singen wie Vögel in dem Käfig.
... So wolln wir leben,
Beten und Singen, Märchen uns erzählen
Und über goldne Schmetterlinge lachen.
Wir hören armes Volk vom Hofe plauern
Und schwatzen mit; wer da gewinnt, verliert;
Wer in, wer aus der Gunst; und tun so tief
Geheimnisvoll, als wären wir Propheten
der Gottheit. Und so überdauern wir
Im Kerker Ränk und Spaltungen der Großen,
Die ebben mit dem Mond und fluten."

(Shakespeare, König Lear)

„Manchmal, in einer Schlange gebeugter
Gefangener, unter den Rufen der Wachen
mit ihren Maschinengewehren spürte ich
einen solchen Ansturm von Rhythmen und
Bildern, daß ich über ihnen zu schweben
schien. In solchen Momenten war ich
zugleich frei und glüchlich ...
Für mich gab es keinen Stacheldraht. Beim
Appell stimmte zwar die Zahl, aber ich war
weit fort auf einem fernen Flug."

(Solschenizyn, Archipel Gulag)

Zwei ähnliche Situationen; die Rede ist vom kleinsten und vom
größten Glück, vom Glück des lebendigen Hundes, vom
Glück des Flugs. Daß auch der Traum vom bloßen Leben für
Lear eine Täuschung war, kurz vor seinem gewaltsamen Tod,
ist ohne Belang. Wie das kleinste ist auch das größte Glück, der
„Flow", unabhängig von Milieu und Moral.

Der Begriff *flow* – fließen stammt von dem ungarischen
Glücksforscher Mihaly Csikszentmihalyi an der Universität

von Chicago. In den 80er Jahren hat er über 100 000 Aussagen von Menschen verschiedenster Herkunft, Bildung und sozialer Stellung über ihr Erleben des höchsten Glücks ausgewertet. Gleichzeitig haben Forscher in aller Welt die Biochemie der Gefühle im menschlichen Gehirn, die dem Glück zugrunde liegenden molekularen Vorgänge weitgehend entschlüsselt. Es sieht so aus, als hätten in unseren Tagen die „Happyologen" die Ideologen des Glücks abgelöst. Nicht, daß wir deswegen viel mehr als vorher wüßten!

Dieses kurze, aber wunderbare Gefühl des Flows, Ergebnis eines biochemischen Vorgangs, wird vorwiegend durch bestimmte, aber individuell verschiedene Situationen ausgelöst: besonders, ganz wie Aristoteles es wußte, durch Tätigkeiten, die ein hohes Maß an selbstvergessener Konzentration verlangen, vorbehaltslose Hingabe an die Sache oder Aufgabe, die alle Kraft fordert, aber immer mit der Sicherheit verbunden ist, die Situation unter Kontrolle zu haben. Bergsteiger, Chirurgen, Schwiegermuttermörder und Panzerschrankknacker, Künstler, Redner, Schriftsteller, Bombenleger und Fußballspieler, Examenskandidaten ... auch jeder Schwachkopf kann je nach Schwierigkeitsgrad der Aufgabe diesen beglückenden Zustand erfahren. Hauptsache ist, er macht die Sache gerne und meint, daß sie gelingt oder gelungen ist. Dieses Glück ist vorurteilslos und gerecht.

Andere Situationen, die den Flow auslösen, könnte man unter die Stichworte Grenzerfahrungen und Übergänge zusammenfassen: das erste Gefühl der Genesung nach einem großen Schmerz, die Gewißheit, nichts mehr verlieren zu können, unverletzbar zu sein, das Sichverlieren in der Liebe, im Rausch, im Tod. Mancher erreicht den Flow in geduldiger Meditation, manchem wird er geschenkt in einem Augenblick tödlicher Müdigkeit und Leere, ein anderer erfährt ihn beim entschlossenen Überschreiten einer entscheidenden Grenze.

Jean Améry, einer der führenden Linksintellektuellen der 70er Jahre, pries das gesellschaftspolitische Engagement „unter totalem Glücksverzicht". In einem Vortrag anläßlich eines Symposions über das Glück, kurz vor seinem Freitod 1978, über „Idealismus, Engagement und Verzicht", beschreibt er den Verzicht als Schmerz und Flow zugleich:

„Wenn ich auch nicht glaube, daß wir begrifflich autorisiert sind, das Engagement als eine Form des Glücksstrebens anzusehen, so meine ich doch, daß es – und mit ihm der radikale Verzicht, den es fordert – ein Element der Befreiung sein kann.

In dem Pasolini-Film ‚Theorema' sehen wir am Ende den reichen Industriellen, der durch ein sexuelles Erlebnis zur Selbsterfassung gelangte, allen Besitz hingeben und nackt in eine Einöde laufen; sein Schrei ist ein Ausbruch der Qual, zugleich aber auch ein Befreiungsruf.

Wer sich engagiert ... hat seine Sach' auf nichts gestellt und damit auf alles. Seine große Weigerung ist nicht mehr Flucht sondern Aktion ..."

Hab mein Sach' auf nichts gestellt ...

> „Ich habe für nichts gelebt, und ich nehme nichts mit. Ich gebe alles an der Garderobe ab."
>
> (Eugène Ionesco)

„Meine Gestalten sind Wesen, die in etwas hineingestoßen sind, dem jeglicher Sinn fehlt. Sie können nur grotesk erscheinen, und ihre Leiden sind nichts als tragische Farce. Wie könnte ich, da die Welt mir unverständlich bleibt, mein eigenes Stück verstehen?" So äußert sich Ionesco als „Fußgänger der Luft".

Ionesco selbst hat in seinen absurden Theaterstücken die Windigkeit des Glücks und die Verblasenheit des Ichs, die Unwirklichkeit der Wirklichkeit, die Verlorenheit des Menschen und die Unbegreiflichkeit des Todes in die Form heiter geplauderter, schwereloser Sinnlosigkeit gebracht. Seine Figuren reden auf der Bühne sich und den Zuschauer einfach in infantiler Ekstase um den Verstand. Sein Theater ist Sinnzertrümmerungsveranstaltung, ist Spiel mit unseren hochentwickelten Sprachfloskeln, ist Illusionsvernichtung, Beseitigung von Gedankenmüll, ist Zurückführen zum Null-Punkt. Von dort öffnet sich der Blick auf eine leere, nackte Welt, auf die bloße Existenz, wo in der klaren Wüstenluft nicht mehr Sinn erwartet, aber vielleicht doch Glück erfahren werden kann.

In seinem Tagebuch beschreibt Ionesco, der Dichter der heiteren Absurdität, seine im allgemeinen verzweifelte und melancholische Befindlichkeit. Niemals habe er sich im Leben wohlgefühlt, keine „wirklich tiefe Freude empfunden". Aber „Glück ist nicht Freude". Gerade aus der Verzweiflung flammte immer wieder ein Augenblick, eine Emphase des Glücks, des Lichts, des Flugs, der großen Einheit, der „Erleuchtung": „... an einem hellen Junitag ... vormittags in einer kleinen Provinzstadt. Der Himmel war zum Greifen nahe, in der Intensität eines glühenden, durchdringenden, totalen Lichts ... eine Freude, mehr als eine Freude, hob mich auf und trug mich fort ..."

In dem Prosatext „Der Fußgänger der Luft" entspringt, entfliegt er, der Dichter, der Traumtänzer, der Spieler, der Narr immer wieder aus schwarzer Erdenschwere in die leichte Höhe und Helle des Glücks.

Im Gehäuse der Fiktionen

„Der Mensch ist das Tier, dessen Leben von symbolischen Fiktionen regiert wird." So der Philosoph Slavoj Žižek. Diese symbolischen Fiktionen begründen und verfestigen das „eherne Gebäude des Sozialen" (Max Weber). Jenseits dieses Gebäudes stehen Gott oder das Nichts.

Glück ist wesentlich Befreiung; sie liegt, meint Žižek, in einer Art von Asozialität, im mutigen Verzicht auf das wohnliche Gehäuse aus Worten und Normen, aus Begründungen und Rechtfertigungen, aus gestiftetem Sinn und erfundenem Glück.

Diese Freiheit des Glücks, dieses Glück der bloßen Existenz mag subversiv, weil asozial, sein, weltfremd und auch zynisch, das heißt weltverachtend. Im Namen dieser Freiheit wird das Gebäude aus Fiktionen beklopft, werden Risse in seinen Mauern aufgezeigt, Risse, die Worte und Taten trennen, wird Absurdität aufgedeckt. Diese Freiheit ist heiter, sie öffnet den Fluchtweg zum Flug oder zum Gelächter.

Das alles könnte „Existenzphilosophie" sein, die Nicht-Philosophie unseres Jahrhunderts, dessen Philosophie sich weitgehend auf die Geschichte zurückgezogen hat. Wo ist das Glück? Unter dem Schutt der Wörter! Unter den Ablagerungen der Kultur.

Die sogenannte Existenzphilosophie hat vieles weggeschält, worauf sich das erfundene Glück gründen könnte.

„Existentiell" – das bedeutet das Gegenteil von abstrakt, das Gegenteil von rationalistisch; existentiell bedeutet, daß nichts wichtig ist und über nichts zu reden ist als über den konkreten, den einzelnen Menschen und seine Situation in der Welt, die seine Mitwelt ist, die das Netz ist aus Sinn- und Wortverbindungen, in dem er zappelt und das er zerreißen müßte, um frei zu fallen – in ein mögliches Glück.

Denkt man das Netz hinweg, so bleibt die Einsamkeit des Menschen vor dem verborgenen Gott, vor der Leere und Kühle des Nichts; es bleibt die Tatsache seiner „Geworfenheit", seines ausweglosen Daseins, steuerlos „im Schiff" (Gabriel Marcel). All das macht ihm angst, meint Martin Heidegger, die Notwendigkeiten des Lebens zwingen ihn zur Sorge. Sein Dasein ist ein „Sein zum Tode", sein Denken daran ein „Vorlaufen in den Tod" (Heidegger).

Nur im Verstehen und Akzeptieren seiner Situation, im Verzicht auf Sinnsetzung und Illusion, in der Verachtung allzu vieler Worte, liegen seine Freiheit, seine Würde, sein mögliches Glück.

Ludwig Wittgenstein, Sohn eines österreichischen Großindustriellen, hat 1920, 31jährig, seine ererbten Millionen verschenkt und seine Tätigkeit als Volksschullehrer in einem Dorf aufgenommen.

1921 erschien sein „Tractatus Logico Philosophicus", einer

der einflußreichsten philosophischen Texte unseres Jahrhunderts. Er endet mit dem vielzitierten Satz: „Wovon man nicht sprechen kann, darüber muß man schweigen."

Was suchte der junge Dorfsschullehrer aus großbürgerlichem Haus in der ländlichen Abgeschiedenheit – sieben Jahre, bis er 1929 nach Cambridge ging, wo er später einen philosophischen Lehrstuhl übernahm? Suchte er das Philosophenglück des ungestörten Denkens, verbunden mit dem Glück des Engagements für eine bessere Welt? Die Ruhe aus der richtigen Sicht der Dinge, das vollkommene Leben, das keiner Rechtfertigung bedarf, Welterlebnis statt Weltbeschreibung und unter dem Schutt der Sprache den unsagbaren Sinn der Welt?

Wittgenstein suchte Sinn und Wahrheit auf dem asketischen Weg der reinen Logik, und es wurde ihm zunehmend klarer, wie dünn, brüchig und labil die Verbindung zwischen Sprache und Wirklichkeit ist. Logik kann nur die Grenzen der Sprache, ihre eigenen Grenzen aufzeigen. Der Logiker „muß sozusagen die Leiter wegwerfen, nachdem er auf ihr hinaufgestiegen ist". Hinaufgestiegen zu welcher Erkenntnis, zu welcher Freude?

Wittgensteins 1953 erschienenen „Philosophischen Untersuchungen" sind dementsprechend eine konsequente Destruktion der Philosophie aus leeren Worten (auch der eigenen), die die Wirklichkeit niemals abbilden können. Alle Philosophien sind „Sprachspiele", die der Wahrheit immer nur ungenau und „sich überlappend" nahekommen. Trotzdem kann man nicht auf sie verzichten. Sie sind Heilmittel für die wesenhafte Fehlkonstruktion des Menschen oder seiner Welt: „Es gibt nicht eine Methode der Philosophie, wohl aber gibt es Methoden, gleichsam verschiedene Therapien."

Was die Sonne lehrt

> „Das Elend hinderte mich, zu glauben,
> daß alles unter der Sonne und in der
> Geschichte gut sei;
> Die Sonne lehrte mich, daß die
> Geschichte nicht alles ist."
>
> (Albert Camus im Vorwort
> zu „Licht und Schatten")

Albert Camus hat als Philosoph die Sinnlosigkeit und Absurdität, die „Dichte und Seltsamkeit der Welt" mit dem „Mythos des Sisyphos" und dem „Mensch in der Revolte" (1937 und 1951) wie eine Offenbarung für seine Generation formuliert. Zugleich hat er als engagierter und mutiger Journalist gegen Nihilismus und Pessimismus die Humanität gesetzt, die Notwendigkeit, trotzdem gut zu sein.

Im August 1944 schrieb er anläßlich der Eroberung von Paris durch die Division Leclerc in der verbotenen Résistance-Zeitung „Combat", deren Herausgeber er war: „Nichts wird dem Menschen geschenkt, und das wenige, das sie erobern können, muß mit ungerechtem Sterben bezahlt werden. Aber nicht darin liegt die Größe des Menschen. Sondern in seinem Willen, stärker zu sein als die Conditio humana. Und wenn die Conditio humana ungerecht ist, hat er nur eine Möglichkeit, sie zu überwinden: indem er selber gerecht ist."

Am 10. Dezember 1957, als er in Stockholm den Nobelpreis entgegennahm, sagte er in seinem Vortrag „Der Künstler und seine Zeit": „Ich habe nie vermocht, auf das Licht zu verzichten, das Glück des Seins, das freie Leben, in dem ich aufgewachsen bin."

Camus bekannte sich zum menschlichen Glücksbedürfnis, und er erkannte das Glück im „schönen Antlitz der Welt", er erkannte es wieder in der Landschaft seiner Kindheit in Algerien, der Welt des Sandes und des Meeres, des Windes und der Wüste, der Armut und des Lichts. Sonne und Licht sind seine Chiffren für das Glück, für das einfache, das bloße Leben unter der Sonne, sind Chiffren für die Natur, die Glück und Tod versöhnt.

Camus' letztes und unvollendetes Buch – er trug das Manuskript bei seinem tödlichen Autounfall am 4. Januar 1960 bei sich – ist 1994 erschienen. Sein Titel: „Der erste Mensch"; ursprünglich war „Adam" vorgesehen. Dieses Buch ist eine Art umgekehrter Autobiographie; es beschreibt seinen Weg zurück im Erkunden seiner Kindheit, den Weg zurück in die prägende Landschaft seines Ursprungs – es ist der Weg zurück ins Paradies. Die Wüste ist Camus' Paradies, sein Glück die Rückkehr in die leeren, heißen, weißen Zimmer, Rückkehr zu seiner wortlosen Mutter, Rückkehr zu Armut, Leere und Schweigen.

„Der erste Mensch", Camus, beschreibt einen Zustand, keine Entwicklung, kein Ziel, keinen verborgenen Sinn. Er will aussehen wie das Zimmer seiner Mutter: nackt, kahl und leer, ohne Zivilisationsmüll, ohne Geschwätz, ohne Namen, ohne Bedeutungen, das stille, klare Nichts.

Mit Worten erfinden wir Glück, mit Worten erfinden wir Gott. Wo die Wörter aufhören, werden Leben und Tod wieder eins. Vielleicht ist das der einzige Ort, wo der wahre Gott und das wirkliche Glück, das nicht erfundene, zu finden sind.

Der Weg zum Glück könnte also der Weg zurück sein; zurück aus dem Dickicht von Wörtern und Bedeutungen, aus der Geschichte und aus allen sozialen Bezügen, zurück aus der Kultur und aus dem Unbehagen daran, zurück zu einer unmittelbaren Realität, zu einem bloßen Sein, das sich in Tat und Tod, in Katastrophe und Erlösung zu erkennen gibt. Das hieße zurück zu freiwilliger Armut, Einfachheit, Verlassenheit, hieße befreit sein von allen Illusionen – bis auf die eine, einzige: daß solcher Rückzug möglich sei.

Wir können auf Fiktionen nicht verzichten, nicht auf all die fragwürdigen Wörter, Symbole und Strukturen, denn sie sind Therapien, wie Wittgenstein sagte, recht gebraucht, sind sie Therapien der Distanz.

Therapien der Distanz: Spiel, Humor, Ironie

> „Die menschlichen Angelegenheiten sind
> zwar großen Ernstes nicht wert, es ist aber
> nur einmal notwendig, ernst zu sein; ein
> Glück ist es jedoch nicht …"
> „Der Mensch ist dazu gemacht, ein
> Spielzeug Gottes zu sein, und das ist
> wirklich das Beste an ihm.
> So muß er denn dieser Weise folgend und die
> schönsten Spiele spielend das Leben leben …"
> (Platon in: Gesetze)

Ein Weg zu Flug und Freiheit ist das Spiel – ein uralter Topos
zur Erklärung des Lebens. Es gilt den Spielcharakter der erfundenen Welt zu akzeptieren, ebenso die eigene Position darin; es
gilt sich mit Ernst und heiterer Distanz zugleich als Spieler und
als Spielzeug zu verstehen. Allein das Spiel ist ein erfundenes
Glück, mit dem man sich nicht selbst betrügt.

Spielen, das heißt Regeln erfinden, ernsthaft einhalten und
leichten Herzens verwerfen, heißt bauen und einreißen, binden
und lösen. Der rechte Spieler weiß immer, daß er verlieren
kann, letztlich fallen lassen muß, daß er aussteigen wird. Er ist
sich der Vorläufigkeit, Begrenztheit, Gebrechlichkeit, des offenen Ausgangs bewußt, der Beliebigkeit der Elemente und Regeln. Er genießt illusionslos und bewußt die Illusion – ein
Schritt auf dem Seil, eine Sekunde schwebender Balance. Spielen kann Glück sein; das Leben, als Spiel verstanden, ist Freiheit zum Glück.

Das Spiel unterbricht die bleierne Dichte der Welt, macht sie
durchsichtig zum Ausgang hin, macht leichtfüßigen Ausstieg
möglich. Der Kulturhistoriker Johan Huizinga schrieb 1938 in
seinem Buch „Homo Ludens":

„Das Spiel läßt sich nicht verneinen. Nahezu alles Abstrakte
kann man leugnen: Recht, Schönheit, Wahrheit, Güte, Geist,
Gott! Den Ernst kann man leugnen, das Spiel nicht. Mit dem
Spiel aber erkennt man, ob man will oder nicht, den Geist.
Denn das Spiel ist nicht Stoff …

Erst durch das Einströmen des Geistes, der die absolute Determiniertheit aufhebt, wird das Vorhandensein des Spieles möglich, denkbar und begreiflich.

Das Dasein des Spiels bestätigt immer wieder, und zwar im höchsten Sinne, den überlogischen Charakter unserer Situation im Kosmos ...

Wir spielen und wissen, daß wir spielen, also sind wir mehr als bloß vernünftige Wesen, denn das Spiel ist unvernünftig."

Das Spiel hat also etwas mit dem Lachen des Demokrit und seiner Sicht einer gnädigen Zufälligkeit des Kosmos zu tun. Freiheit macht heiter. Es hat auch etwas mit dem entrückten Lächeln des Buddha gemein: Aussteigen zu können macht frei.

Lachen

„Erst als reifer Mann habe ich begriffen, daß
der Humor, das Lachen sehr viel stärkere
Waffen gegen das Böse sind als die Gewalt."
(Jorge Amado, in: DIE ZEIT, 2. 9. 1994)

Lachen ist nicht etwa Ausdruck des Glücks. Das helle Glück, der Flow, ruft beim Beglückten eher Erstauen hervor. Lachen ist Ausdruck der Überwindung der Glücklosigkeit. Lachen macht leicht.

Diese Überwindung geschieht nicht im Schneckenhaus-Bunker der reduzierten Ansprüche und Gefühle, auch nicht am absoluten Gefrierpunkt des bloßen Seins, sondern vorwiegend dort, wo Zeichen und Sprechen, wo Mitmenschlichkeit und Freundlichkeit möglich sind, wo ein Netz von Beziehungen gespannt ist. Lachen ist nicht nur menschlicher, sondern auch realistischer als das Verstummen. Lachen hängt mit der Einschätzung seiner Umwelt durch den Lachenden zusammen; es ist Ergebnis einer gelungenen Verständigung, einer geglückten Formulierung oder einer befreienden Deutung. Befreiung also durch Zeichen und Wörter, die Mauern und Illusionen sprengen.

Lachen ist immer ein Trotzdem. Jede Überlegung zum Glück bestätigt schließlich das Desaster: Unsere Welt ist nun einmal so beschaffen und wir in ihr so eingeschlossen, daß wir sie trotz aller unserer tapferen Sinn-Entwürfe als absurd empfinden müssen. Wir sind „Geworfene" und – wenn nicht in Gottes Güte Aufgefangene – letztlich Zerschmetterte. Unser Zustand ist der Zweifel und die Angst vor der Gewißheit. Der melancholische Zweifel an uns, an allem und am Sinn der Welt verstrickt uns in das Netz der Verzweiflung – oder löst sich in Gelächter. Wir geben auf und sind dann frei. Befreit von unserer fatalen Leidenschaft für Wahrheit, Sinn und Gerechtigkeit in dieser Welt; befreit auch von dem Glauben an unsere eigene Unentbehrlichkeit.

Auch beim Aufleuchten der bestürzenden Wahrheit über die Welt können wir lachen, nur noch lachen vielleicht, ungläubig oder verstehend, höhnisch oder versöhnlich; auf jeden Fall befreiend und befreit. Wir können sie lächerlich und andere darüber lachen machen, indem wir die Unzulänglichkeit von Mensch und Welt komisch deuten, sie mit Ironie und Humor zurechtrücken und interpretieren.

Ironie und Humor sind wie Tragik und Trauer, wie Verzweiflung und Resignation, Möglichkeiten, auf die Last der Welt, auf die Erfahrung des beschädigten Seins zu reagieren. Sie suchen den unheilbaren Bruch zwischen Ich und Schicksal ohne gläubige Hoffnung und ohne Selbstbetrug so zu lösen, daß Weiterleben möglich ist. Wir können die „Dichte und Seltsamkeit der Welt" (Camus) mit Ironie durchleuchten und zersetzen, wir können sie mit Humor in die dünnere Luft des Allgemeinen, in entfernende Perspektiven versetzen. Wir können Distanz schaffen, um mit ihr umzugehen.

Damit ich etwas Glück kenne im Leben ...

„Vice Versa

Ein Hase sitzt auf der Wiese,
des Glaubens, niemand sähe diese.

Doch, im Besitze eines Zeißes
betrachtet voll gehaltnen Fleißes

vom vis-à-vis gelegnen Berg
ein Mensch den kleinen Löffelzwerg.

Ihn aber blickt hinwiederum
ein Gott von fern an, mild und stumm."
(Chr. Morgenstern)

Der Humor bewältigt den als gestört empfundenen Zustand durch philosophische Zusammenschau, durch Einordnung des Skandalons ins Allgemeine, zwischen Zeit und Ewigkeit, Leben und Tod, Ursprung und Folgen, Recht und Unrecht, Wahrheit und Trug. Der Humorist steht über den Dingen, sieht sie unter dem Aspekt der Ewigkeit; diese ungewohnte Ausweitung des Blickfeldes, des Kleinsten zum denkbar Größten, die Verbindung des Unbedeutenden mit anspruchsvollem Tiefensinn, des Unwägbaren mit dem ganz Genauen, des Entfernten mit dem Vertrauten, hat einen komischen Effekt. Die Erkenntnis ist, daß „die menschlichen Dinge großen Ernstes nicht wert sind" (Platon) und daß man über sie lachen sollte, wie Demokrit. Ein Beispiel für das humoristische Perspektive-Spiel ist Christian Morgensterns Gedicht.

Die Bewältigung des ärgerlichen oder bedauerlichen Faktums gelingt also mit Humor, indem man es einordnet in ein überpersönliches Schicksal, in die allgemeinen Gesetzlichkeiten einer gebrechlichen und unzulänglichen Welt. Vergeblichkeit und Beschränkung, Ausweglosigkeit und Tod werden unbedeutend, das Ärgernis wird zum Problem der Perspektive, man rückt sie zurecht – mit einem Scherz. Das ist die hilfreichste Philosophie des Glücks.

Auch Ironie entlastet den Unglücklichen, weniger durch

Trost als durch Distanz, die er sich selbst verschafft. Sie ist eine vorwiegend künstlerische und intellektuelle Bewältigung des Unerträglichen. Der Ironiker distanziert sich, steht außerhalb und abseits. Sein Lachen ist das Kennerlachen der Erfahrung angesichts der unübersehbaren Ironie des Schicksals.

Das Ärgernis ist, so sieht es die Ironie, eine Folge der Fehlkonstruktion der Wirklichkeit. Es wird sich immer wiederholen, ewig wie das höllische Gelächter. Der Fall ist hoffnungslos, aber nicht ernst. Ironie entfaltet sich vor dem zweifelhaften Hintergrund menschlicher Richtigkeiten, alt gewordener Ordnungen, erstarrter Wahrheiten, also innerhalb begrenzter und nur allzu bekannter Systeme. Sie ist motiviert von der Hoffnungslosigkeit, diese zu verändern, ist Aufklärung ohne Optimismus, ist Befreiung ohne Alternative.

Ironie ist ein vorwiegend sprachliches Phänomen; Sprache hat etwas mit der Weltkonstruktion und unserem Verhältnis zu dieser Wirklichkeit zu tun, die wir – wenn überhaupt – anders als sprachlich nicht erfassen können. Aber in der Ironie schwingt immer der tröstliche, nominalistische Zweifel am Realitätsbezug unseres Geschwätzes.

Spiel, Scherz, Ironie und Humor erschaffen kein Glück und erfinden keines; sie sind auch nicht das Glück der „Weisheitsfreunde", eher das Glück der Weisen.

Der Heilige Thomas Morus hat folgenden Stoßseufzer zum Gebet gemacht: „Herr, schenke mir Sinn für Humor, gib mir die Gnade, einen Scherz zu verstehen, damit ich etwas Glück kenne im Leben und anderen davon mitteilen kann."

Anmerkungen

(Die den Anmerkungen vorangestellten Ziffern beziehen sich
auf die Buchseiten)

11 Jacob Burckhardt: Weltgeschichtliche Betrachtungen, Glück und Unglück in der Weltgeschichte. Kröner Stuttgart 1949, S. 260.
14 Shaftesbury: The Moralists. Zitiert nach Friedrich Vollhardt in: Metzler Philosophen Lexikon. Stuttgart 1989, S. 727.
16 Blaise Pascal: Gedanken, 178. Übersetzt von Wolfgang Rüttenauer.
   Dieterich Leipzig o. J., S. 73.
18 Sigmund Freud, Das Unbehagen in der Kultur. Internationaler Psy-
   choanalytischer Verlag Wien 1930, S. 24.
27 Hierzu: Kläre Buchmann: Der Mensch und die Götter. Betrachtungen
   zur griechischen Religiosität. Port Urach 1946.
29 Platon Politeia, 391 b–c, III, 124. Bearbeitet von Dietrich Kurz, Deutsche Übersetzung von Friedrich Schleiermacher. Wissenschaftliche
   Buchgesellschaft Darmstadt 1971, S. 84.
37 Hierzu: Laotse: Taoteking. Übertragen und erläutert von Richard Wilhelm. Vorwort von R. Wilhelm. Diederichs Düsseldorf 1972.
39 Zitate nach Richard Wilhelm, a. a. O.
40 Hierzu: Wolfgang Bauer: China und die Hoffnung auf Glück. dtv
   München 1974.
   Konfuzius, zitiert nach W. Bauer, a. a. O., S. 46.
41 W. Bauer, a. a. O., S. 82.
45 Reden des Buddha. Übersetzt von Ilse-Lore Gunsser. Einleitung von
   Helmut von Glasenapp. Reclam Stuttgart 1957.
52 Zitiert nach David Choljewitz: Das Abenteuer des Denkens. Roman
   über Albert Einstein. Alibaba Frankfurt a. M. 1994, S. 358.
   Hierzu: Peter Brügge: Der Kult um das Chaos. Über Auswirkung und
   Mißbrauch einer neuen Welterklärung. In: DER SPIEGEL 41/1993.
55 Hierzu auch: Johann Grolle: Hatte Gott eine Wahl? in: DER SPIE-
   GEL 6/1993.
   Steven Weinberg: Der Traum von der Einheit des Universums. München 1993. Zitat nach Grolle, a. a. O.
65 Sophokles: König Ödipus. 4. Stasmion, 1186–1196; Übersetzung hier
   nach Kläre Buchmann, a. a. O., S. 45/46.
66 Zitiert nach: Psalmenbuch. Herausgegeben von den Benediktinern der
   Erzabtei Beuron. Herder Freiburg 1963.
68 Zitate aus dem Buch Hiob nach der Übersetzung Martin Luthers

Britische und Ausländische Bibelgesellschaft Berlin und Köln 1891.

77 Platon: Protagoras. 2.2, 318a; Zitiert nach: Die Vorsokratiker. Die Fragmente und Quellenberichte. Übersetzt und eingeleitet von Wilhelm Capelle, Kröner Stuttgart 1968, S. 334/335.

78 Hierzu: Willy Hochkeppel: War Epikur ein Epikureer? Aktuelle Weisheitslehren der Antike. dtv München 1984.

79 In: Griechische Atomisten. Texte und Kommentare zum materialistischen Denken der Antike (200). Reclam Leipzig 1977, S. 192.

82 „Zitterrochen" in Platon: Menon, 80a. (Dort wird über diese Bezeichnung berichtet.)

83 Platon: Das Gastmahl. Zitiert nach: Platon: Hauptwerke. Ausgewählt und eingeleitet von Wilhelm Nestle. Kröner Leipzig 1931, S. 134/135.

86 Platon: Politeia. Übersetzung von O. Apelt: Platon: Der Staat. Zitiert nach: W. K. Guthrie: Die griechischen Philosophen von Thales bis Aristoteles. Vandenhoeck & Rupprecht Göttingen 1950, S. 67. Platon: Gesetze. Zitiert nach Wilhelm Nestle, a. a. O., S. 357.

88 Platon: Apologie. Übersetzung hier nach Kläre Buchmann, a. a. O., S. 59/60.

90 Hierzu: Jonathan Barnes: Aristoteles. Eine Einführung. Reclam Stuttgart 1969. Zitiert nach Jonathan Barnes, a. a. O., S. 82.

91 Zitiert nach W. K. Guthrie, a. a. O., S. 107 und 108.

92 (Arete ...) Zitiert nach W. K. Guthrie, a. a. O., S. 118. (... Leben.) Aristoteles: Nikomachische Ethik. Übersetzung und Nachwort von Franz Dirlmeier. Reclam Stuttgart 1969, Buch I, 11.

93 Franz Dirlmeier, a. a. O., S. 263.

94 Nikomachische Ethik Buch X, 9; Dirlmeier, a. a. O., S. 292 ff.

97 Hierzu: Otto Kaiser: Ideologie und Glaube. Radius Stuttgart 1994.

99 Übersetzung Otto Kaiser. In: Otto Kaiser: Das Alte Testament Deutsch. Göttinger Bibelwerk. Vandenhoeck & Rupprecht Göttingen 1960.

103 Bertolt Brecht: Von der Freundlichkeit der Welt (1913).

105 Hierzu: Willy Hochkeppel, a. a. O., S. 117 ff. und Metzler Philosophen Lexikon, Stuttgart 1989 (Anaxarch und Pyrrhon).

107 Zitate dort, S. 23 und 196.

109 Zitiert nach W. Hochkeppel, a. a. O., S. 128.

111 Nikomachische Ethik, Buch X. a. a. O., S. 281.

114 Ludwig Marcuse: Sigmund Freud. Sein Bild vom Menschen. Rowohlt Hamburg 1956, S. 11.

115 Epikur: Von der Überwindung der Furcht. Katechismus, Lehrbriefe, Spruchsammlung, Fragmente. Übersetzt und mit einer Einführung und Erläuterung versehen von Olof Gigon. Bibliothek der Antike. dtv München 1991. Zitate dort; S. 60 und S. 62.

116 Epikur: Brief an Menoikeus, 127, a.a.O., S. 102.
117 Epikur: Fragmente. Über die Götter, a.a.O., S. 127.
118 Epikur: Katechismus, 26, a.a.O., S. 61.
    Epikur: Brief an Menoikeus, a.a.O., S. 100.
119 Epikur: Über die Götter, a.a.O., S. 125 und S. 122.
    Epikur: Brief an Pythokles, a.a.O., S. 119.
121 Epikur: Katechismus, a.a.O., S. 62.
122 Epikur: Fragmente, a.a.O., S. 115.
124 Friedrich Nietzsche: Die fröhliche Wissenschaft, 306. Reclam Leipzig
    1990, S. 305.
126 Diogenes Laertius: Leben und Meinungen berühmter Philosophen.
    Buch 1–10. Hrsg. von Klaus Reich und Hans Günter Zekl. Aus dem
    Griechischen von Otto Apelt. Felix Meiner Hamburg 1967.
    Zitiert nach Rudolf Bultmann: Das Urchristentum im Rahmen der an-
    tiken Religionen. Artemis Zürich 1954, S. 151.
128 Friedrich Nietzsche: Also sprach Zarathustra. Ein Buch für Alle und
    Keinen. Alfred Kröner Leipzig 1922, S. 314 (Dritter Teil. Der Gene-
    sende.)
130 Seneca: De vita beata. Vom glücklichen Leben. Übersetzt und heraus-
    gegeben von Fritz-Heiner Mutschler. Reclam Stuttgart 1990.
    Zitat 14, 5–7, S. 45.
131 Seneca: De providentia, 5.7 ff. Zitiert nach Bultmann, a.a.O., S. 162.
    Seneca ad. Helvetia, 8, 5 f. Zitiert nach Bultmann, a.a.O., S. 163.
133 Epiktet: Handbuch der Moral, Kap. 1.
    In: Epiktet. Teles. Musonius. Wege zum Glück. Auf der Grundlage der
    Übersetzung von Wilhelm Capelle neu übersetzt und mit Einführun-
    gen und Erläuterungen versehen von Rainer Nickel. Bibliothek der
    Antike. dtv München 1991, S. 47.
135 Epiktet: Lehrgespräche. Zitiert nach Hochkeppel, a.a.O., S. 189.
    Seneca: Brief an Lucilius 102, 21–27. Zitiert nach Bultmann, a.a.O.,
    S. 16.
137 Gnostisch-mandäische Texte, zitiert nach Bultmann, a.a.O., S. 179.
140 Nach Rudolf Bultmann, a.a.O., S. 177 ff. (Die Gnosis).
144 Lebenshilfe aus der Wüste. Die alten Mönchsväter als Therapeuten.
    Ausgewählt und eingeleitet von Gertrude und Thomas Sartory. Herder
    Freiburg 1992, S. 39 und S. 42.
146 Hierzu: Ricarda Winterswyl: Kafkas „Kleine Fabel". Fabel-Gleichnis-
    Parabel. In: BLÄTTER FÜR DEN DEUTSCHLEHRER 1983/4.
154 Aurelius Augustinus: Confessiones. 3. Buch, 4. Kapitel. Zitiert nach:
    Des Heiligen Augustinus Bekenntnisse. Übertragen und eingeleitet
    von Herman Hefele, Eugen Diederichs Jena 1928.
156 Giovanni Papini: Der Heilige Augustinus. Übersetzt von Paul Stefan.
    Paul Zsolnay Wien 1930. S. 109 f.
157 Herman Hefele in der Einleitung zu: Des Heiligen Augustinus Be-
    kenntnisse, a.a.O., S. 5.

161 Aurelius Augustinus: De beata vita. Über das Glück. Übersetzung, Anmerkungen und Nachwort von Ingeborg Schwarz-Kirchenbauer und Willi Schwarz. Reclam Stuttgart 1982, S. 25.

149 Alfred Läpple: Ketzer und Mystiker. Extremisten des Glaubens. Versuch einer Deutung. Delphin München 1988, S. 62.

165 Blaise Pascal: Gedanken, 336. Übertragen von Wolfgang Rüttenauer, a. a. O., S. 170.

166 Orientus zitiert nach Alfred Läpple, a. a. O., S. 66.
Giovanni Papini, a. a. O., S. 286 f.

169 Hierzu: Aufklärung im Mittelalter? Die Verurteilung von 1277. Das Dokument des Bischofs von Paris. Eingeleitet, übersetzt und erklärt von Kurt Flasch. Dieterich'sche Verlagsbuchhandlung Mainz 1989.

172 Thomas von Aquino: Summe der Theologie. Zusammengefaßt, eingeleitet und erläutert von Joseph Bernhart. Kröner Stuttgart 1954. Band II: Die sittliche Weltordnung.

174 Chesterton, zitiert nach: Egon Friedell: Kulturgeschichte der Neuzeit. C. H. Beck München 1969, S. 462.

175 Zitiert nach: Ulrich Prill: Spinoza. In Metzler Philosophen Lexikon, S. 747. Hierzu: Yirmiyahu Yovel: Spinoza. Das Abenteuer der Immanenz. Aus dem Englischen von Brigitte Flickinger. Göttingen 1994.

176 (... enthalte.) Zitiert nach Ludwig Marcuse: Philosophie des Glücks von Hiob bis Freud. Diogenes Zürich 1972, S. 175.
Zitat Borges nach Yovel, a. a. O., S. 6.
Baruch de Spinoza: Ethik. Übersetzt von Otto Baensch. Leipzig o. J. Deus sive natura: 5. Lehrsatz der Ethica.

177 Ethica V, Lehrsatz 35, 36, 42.
(... Glückseligkeit besteht.) Ethica II, Lehrsatz 49.

178 Lichtenberg zitiert nach Philosophisches Wörterbuch. Kröner Stuttgart 1969 „Spinozismus".

179 Hierzu: Die Erschütterung der vollkommenen Welt. Die Wirkung des Erdbebens von Lissabon im Spiegel europäischer Zeitgenossen. Herausgegeben von Wolfgang Breidert. Wissenschaftliche Buchgesellschaft Darmstadt 1994.

180 Voltaire, Zitat nach W. Breidert, a. a. O., S. 67.

183 Zitiert nach: Günther Bien: Die Philosophie und die Frage nach dem Glück. In: Die Frage nach dem Glück. Hrsg. von Günther Bien. Fromman-Holzboog Stuttgart 1978.

185 Kierkegaard in: Der Augenblick. Gesammelte Flugschriften gegen den Bischof Mynster. 1855.
Zitiert nach Egon Friedell: Kulturgeschichte der Neuzeit. Die Krisis der europäischen Seele von der Schwarzen Pest bis zum Ersten Weltkrieg. München 1969. S. 1073.

186 Jean Paul: Vorschule der Ästhetik. Herausgegeben und kommentiert von Norbert Miller. Nachwort von Walter Höllerer. Hanser München 1974. § 2 Poetische Nihilisten S. 31.

Kierkegaard: Entweder-Oder. Übersetzt von Christoph Schrempf. Zusammengefaßt herausgegeben von Fritz Droop.
Einführung von Max Bense. Bremen o. J.

188 Wolf Lepenies: Melancholie und Gesellschaft. Suhrkamp Frankfurt a. M. 1972.

190 Walter Rehm: Experimentum Medietatis. Studien zur Geistes- und Literaturgeschichte des 19. Jahrhunderts. München 1947.
Kap. I. Experimentum medietatis. Eine Studie zur dichterischen Gestaltung des Unglaubens bei Jean Paul und Dostojewski. S. 36/37 und S. 41.

191 Hierzu: Günter Butzer: Das Glück in der Geschichte. Walter Benjamins Utopismus. In: WIDERSPRUCH. MÜNCHNER ZEITSCHRIFT FÜR PHILOSOPHIE. Dezember 1992.

193 Theodor W. Adorno: Minima Moralia. Suhrkamp Frankfurt a. M. 1951, S. 23.
Jean Baudrillard: Das Jahr 2000 wird nicht stattfinden. Nach der Geschichte Herrschaft der Simulation? In SPUREN – ZEITSCHRIFT FÜR KUNST UND GESELLSCHAFT. Nr. 6 (1984), S. 22.

194 Zitiert nach Iris Radisch: Endstation Mama, Afrika. In: DIE ZEIT, Nr. 17, 22. April 1994.

197 Herbert Marcuse: Der eindimensionale Mensch. Luchterhand Berlin 1967.
Hierzu: Lothar Zahn: Herbert Marcuse – Die Utopie der glücklichen Vernunft. In: Grundprobleme der großen Philosophen. Philosophie der Gegenwart IV. Göttingen 1981.

201 Zitiert nach: Philosophisches Wörterbuch. Bearbeitet von Georgi Schischkoff. Kröner Stuttgart 1969 („irrational").

205 Hierzu: Werner Brede, Schopenhauer. In: Metzler Philosophen Lexikon. Zitate nach Brede, a. a. O., S. 711.

206 Zitate nach Brede, a. a. O., S. 713.

208 Zitat nach Brede, a. a. O., S. 711.

209 Hierzu: Ursula Schneider: Grundzüge einer Philosophie des Glücks bei Nietzsche. de Gruyter Berlin 1983.

210 Friedrich Nietzsche: Umwertung aller Werte. dtv München 1969, Bd. I, 675 und 673.

211 Aus dem Nachlaß. Kritische Gesamtausgabe, hrsg. von G. Colli und M. Montinari. dtv Berlin 1967.
Band V, 1–7, 165.
(Macht) Nietzsche: Aus dem Nachlaß, a. a. O., V, 2–11, 19.
(Instinkt) Nietzsche: Zur Genealogie der Moral. Zitiert nach Ursula Schneider, a. a. O., S. 145.

212 Werner Ross: Nietzsche heute – von der Person zum Werk.
In: Besieger Gottes und des Nichts. Nietzsches fortdauernde Provokation. Hrsg. von Eugen Biser. Schriften der Katholischen Akademie in Bayern. Patmos Düsseldorf 1982.
Zitate nach Werner Ross, a. a. O., S. 22 f.

216 Sigrun Anselm: Vom Ende der Melancholie zur Selbstinszenierung des Subjekts. Centaurus Pfaffenweiler 1991.

217 Hierzu: Isaiah Berlin: Die Apotheose des Romantischen Willens. In: Das krumme Holz der Humanität. Kapitel der Ideengeschichte. Aus dem Englischen von Reinhard Kaiser. S. Fischer, Frankfurt a. M. 1992.

218 Friedrich Nietzsche: Also sprach Zarathustra, a. a. O., S. 19 f. (Vorrede des Zarathustra, 5).

219 Erik Grawert-May: Die Sucht mit sich identisch zu sein. Nachruf auf die Höflichkeit. Rotbuch Berlin 1992.

220 Zitiert nach Ursula Nuber: Das Ende des Ich-Kults. In: PSYCHOLO-GIE HEUTE. Juni 1993.

221 Ursula Nuber, a. a. O.
Michel Foucault: Sexualität und Wahrheit. Band 2: Der Gebrauch der Lüste. Band 3: Die Sorge um sich. Suhrkamp Frankfurt 1986.

222 Christopher Lasch: Das Zeitalter des Narzißmus. Bertelsmann München 1982.
Gerhard Schulze: Die Erlebnisgesellschaft. Kultursoziologie der Gegenwart. Campus Frankfurt a. M. 1992.
Gerhard Schulze, a. a. O., S. 316.

223 Martin Heidegger: Sein und Zeit. § 27. Klostermann Frankfurt a. M. 1977, S. 127 f.

228 G. H. von Wright: The varieties of goodness. Routledge & Paul, London 1963, S. 90 f.

229 Hierzu: Ariane Barth: Ein Hauch, ein Fluß, ein Schweben. In: DER SPIEGEL 53, 1992.
Mahaly Csikszentmihalayi: Flow – Das Geheimnis des Glücks. Klett Stuttgart 1991.

230 William Shakespeare: König Lear. Aus dem Englischen übertragen von Wolf Heinrich Graf Baudissin. Reclam Stuttgart 1966. 5. Aufzug, 3. Auftritt, S. 100.
Alexander Solschenizyn: Archipel Gulag. Zitiert nach Ariane Barth, a. a. O.

232 Jean Améry: Idealismus, Engagement und Verzicht. In: Die Frage nach dem Glück. Hrsg. von Günther Bien, a. a. O.

232/233 Eugène Ionesco: Der Fußgänger der Luft (Le piéton de l'air). Aus dem Französischen von Irène Kuhn und Ingrid Schwarz. Und: Eugène Ionesco: Tagebuch (Journal en miettes). Aus dem Französischen von Lore Korndl. In: Eugène Ionesco: Werke. Hrsg. von François Bondy und Irène Kuhn. Band 5. Bertelsmann München 1985, S. 358 f., 404.

233 Slavoj Zizek: Grimassen des Realen. Jacques Lacan oder die Monstrosität des Aktes. Kiepenheuer & Witsch Köln 1992, S. 45 f. (Die Fiktion der Realität).

234 Hierzu: Artikel „Existenzphilosophie". In: Philosophisches Wörterbuch. Kröner Stuttgart 1969, S. 159–162.

235 Ludwig Wittgenstein: Philosophische Untersuchungen. Suhrkamp Frankfurt 1971, S. 71 (132).

236 Zitiert nach Morvan Lebesque: Albert Camus. Übersetzt von Guido G. Meister. Rowohlt Hamburg 1992, S. 63, 113.

237 Hierzu: Iris Radisch: Endstation Mama, Afrika. In: DIE ZEIT Nr. 17, 22. April 1994.

238 Platon, zitiert nach: Johan Huizinga: Homo Ludens. Vom Ursprung der Kultur im Spiel. Rowohlt Hamburg 1958, S. 202.
Johan Huizinga, a. a. O., S. 11.

242 Thomas Morus. Zitiert nach: „Gotteslob". Katholisches Gebet- und Gesangbuch. Ausgabe für das Erzbistum München-Freising. S. 35.

Buchanzeigen

Philosophie in der Beck'schen Reihe

Günther Anders
Die Antiquiertheit des Menschen
Band 1: Über die Seele im Zeitalter der zweiten industriellen Revolution
Nachdruck der 7., unveränderten Auflage. 1992. IX, 353 Seiten. Paperback
Beck'sche Reihe Band 319

Band 2: Über die Zerstörung des Lebens im Zeitalter der dritten
industriellen Revolution
Nachdruck der 4., unveränderten Auflage. 1992. 465 Seiten. Paperback
Beck'sche Reihe Band 320

Otto A. Böhmer
Sternstunden der Philosophie
Schlüsselerlebnisse großer Denker von Augustinus bis Popper
3., unveränderte Auflage. 1995. 215 Seiten. Paperback
Beck'sche Reihe Band 1030

Rafael Ferber
Philosophische Grundbegriffe
Eine Einführung
3., durchgesehene Auflage. 1995. 184 Seiten. Paperback
Beck'sche Reihe Band 1054

Vittorio Hösle
Philosophie der ökologischen Krise
Moskauer Vorträge
2., um ein Nachwort erweiterte Auflage. 1994. 155 Seiten. Paperback
Beck'sche Reihe Band 432

Carolyn Merchant
Der Tod der Natur
Ökologie, Frauen und neuzeitliche Naturwissenschaft
Aus dem Amerikanischen von Holger Fliessbach
2., unveränderte Auflage. 1994. 323 Seiten mit 20 Abbildungen. Paperback
Beck'sche Reihe Band 1084

Verlag C. H. Beck München

Kulturgeschichte in der Beck'schen Reihe

Richard Alewyn
Das große Welttheater
Die Epoche der höfischen Feste
Nachdruck der 2., erweiterten Auflage. 1989.
136 Seiten mit 20 Abbildungen und 16 Tafeln. Paperback
Beck'sche Reihe Band 389

Ute Frevert
„Mann und Weib, und Weib und Mann"
Geschlechter-Differenzen in der Moderne
1995. 255 Seiten. Paperback
Beck'sche Reihe Band 1100

Erdmute Heller
Arabesken und Talismane
Geschichte und Geschichten des Morgenlandes in der Kultur
des Abendlandes
2., durchgesehene Auflage. 1993. 157 Seiten. Paperback
Beck'sche Reihe Band 474

Dietrich Krusche
Reisen
Verabredung mit der Fremde
2., durchgesehene Auflage. 1994. 209 Seiten. Paperback
Beck'sche Reihe Band 1064

Jacques Rossiaud
Dame Venus
Prostitution im Mittelalter
Aus dem Italienischen übertragen von Ernst Voltmer
Mit einem Vorwort von Georges Duby
Nachdruck der im Verlag C. H. Beck erschienenen gebundenen deutschen
Ausgabe. 1994. 298 Seiten mit 28 Abbildungen. Paperback
Beck'sche Reihe Band 1044

Roberto Zapperi
Geschichten vom schwangeren Mann
Männer, Frauen und die Macht
2. Auflage. 1994. 286 Seiten mit 20 Abbildungen. Paperback
Beck'sche Reihe Band 1068

Verlag C. H. Beck München